[개정2판]

유류분 반환청구소송 실무의 완성판

유류분의 정석

이재우 저

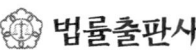 법률출판사

머리글

많은 분들이 유류분반환청구소송을 하려고 해도 참고할만한 책이나 자료가 부족하여 어려움을 겪는 것을 보고 2019년 유류분의 실무서인 '유류분의 정석'을 발행하였습니다. 다행이 많은 분들이 좋은 평가를 해 주셨고 이에 힘을 얻어 이번에 대법원의 신규 판례를 반영하고 일부 내용을 보충한 개정판을 발행하게 되었습니다.

이 책은 유류분반환청구소송의 각 쟁점을 구분해서 설명하고, 소송의 단계에 따라 소장 작성방법과 서식, 준비서면의 작성, 각종 과세정보제출명령과 금융정보제출명령의 신청, 감정신청서 등의 서식을 삽입함으로써 처음 소송을 접하는 분들도 무리 없이 소송을 할 수 있도록 하는데 목적을 두고 있습니다.

이번 개정판으로 처음 유류분반환청구소송을 접하는 분들이나 소송대리인 없이 직접 소송수행을 하시는 분들이 시행착오를 최대한 줄일 수 있다면 저자로서는 이 책을 통해 이루고자 한 소기의 목적을 달성했다고 할 수 있습니다.

차 례

1. 유류분의 개념 ··· 15

2. 유류분반환청구소송의 원고 적격 ······················· 17

   가. 유류분반환청구소송을 할 수 있는 사람 ················· 17

   (1) 가족관계등록부상에 기재된 배우자와 자녀 ············ 17

   (2) 친자가 아니나 친생자관계부존재확인의 소에서
       승소판결 받은 자녀 ·· 17

   (3) 1, 2순위 상속인이 없는 피상속인의 형제자매 ········ 23

   (4) 직계비속과 형제자매의 대습상속인 ······················ 23

   (5) 인지청구 판결문을 받은 혼외자 ·························· 27

   (6) 피상속인의 사망 전에 상속포기 각서를 쓴 상속인 ······ 30

   (7) 여자인 피상속인의 친자이나 가족관계등록부에
       기재되지 않은 자녀 ·· 32

   나. 유류분반환청구소송을 할 수 없는 사람 ·················· 35

   (1) 친생자관계부존재확인의 소로 가족관계등록부에서
       말소된 자녀 ··· 35

   (2) 피상속인의 사망 후에 법원에 상속포기를 신청해서
       판결을 받은 상속인 ·· 38

(3) 유류분액보다 많은 재산을 증여받은 상속인 ·················· 42

(4) 유류분 이상을 상속받은 상속인 ·························· 43

(5) 1, 2순위 상속인이 없는 피상속인의 형제자매 ············· 45

(6) 유류분을 청구하지 않고 있는 상속인의 채권자
　　(채권자대위권) ·· 46

3. 유류분 부족분 ·· 47

가. 유류분 부족분의 계산방식 ···································· 47

나. 유류분 산정의 기초가 되는 재산(A) ························ 48

  (1) 적극적 상속재산 ·· 48

    (가) 부동산 ··· 48

    (나) 차량 ·· 52

    (다) 예금 ·· 52

    (라) 보험의 해지환급금 ·································· 55

    (마) 보험금 ··· 56

    (바) 임대보증금 ·· 56

    (사) 기타 ·· 56

  (2) 증여액 ··· 56

    (가) 상속인에 대한 증여 : 1979년 1월 1일 이후에
　　　　소유권이전등기를 마친 부동산 등 ················ 56

    (나) 상속인의 배우자와 직계비속에 대한 증여 ········· 58

    (다) 제3자에 대한 증여 ·································· 62

    (라) 증여를 받은 후에 상속인이 된 제3자 ············ 63

    (마) 유증 ·· 66

    (바) 사인증여 ·· 72

  (3) 상속채무액 ··· 75

다. 당해 유류분권자의 유류분 비율(B) ·· 75
　　(1) 일반적인 경우 ··· 75
　　(2) 유류분반환청구권자가 상속포기한 경우 ····································· 76
　　　　(가) 유류분반환청구권을 행사하지 않는 방법의 포기 ············ 76
　　　　(나) 민법 제1019조에 따른 상속포기 ································· 77
　　(3) 상속인 중 일부가 상속포기를 한 경우 ······································· 78
　　(4) 유류분반환의무자의 상속포기 ·· 78
라. 당해 유류분권자의 특별수익액(C) ··· 86
마. 당해 유류분권자의 순상속분액(D) ··· 90
　　(1) 순상속분액의 의미 ··· 90
　　(2) 순상속분(구체적 상속분)의 계산방법 ··· 90
　　(3) 상속인들이 상속재산분할협의 또는 소송을 하지 않고
　　　　유류분을 청구한 경우 ·· 94
　　(4) 상속인들이 상속재산분할협의를 한 후에
　　　　유류분을 청구한 경우 ·· 94
　　(5) 상속재산보다 상속채무가 많은 경우 ·· 96
　　(6) 유류분권자의 한정승인 ·· 97
바. 예시 ··· 98
　　(1) 자녀1에게 10억원 전부가 증여되어 상속재산이 없는 경우 ·· 98
　　(2) 7억원이 자녀1에게 증여되고 상속재산이 3억원인 경우 ······· 98
　　(3) 자녀1에게 7억원, 자녀2에게 3억원이 증여되고 상속재산이
　　　　0원인 경우 ··· 99
　　(4) 자녀1에게 8억원이 증여되고 상속재산이 2억원인데 상속채무가
　　　　1억원인 경우 ··· 99

4. 초과특별수익자의 반환비율 ·· 101

가. 반환비율 ·· 101
　　나. 사례 ·· 102
　　　　(가) 자녀1에게 20억원, 자녀2에게 10억원을 증여 ············ 102
　　　　(나) 자녀1에게 25억원, 자녀2에게 5억원을 증여 ············· 103
　　　　(다) 자녀1에게 20억원, 자녀2에게 5억원, 제3자에게
　　　　　　 5억원을 증여 ·· 104

5. 반환순서 ·· 105
　　가. (수유자의 유류분 + 유류분권자의 유류분 부족분) 〈 유증가액 ·· 106
　　나. 유증가액 〈 수유자의 유류분 ································ 108
　　다. 수유자의 유류분 〈 유증가액 〈 유류분권자의 유류분 ·········· 108
　　라. 수유자 2명의 유증가액과 사전증여가 각 수유자의 고유의 유류분을
　　　　초과하고 유증재산으로부터 모두 유류분반환의 가능한 경우 ······ 109
　　마. 수유자 2명의 유증가액과 사전증여가 각 수유자의 고유의 유류분을
　　　　초과하나 수유자 1명의 유증재산이 반환할 유류분 부족분에 미달하는
　　　　경우 ·· 110
　　바. 수유자 2명의 유증가액과 사전증여가 각 수유자의 고유의 유류분을
　　　　초과하고, 수유자들의 유증가액이 반환액을 초과하는 경우 ········ 112
　　사. 수유자 중 일부의 유증가액이 반환할 유류분에 미치지 못하고 2명
　　　　이상의 수유자가 반환할 유류분보다 유증가액이 많은 경우 ········ 113

6. 수증재산별 반환비율 ·· 117
　　가. 2개 이상의 유증재산의 합계가 반환할 유류분을 초과하는 경우 ·· 118
　　나. 2개 이상의 증여재산이 있는 경우 ···························· 118
　　다. 유증재산이 유류분에 미달하고 수개의 증여재산이 있는 경우 ······ 119

7. 반환방법 ········ 121
- 가. 원물반환 ········ 121
- 나. 가액반환 ········ 124
  - (1) 상속개시 당시 성상이 증여 당시와 달라진 경우 ········ 124
  - (2) 증여 당시의 성상이 상속개시 당시까지 그대로 유지된 경우 ········ 125
- 다. 반환방법의 결정 ········ 125

8. 유류분반환청구소송 과정의 간략한 설명 ········ 127
- 가. 유류분반환청구소송의 세부적 절차 ········ 127
- 나. 유류분반환청구소송 절차도해 ········ 133

9. 유류분반환청구소송의 신청 ········ 135
- 가. 원고 ········ 135
- 나. 피고 ········ 135
  - (1) 증여받은 당사자가 상속인인 경우 ········ 135
  - (2) 증여받은 당사자가 상속인과 상속인의 배우자 또는 자녀인 경우 ········ 136
    - (가) 피상속인 사망일 1년 이전에 상속인의 배우자 또는 자녀에 대한 증여 ········ 136
    - (나) 피상속인 사망일 1년 이내에 상속인의 배우자 또는 자녀에 대한 증여 ········ 139
  - (3) 증여받은 당사자가 제3자인 경우 ········ 139
    - (가) 피상속인 사망일 1년 이전에 제3자에게 증여한 경우 ···· 139
    - (나) 피상속인 사망일 1년 이전에 증여계약을 체결한 후

                    1년 이내에 증여등기 또는 실행을 한 경우 ·············· 140
                (4) 유언으로 재산이 유증되었을 경우 ························ 141
        다. 관할 ··· 141
            (1) 증여받은 부동산이 그대로 있는 경우 ····················· 141
            (2) 증여받은 부동산이 매매되거나 근저당권 등이 설정된 경우 ···· 141
            (3) 금전청구 ·· 142
        라. 소장 작성 사례 ·· 142
            (1) 증여받은 상대방에 대한 구분 ·································· 142
                (가) 상속인에 대한 증여만 있는 경우 ······················· 142
                (나) 상속인과 상속인의 배우자 또는 자녀에 대한
                    증여가 있는 경우 ·· 150
            (2) 증여와 유증이 있는 경우 ······································· 157
                (가) 유증 받은 상속인이 1인으로써 유증만으로 유류분이
                    충족되는 경우 ·· 157
                (나) 유증만으로 유류분이 충족되지 않는 경우 ··········· 161
        마. 법원접수 ··· 166

10. 소장이 송달되지 않았을 때 ································ 169

11. 답변서 ·· 171

12. 준비서면 제출 ·· 173

13. 증여된 재산의 파악 ·· 175
    가. 부동산 ··· 175
        (1) 소유하거나 매각한 부동산 확인 ······························· 175

　　　　(2) 증여 또는 유증된 부동산이 무효일 것으로 예상되는 경우 … 179
　　　　(3) 피상속인의 매각된 부동산의 매매대금 확인 ……………… 184
　　나. 금전 ……………………………………………………………………… 184
　　　　(1) 피상속인의 계좌에서 수증자의 계좌로 직접 이체된 경우 … 184
　　　　(2) 피상속인의 계좌에서 출금되었으나 입금된 상대방을
　　　　　　알 수 없는 경우 ……………………………………………… 185
　　　　(3) 수표로 출금된 사실이 확인된 경우 ……………………… 188
　　다. 증여된 재산을 반환대상으로 인정받는 방법 ………………… 190
　　　　(1) 부동산 …………………………………………………………… 190
　　　　　(가) 증여를 원인으로 피고 명의로 부동산의 소유권이
　　　　　　　이전된 경우 ………………………………………………… 190
　　　　　(나) 제3자 명의에서 직접 피고 명의로 부동산의 소유권이
　　　　　　　이전된 경우 ………………………………………………… 191
　　　　(2) 금전 ……………………………………………………………… 202

14. 피고의 대응 …………………………………………………… 203

　　가. 기여분 주장 …………………………………………………………… 203
　　　　(1) 기여분 주장에 대한 법원 입장 …………………………… 203
　　　　(2) 기여를 통한 특별수익의 배제 ……………………………… 205
　　나. 배우자가 증여받은 경우 ……………………………………………… 211
　　다. 피상속인의 며느리나 손자들이 증여받은 경우 ………………… 213
　　　　(1) 피상속인이 사망일로부터 1년 이내에 한 증여 ……………… 213
　　　　(2) 피상속인이 사망일로부터 1년 이전에 한 증여 ……………… 214
　　　　(3) 과도한 재산의 증여 ………………………………………… 216
　　라. 임대보증금 ……………………………………………………………… 217
　　마. 원고가 받은 1979년 1월 1일 이전의 증여 ……………………… 217

바. 소멸시효 ··· 218
　　　　(1) 민법 규정 ··· 218
　　　　　　(가) 1년 ·· 219
　　　　　　(나) 10년 ·· 219
　　　　(2) 소멸시효에 관한 입증책임과 입증의 방법 ··············· 220

15. 특별수익의 산정 ··· 223

　　가. 특별수익의 원칙 ·· 223
　　나. 특별수익에 산입되는 재산 ·· 223
　　다. 부동산 ·· 225
　　　　(1) 증여방법에 따른 증여재산의 구분 ·························· 225
　　　　(2) 부담부 증여 ··· 226
　　　　　　(가) 임대보증금이 있는 부동산의 증여 ····················· 226
　　　　　　(나) 근저당권채무가 있는 부동산 증여 ····················· 227
　　　　　　(다) 부양과 간병을 부담으로 하는 부담부 증여의
　　　　　　　　 인정 여부 ··· 229
　　　　(3) 증여받은 부동산의 변동에 따른 증여금액의 산정 ········ 229
　　　　　　(가) 증여당시 상태로 상속개시 당시까지
　　　　　　　　 소유하고 있는 경우 ······································ 229
　　　　　　(나) 증여받은 부동산이 아파트인 경우 ····················· 229
　　　　　　(다) 증여받은 토지의 지목 또는 성상을 변경한 경우 ······ 230
　　　　　　(라) 매각한 경우 ·· 230
　　　　　　(마) 수용된 경우 ·· 232
　　　　　　(바) 택지개발 등으로 다른 토지로 환지가 된 경우 ········· 232
　　　　　　(사) 재건축 또는 재개발로 신규 아파트를 취득한 경우 ····· 233
　　라. 현금 ··· 238

마. 상장주식 ··· 239
바. 비상장주식 ··· 239
사. 사망보험금 ··· 243
    (1) 상속재산분할대상인 사망보험금 ································· 243
    (2) 사인증여가 아닌 사전증여에 해당하는 사망보험금 ·········· 243
아. 상속분 양도 및 구체적 상속분의 양도 ···························· 245
자. 유언대용신탁 ·· 251
    (1) 판례로 보는 유언대용신탁 ·· 251
    (2) 판례가 유류분 사건에 미치는 영향 ··························· 255
    (3) 사견 ··· 256

16. 청구취지 변경 ·· 257

가. 특별수익의 확정 ·· 258
나. 유류분 금액의 산정 ·· 258
다. 반환될 유류분 부족분의 계산 ·· 259
라. 초과특별수익자별 반환할 유류분의 계산 ······················· 259
마. 증여받은 재산별 반환비율 ·· 261
바. 재판종료일 기준으로 정해지는 가액반환 ······················· 262
    (1) 성상의 변경이 없는 가액반환 ································· 262
    (2) 성상이 변경된 가액반환 ·· 263

17. 변론 종결 ·· 271

18. 판 결 ··· 273

19. 항 소 ··· 275

20. 소송의 확정 후 ···································· 279
　가. 상속세 정산을 위한 구상권 행사와 상속세 경정 ········· 279
　나. 월차임 또는 월세 ······································ 282

1. 유류분의 개념

1. 유류분의 개념

유류분은 법률상 상속인에게 보장되는 최소한의 상속분입니다. 이에 대해서 민법은 1977년 개정을 통하여 제1112조에서부터 제1118조까지 7개의 조항을 도입하여 비로소 유류분 제도를 신설하면서 1999. 1. 1.부터 그 효력이 발생하도록 하고 있으나, 유류분을 규정하는데 기준이 되는 사전증여 재산의 범위, 권리의 성격, 행사방법 등에 대해서는 법원의 판례에 맡기고 있습니다.

이러한 유류분은 피상속인이 생전에 상속분의 선급으로 인정될 수 있는 사전증여와 민법 제1114조에 따라 반환의 대상이 되는 증여를 받은 상속인이 아닌 자 그리고 상속재산을 모두 더한 금액에 해당 상속인의 유류분비율을 곱하여 산정하게 되는데 이러한 계산을 통해서 산정되는 금액이 유류분액이고 민법은 유류분 제도의 신설을 통하여 이러한 유류분액을 보호하게 됩니다.

민법 규정에 의하면 배우자와 직계비속의 유류분비율은 법정상속분의 1/2이고, 직계존속과 형제자매는 1/3이 됩니다. 그리고 이외에 친척은 유류분 적용에서 배제됩니다.

※ 용어해설

- 피상속인 ⇒ 사망함으로써 상속이 발생되는 망인(보통은 아버지 또는 어머니)
- 증여 ⇒ 생전에 피상속인이 상속인 또는 제3자에게 무상으로 재산을 주는 것 (즉, 살아서 주는 것)
- 유증 ⇒ 유언에 따라 피상속인이 사망한 후에 상속인 또는 제3자에게 무상으로 재산이 이전되는 것 (즉, 죽어서 주는 것)
- 법정상속분 ⇒ 피상속인의 재산을 받는 비율
- 유류분 비율 ⇒ 법정상속분의 1/2(배우자, 직계비속) 또는 1/3(직계존속, 형제자매)

2. 유류분반환청구소송의 원고 적격

가. 유류분반환청구소송을 할 수 있는 사람

(1) 가족관계등록부상에 기재된 배우자와 자녀

유류분반환청구소송은 사망한 사람의 가족관계등록부에 기재된 배우자나 자녀만이 청구할 수 있습니다. 따라서 친자가 아니거나 장기간 별거한 배우자더라도 가족관계등록부에 기재되어 있기만 유류분반환청구소송을 할 수 있습니다.

> **사례** 사망한 사람이 전처와 10년 이상 별거했지만 이혼신고를 안한 상태에서 새로운 여자와 생활했다면, 유류분반환청구소송을 할 수 있는 사람은 함께 동거한 여자가 아니라 별거 중인 법률상 배우자입니다.

(2) 친자가 아니나 친생자관계부존재확인의 소에서 승소판결 받은 자녀

(가) 자녀1 자녀2를 둔 피상속인이 사망한 후에 자녀2가 자녀1을 상대로 유류분반환청구소송을 제기하자, 소송을 당한 자녀1이 자녀2를 상대로 '너는 아버지의 친자가 아니기 때문에 유류분반환청구소송을 할 수 없다.'라고 주장하면서 법원에 친생자관계부존재확인의 소를 제기하는 경우가 있습니다. 이때 원칙적으로 유전자

검사 등을 통해서 자녀2가 친자가 아니라는 사실이 확인되면 자녀2가 신청한 유류분반환청구소송은 패소판결을 받게 됩니다.

그러나 예외적으로 친부가 아니라고 하더라도, 마치 친자인 것처럼 출생신고를 해서 자신의 자녀로 입적하고 15세까지 함께 살면서 키워줬다면 법원은 자녀2를 입양한 것으로 간주합니다. 그리고 입양아는 파양할 수 있는 것 이외에는 친자와 동일하게 취급을 받기 때문에 유전자검사결과 친부가 아니라는 검사결과가 나오더라도 입양의 효력이 인정되면 자녀2는 피상속인의 자녀로 인정받기 때문에 자녀2의 유류분청구는 유효하게 됩니다.

또한 사망한 사람이 타인의 자녀를 자신의 자녀로 출생신고를 하고 15살이 넘을 때까지 자녀처럼 생활했다면 친자녀가 아니라고 하더라도 입양된 것으로 봐서 유류분반환청구소송을 할 수 있습니다.

(나) 그런데 이와 같이 자녀2가 자녀1을 상대로 유류분반환청구를 신청해서 판결을 받는 것으로 유류분반환 사건은 마무리가 되나, 자녀2가 자녀로 기재된 자녀1의 친모 가족관계등록부에서 자녀로 기재되어 있다면 이후 자녀1의 친모가 사망한 후에 다시 자녀1을 상대로 유류분반환청구를 할 수 있습니다.

앞서 본 바와 같이 자녀2는 사망한 양부와 자녀1의 친모의 자녀로 입적한 후 함께 거주하면서 양육을 받았으므로 자녀1은 자신의 친모로 부터 증여를 받는다고 하더라도 이후 자녀2의 생모를 피상속인으로 하는 자녀1에 대한 유류분반환청구를 걱정할 수밖에 없게 됩니다.

이러한 경우에 자녀1 또는 자녀1의 친모는 자녀2를 상대로 친생자관계부존재 또는 파양을 신청해서 양친자관계를 끊을 수 있습니다. 먼일 이러한 판결을 취득할 수 있다면 자녀2와 자녀1의 친모 간에 성립된 양친자관계를 파양으로 인하여 관계가 끊어지므로 자녀1이 자신의 친모로 부터 사전증여를 받아도 자녀2는 자녀1을 상대로 유류분반환을 청구할 수 없게 됩니다.

이러한 사실상 파양을 목적으로 하는 친생자관계부존재관계확인의 청구는 가족관계등록부를 기준으로 자녀2의 친부가 기재되고 어머니로 기재된 분이 실제로는 자녀2의 친모가 아닌 경우에도 신청됩니다. 물론 자녀2의 가족관계등록부에 기재된 부모가 모두 친부와 친모가 아닌 경우는 당연합니다.

다만 자녀2와 가족관계등록부상에 부모로 기재된 분 사이에 파양을 하기 위해서는 그에 합당하는 이유가 있어야 합니다. 단지 마음에 들지 않는다고 해서 양부 또는 양모의 일방적 의사에 따라 파양을 할 수 없습니다. 물론 양부와 양모가 양자와 서로 파양에 합의한 경우에는 별다른 문제가 없이 파양이 됩니다. 민법은 파양의 이유에 대해서 아래와 같이 규정하고 있습니다.

> **민법 제905조(재판상 파양의 원인)**
> 양부모, 양자 또는 제906조에 따른 청구권자는 다음 각 호의 어느 하나에 해당하는 경우에는 가정법원에 파양을 청구할 수 있다.
> 1. 양부모가 양자를 학대 또는 유기하거나 그 밖에 양자의 복리를 현저히 해친 경우
> 2. 양부모가 양자로부터 심히 부당한 대우를 받은 경우
> 3. 양부모나 양자의 생사가 3년 이상 분명하지 아니한 경우
> 4. 그 밖에 양친자관계를 계속하기 어려운 중대한 사유가 있는 경우

이때 어떤 경우에 해당하는지의 여부는 개별적 사건에 따라 판단되어야 합니다. 실무의 경험에 의하면 2호, 4호의 경우가 그 이외의 경우보다 파양 이유에 해당할 가능성이 더 높습니다.

그러므로 양친자관계가 성립된 후에 양자의 행위로 인하여 더 이상 양친자관계를 유지할 수 없을 때에는 위와 같은 파양을 통하여 신분관계를 정리함으로써 상속재산분할과 유류분반환청구에 의한 분쟁을 사전에 방지할 수 있다고 할 것입니다.

> **대법원 1990. 3. 9. 선고 89므389 판결**
> 피청구인 2가 15세가 된 후 망 청구외 1과 자신 사이에 친생관계가 없는 등의 사유로 입양이 무효임을 알면서도 망 청구외 1이 사망할 때까지 아무런 이의도 하지 않았으므로, 적어도 묵시적으로라도 입양을 추인한 것으로 보는 것이 상당하다.
>
> **대법원 2004. 11. 11. 선고 2004므1484 판결**
> 당사자가 양친자관계를 창설할 의사로 친생자 출생신고를 하고 거기에 입양의 실질적 요건이 모두 구비되어 있다면 그 형식에 다소 잘못이 있더라도 입양의 효력이 발생하고, 양친자관계는 파양에 의하여 해소될 수 있는 점을 제외하고는 법률적으로 친생자관계와 똑같은 내용을 갖게 되므로 이 경우의 허위의 친생자 출생신고는 법률상의 친자관계인 양친자관계를 공시하는 입양신고의 기능을 발휘하게 되는 것이지만, 여기서 입양의 실질적 요건이 구비되어 있다고 하기 위하여는 입양의 합의가 있을 것, 15세 미만자는 법정대리인의 대낙이 있을 것, 양자는 양부모의 존속 또는 연장자가 아닐 것 등 민법 제883조 각 호 소정의 입양의 무효사유가 없어야 함은 물론 감호·양육 등 양친자로서의 신분적 생활사실이 반드시 수반되어야 하는 것으로서, 입양의 의사로 친생자 출생신고를 하였다 하더라도 위와 같은 요건을 갖추지 못한 경우에는 입양신고로서의 효력이 생기지 아니한다.
>
> **대법원 2001. 8. 21. 선고 99므2230 판결**
> 양친자관계는 파양에 의하여 해소될 수 있는 점을 제외하고는 친생자관계와 똑같은 내용을 갖는다.

판결문) 입양의 효력이 인정된 사례

서 울 가 정 법 원
판 결

사 건   20XX드단XX 친자관계부존재확인

원 고   윤XX (XXXXXX-1XXXXX)

            주소 용인시 XX구 XX동 1 XX마을 XX동 XX호

            등록기준지 서울시 XX구 XX동 1

피 고   김XX (XXXXXX-2XXXXXX)

            주소 서울 XX구 XX1가길 XX-1 (XX동)

            등록기준지 용인시 XX구 XX로1번길 1

변 론 종 결   20XX. X. X.

판 결 선 고   20XX. XX. XX.

주 문

1. 이 사건 소를 각하한다.
2. 소송비용은 원고들이 부담한다.

청 구 취 지

피고와 망 XX계(XXXXXX-2XXXXXX, 등록기준지 : 서울 XX구 X로 1-10) 사이에는 친생자관계가 존재하지 아니함을 확인한다.

이 유

(중략)

(1) 살피건대, 당사자가 양친자관계를 창설할 의사로 친생자출생신고를 하고 거기에 입양의 실질적 요건이 모두 구비되어 있다면 그 형식에 다소 잘못이 있더라도 입양의 효력이 발생하고, 이 경우 허위의 친생자출생신고는 법률상의 친자관계인 양친자관계를 공시하는 입양신고의 기능을 발휘하게 되는 것이며, 이와 같은 경우 파양에 의하여 그 양친자관계를 해소할 필요가 있는 등 특별한 사정이 없는 한 법률상 친자관계의 존재를 부인하게 하는 친생자관계부존재확인청구는 허용될 수 없다(대법원 2001. 5. 24. 선고 2000므1493 전원합의체 판결 등 참조).

(2) 이 사건에 관하여 보건대, 피고와 망 이XX 사이에 친생자관계가 존재하지 않더라도, 위 인정사실에서 본 바와 같이 ① 망 김XX와 망 이XX의 혼인신고 직후 피고를 그들 사이의 친생자로 하는 출생신고가 이루어진 점, ② 피고의 중·고등학교 생활기록부에 망 이XX가 모로 기재되어 있는 점, ③ 망 김XX와 망 이XX 사이의 협의이혼이 1966년에 이르러 이루어진 점, ④ 박XX이 낳은 자녀 중 피고와 김ㅍ을 망 이XX의 친생자로 출생신고 하였으나, 김XX에 대해서만 박XX을 모(母)로 하는 출생신고를 다시 한 점, ⑤ 망 이XX가 1966년 망 김XX와 협의이혼을 하였음에도 20XX년 사망할 때까지 피고와의 친생자관계를 그대로 유지한 점 등에 비추어 보면 망 이XX와 피고 사이에는 입양의 실질적 요건이 구비되어 있었다고 할 것이므로, 피고에 대한 친생자출생신고는 비록 그 형식이 잘못되어 있다고 하더라도 입양신고로서의 효력이 있다고 봄이 상당하다.

(3) 따라서, 망 이XX와 피고 사이에는 유효한 양친자관계가 성립되었다고 할 것이다.

(3) 1, 2순위 상속인이 없는 피상속인의 형제자매

결혼하지 않아서 배우자, 자녀가 없는 사람이 사망했는데, 부모님도 이미 사망한 상태라면 형제자매가 상속인이 됩니다. 그리고 여기서의 형제자매는 어머니가 다른 이복형제(異腹兄弟)나 아버지가 다른 이부형제(異父兄弟) 모두 포함합니다.

예를 들면, 아버지와 어머니가 같은 D가 있고, 이복형제인 B와 이부형제인 C가 있는 A가 전 재산을 D에게 증여하고 사망했다면, B와 B와 C는 사망한 A를 피상속인으로 하는 상속절차에서 상속인의 지위를 취득하게 되므로 자신의 침해된 유류분을 회복하기 위하여 D를 상대로 유류분반환청구소송을 할 수 있습니다.

그러나 법무부에서는 「유류분의 권리자의 범위에서 피상속인의 형제자매를 제외하도록 하여 피상속인의 재산 처분의 자유와 유언의 자유를 강화함.」을 목적으로 민법에 대한 일부개정법률안이 2022. 4. 5. 국무회의를 통과하여 2022. 4. 7. 국회에 일부 개정안이 제출되어 2022. 4. 8. 국회 법제사법위원회에 상정되고, 2023. 2. 15. 제403회 국회(임시회) 제1차 전체회의에 상정되어 원안대로 가결되었습니다. 따라서 국회에서 가결이 되면 이후 피상속인의 형제자매은 유류분권리자에서 배제될 것입니다.

(4) 직계비속과 형제자매의 대습상속인

누군가 사망하면 자녀들이 상속인이 되는데, 자녀들 중 1명이 먼저 사망한 경우에 사망한 자녀의 배우자나 자녀가 사망한 자녀를 대신해서 유류분반환청구소송을 할 수 있습니다.

사례 위 사례에서 자녀1과 자녀2 중에 자녀2가 배우자와 자녀를 두고 2000. 1. 1. 사망한 후에 아버지가 2010. 1. 1. 사망했는데 이미 재산이 모두 자녀1에게 넘어간 상태라면, 대습상속인들인 사망한 자녀2의 배우자와 자녀는 자녀1을 상대로 유류분반환청구소송을 할 수 있습니다.

※ 용어해설

대습상속인 ⇒ 피상속인보다 먼저 사망한 상속인의 상속인
피대습인 ⇒ 피상속인보다 먼저 사망한 상속인

예를 들어, 아버지가 2000. 1. 1.에 사망하고 할아버지가 2010. 1. 1.에 사망했다면, 대습상속인은 며느리와 손자이고 피대습인은 아버지입니다.

※ 대습상속과 본위상속의 구분
대법원 2001. 3. 9. 선고 99다13157 판결
상속인이 될 직계비속이나 형제자매(피대습자)의 직계비속 또는 배우자(대습자)는 피대습자가 상속개시 전에 사망한 경우에는 대습상속을 하고, 피대습자가 상속개시 후에 사망한 경우에는 피대습자를 거쳐 피상속인의 재산을 본위상속을 한다.

※ 용어해설
- 피상속인 ⇒ 사망함으로써 상속이 발생되는 망인(보통은 아버지 또는 어머니)
- 증여 ⇒ 생전에 피상속인이 상속인 또는 제3자에게 무상으로 재산을 주는 것 (즉, 살아서 주는 것)
- 유증 ⇒ 유언에 따라 피상속인이 사망한 후에 상속인 또는 제3자에게 무상으로 재산이 이전되는 것 (즉, 죽어서 주는 것)
- 법정상속분 ⇒ 피상속인의 재산을 받는 비율
- 유류분 비율 ⇒ 법정상속분의 1/2(배우자, 직계비속) 또는 1/3(직계존속, 형제자매)

> ※ 대습상속에 관한 민법 규정
>
> **제1000조(상속의 순위)**
> ① 상속에 있어서는 다음 순위로 상속인이 된다.
> 1. 피상속인의 직계비속
> 2. 피상속인의 직계존속
> 3. 피상속인의 형제자매
> 4. 피상속인의 4촌 이내의 방계혈족
> ② 전항의 경우에 동순위의 상속인이 수인인 때에는 최근친을 선순위로 하고 동친 등의 상속인이 수인인 때에는 공동상속인이 된다.
> ③ 태아는 상속순위에 관하여는 이미 출생한 것으로 본다.
>
> **제1001조(대습상속)**
> 전조제1항제1호와 제3호의 규정에 의하여 상속인이 될 직계비속 또는 형제자매[1]가 상속개시전에 사망하거나 결격자가 된 경우에 그 직계비속이 있는 때에는 그 직계비속이 사망하거나 결격된 자의 순위에 갈음하여 상속인이 된다.
>
> **제1003조(배우자의 상속순위)**
> ① 피상속인의 배우자는 제1000조제1항제1호와 제2호의 규정에 의한 상속인이 있는 경우에는 그 상속인과 동순위로 공동상속인이 되고 그 상속인이 없는 때에는 단독상속인이 된다.
> ② 제1001조의 경우에 상속개시전에 사망 또는 결격된 자의 배우자는 동조의 규정에 의한 상속인과 동순위로 공동상속인이 되고 그 상속인이 없는 때에는 단독상속인이 된다.

다만 사망한 자녀2의 배우자과 자녀는 사망한 자녀2의 상속분과 유류분을 다시 나누어 상속하는 것이기 때문에, 사망한 자녀2의 유류분을 배우자 3/5지분, 자녀 2/5지분으로 나눠서 청구할 수 있습니다.

---

[1] 주의) 피상속인의 직계존속과 4촌 이내의 방계혈족은 대습상속의 대상이 아닙니다.

사례 상속인으로는 자녀1과 자녀2가 있는데, 아버지가 사망하기 전에 자녀2가 먼저 사망했다면 사망한 자녀2의 배우자와 자녀가 청구할 수 있는 유류분 지분은 아래 표와 같습니다.

상속인	법정상속분	대습상속인		최종상속분	분모통일	유류분
자녀1	1/2			1/2	5/10	5/20 (= 5/10×1/2)
사망한 자녀2	1/2	배우자	3/5	3/10 (=1/2×3/5)	3/10	3/20 (= 3/10×1/2)
		자녀	2/5	2/10 (=1/2×2/5)	2/10	2/20 (= 2/10×1/2)
계	2/2		5/5		10/10	10/20

※ **유류분 지분에 관한 민법 규정**

제1009조(법정상속분)
① 동순위의 상속인이 수인인 때에는 그 상속분은 균분으로 한다.
② 피상속인의 배우자의 상속분은 직계비속과 공동으로 상속하는 때에는 직계비속의 상속분의 5할을 가산하고, 직계존속과 공동으로 상속하는 때에는 직계존속의 상속분의 5할을 가산한다.
⇒ 배우자 1.5이고, 자녀(직계비속), 부모(직계존속)가 1이라는 의미입니다.

제1112조(유류분의 권리자와 유류분)
상속인의 유류분은 다음 각호에 의한다.
1. 피상속인의 직계비속은 그 법정상속분의 2분의 1
2. 피상속인의 배우자는 그 법정상속분의 2분의 1
3. 피상속인의 직계존속은 그 법정상속분의 3분의 1
4. 피상속인의 형제자매는 그 법정상속분의 3분의 1
⇒ 사망한 상속인의 배우자와 자녀의 유류분은 법정상속분의 1/2이고, 부모와 형제자매이 유류분은 법정상속분의 1/3이라는 의미입니다.

(5) 인지청구 판결문을 받은 혼외자

유부남이 다른 여자와 관계해서 자녀를 낳았는데 그 자녀를 자신의 자녀로 가족관계등록부에 등록하지 않았다면 해당 자녀는 친자라고 하더라도(이를 '혼외자'라고 합니다) 상속인으로 인정받지 못하기 때문에 유류분반환청구소송을 할 수 없습니다.

그러나 해당되는 유부남이 사망한 후에라도 혼외자가 사망한 친부(親父)의 자녀라는 확인을 구하는 인지청구소송을 제기하고 확정판결을 받아 친부의 가족관계등록부에 자녀로 기재되면 친부로부터 재산을 증여받은 다른 상속인인 이복형제나 본처(법률상 배우자)를 상대로 유류분반환청구소송을 할 수 있습니다.

> **사례** 배우자와 자녀1을 둔 유부남이 다른 여자와의 사이에서 자녀2를 낳았으나 자녀2를 자신의 자녀로 출생신고 하지 않은 상태에서 자녀1에게 모든 재산을 증여하고 사망했다면, 자녀2는 인지청구를 통해서 유부남의 자녀로 가족관계등록부에 오른 다음에 자녀1을 상대로 유류분반환청구소송을 할 수 있습니다.

> **실무TIP** 다만 실무에서는 인지청구의 소와 유류분반환청구소송을 동시에 진행함으로써 유류분반환청구소송의 소멸시효(1년)를 사전에 차단하면서 유류분반환청구소송의 기간을 단축하고 있습니다.

> **※ 개념정리 : 인지청구의 소**
> 친부(親父)의 생전에는, 친부를 피고로 해서 친부의 주소지를 관할하는 법원에 신청할 수 있습니다. 그러나 친부가 사망한 경우에는, 사망한 사실을 안 날로부터 2년 또는 친부가 사망한 날로부터 10년 안에 피고를 친부의 마지막 주소지를 관할하는 검찰청의 검사를 피고로 해서 관할 법원에 인지청구의 소를 신청할 수 있으며, 이때 유전자검사는 우선적으로 친부의 자녀들이 되나 자녀들로 유전자 검사가 어렵다면 친부와 부계혈통(父系血統)이 같은 친부의 형제나 조카도 가능합니다.

판결문 예시) 생부의 사망 후 신청된 사후인지자의 인지청구

수원지방법원
판 결

사 건	2022드단XXX 인지청구의 소
원 고	이XX (031111-4178711)
	주소 XX시 XX구 XX로1길 1, 123동 345호(XX동, XX마을)
등록기준지	XX 동구 XX동 1
피 고	XX지방검찰청 XX지청 검사
변론종결	2023. X. X.
판결선고	2023. X. XX.

주 문

1. 원고는 소외 망 김X(451023-1234567)의 친생자임을 인지한다.
2. 소송비용은 각자 부담한다.

청구취지

주문과 같다.

이 유

1. 인정사실

  가. 원고는 소외 망 김XX과 이XX 사이에 태어난 자녀이다.

나. 그런데, 원고가 태어날 당시 망 김XX이 소외 박XX와 법률혼 관계에 있었던 관계로, 원고의 모인 이XX는 원고의 부(父)를 공란으로 하여 출생신고를 하였고, 그 결과 원고의 가족관계등록부에 이XX만이 모(母)로 등재되어 있다.

다. 망 김XX은 소외 박XX와의 사이에 김XX, 김XX, 김XX을 자녀로 두고 있었고, 2022. X. X. 사망하였다.

라. 원고는 2012. X.경 망 김XX의 사망사실을 알게 되었고, 같은 달 이 사건 인지 청구의 소를 제기하였다.

마. 유전자검사에서, 원고와 소외 김XX은 검사가 진행된 12개의 x염색체상의 유전자들 모두에서 적어도 하나 이상의 대립 유전자를 공유하고 있고, 이와 같은 검사 결과는 이들이 서로 유전학적으로 동일한 아버지에서 태어난 여자 자식들이라는 점에 배치되지 않는다는 결과가 나왔다.

[인정근거] 갑 제1 내지 8호증, 이 법원의 서울대학교 의과대학 법의학연구소에 대한 혈액 및 유전자감정촉탁 결과, 변론 전체의 취지

2. 판단 및 결론

위 인정사실에 의하면, 원고가 망 김XX의 친생자임이 분명하므로, 원고의 청구를 인용하기로 하여 주문과 같이 판결한다.

판사 김XX

(6) 피상속인의 사망 전에 상속포기 각서를 쓴 상속인

부모님이 생전에 아들에게 재산 전부를 주면서 다른 자녀들에게 상속포기각서를 쓸 것을 강요하는 경우가 있습니다.

물론 피상속인이 이와 같은 상속포기각서를 제출하는 조건으로 일부금을 증여하기도 합니다. 그러다보니 피상속인이 사망한 후 각서를 쓴 상속인이 유류분반환청구소송을 신청하거나 상속재산분할심판청구소송을 하는 경우에 부모님으로 부터 포기각서를 전달받은 상속인은 '해당 상속인이 피상속인의 생전에 현금 또는 부동산을 증여받는 대가로 상속포기각서를 작성했는데 피상속인이 사망하자 각서의 효력을 부인하면서 유류분반환청구 또는 상속재산의 분할을 요구하는 것은 부당하고, 신의칙에 반한다.'라고 주장하기도 합니다.

그러나 우리 민법과 판례는 상속포기에 관하여 제1019조의 규정에 따라 피상속인의 사망으로 자신의 상속인이 된 사실을 안 날로부터 3개월 안에 피상속인의 최후주소지를 관할하는 가정법원에 상속포기신청을 하고 심판문을 송달받음으로써 그 효력이 있다고 규정하고 있습니다.

따라서 피상속인의 생전에 즉 피상속인의 사망으로 상속이 발생하기 전에 사전포기하는 것은 법률상 상속포기에 해당하지 않습니다. 그리고 실제 우리 민법에서는 상속에 관한 사전포기를 규정하고 있지 않고 있으며, 판례도 상속의 발생전 상속포기를 부인하고 있습니다.

그러므로 포기의 대상이 유류분이든 상속이든 불문하고 피상속인이 사망하기 전에 한 상속포기는 무효(無效)이므로, 상속포기각서 또한 효력이 없습니다.

그러므로 피상속인의 생전에 상속인이 '유류분반환청구소송을 하지 않겠다.'거나 '상속을 포기한다.'는 각서를 썼다고 하더라도, 각서를 쓴 상속인은 피상속인이 사망한 후에 얼마든지 유류분반환청구소송을 신청할 수 있습니다.

그러나 피상속인의 사망으로 상속이 개시된 후에 민법 제1019조의 규정에 따른 상속포기는 효력이 있습니다.

다만 상속인들 간에 상속재산분할협의를 통하여 상속재산을 일부 상속인에게 모두 상속하도록 하기도 하나, 이러한 협의분할은 상속포기가 아니라 상속인이 자신의 상속분을 다른 상속인에게 양도하는 것으로 판단하고 있습니다.

그리고 이에 대하여 우리 법원은 민법 제1019조의 규정에 의한 상속포기는 사해행위의 대상이 되지 않는다고 하나, 협의분할을 통하여 자신의 상속분을 다른 상속인에게 양도하는 것은 원칙적으로 사해행위의 대상이 된다고 판단하고 있습니다.

> **대법원 1998. 7. 24. 선고 98다9021 판결**
> 유류분을 포함한 상속의 포기는 상속이 개시된 후 일정한 기간 내에만 가능하고 가정법원에 신고하는 등 일정한 절차와 방식을 따라야만 그 효력이 있으므로, 상속개시 전에 한 상속포기약정은 그와 같은 절차와 방식에 따르지 아니한 것으로 효력이 없다.
>
> **대법원 2017. 1. 12. 선고 2014다39824 판결**
> 상속포기의 기간, 방식과 절차를 정한 민법의 위 규정들은 강행규정으로서, 이를 위반하여 상속이 개시되기 전에 포기를 하거나 그 방식과 절차를 따르지 않은 경우에는 상속포기의 효력이 없다고 보아야 한다.

(7) 여자인 피상속인의 친자이나 가족관계등록부에 기재되지 않은 자녀

상속이 발생하면 일반적으로 가족관계등록부(또는 호적)를 기준으로 상속인이 정해지게 됩니다. 따라서 원칙적으로 피상속인의 친자라고 하더라도 가족관계등록부(또는 호적)에 기재되어 있지 않으면 상속인이 될 수 없습니다.

그러나 생모와 자녀의 관계에 관하여 법원은 「생모와 자 간의 친자관계는 자연의 혈연으로 정해지므로, 반드시 호적부의 기재나 법원의 친생자관계존재확인판결로써만 이를 인정하여야 한다고 단정할 수 없다(대법원 1992. 7. 10. 선고 92누3199 판결).」라고 판단하고 있습니다.

따라서 피상속인이 생모인 사실을 증명한다면 가족관계등록부에 기재되지 않아도 상속인의 지위를 취득함으로써 유류분반환청구소송을 제기할 수 있습니다.

> **대법원 1992. 2. 25. 선고 91다34103 판결**
> 생모와 자간의 친자관계는 자연의 혈연으로 정해지는 것이어서 상속을 원인으로 한 지분소유권확인청구에 친자관계존재확인청구가 반드시 전제되어야 하는 것은 아니다.
>
> **대법원 2002. 6. 14. 선고 2001므1537 판결**
> 인지소송은 부와 자와의 간에 사실상의 친자관계의 존재를 확정하고 법률상의 친자관계를 창설함을 목적으로 하는 소송이다.

판결사례) 가족관계등록부에 친모로 기재되지 않아도 상속인의 지위를 인정

대구지방법원 안동지원
판 결

사　건　　2011가단XXX 소유권이전등기

원　고　　장XX (031111-4178711)

　　　　　XX시 XX구 XX동 1

피　고　　1. 손XXXX

　　　　　　XX군 XX면 X리 1

　　　　　2. XX신용협동조합

　　　　　　XX시 XX동 1

　　　　　　　대표자 이사장 김XX

　　　　　3. 이XX

　　　　　　XX시 XX동 1

　　　　　4. 유XX

　　　　　5. 권XX

　　　　　　XX시 XX동 1

변론종결　2012. X. XX.

판결선고　2012. X. X.

주 문

1. 원고에게,

　가. 피고 손XX은 별지 기재 각 토지 중 2/5 지분에 관하여 진정명의회복을 원인으로 한 소유권이전등기절차를,

나. 피고 XX신용협동조합은 별지 1, 2항 기재 각 토지 중 원고 소유의 2/5 지분에 관하여 XX지방법원 XX등기소 2011. 4. XX. 접수 제XXXX호로 마친 각 근저당권설정등기 및 2011. 4. XX. 접수 제XX호로 마친 각 지상권설정등기의 각 말소등기 절차를,

다. 피고 이XX은

 (1) 별지 2항 기재 토지 중 원고 소유의 2/5 지분에 관하여 XX지방법원 XX등기소 2011. 5. XX. 접수 제XXXX로 마친 근저당권설정등기의 말소등기절차를,

 (2) 별지 3, 4항 기재 각 토지 중 원고 소유의 2/5 지분에 관하여 XX지방법원 XX등기소 2010. 7. XX. 접수 제XXXX호로 마친 각 근저당권설정등기의 각 말소등기절차를,

라. 피고 유XX, 권XX은 별지 5 내지 8항 기재 각 토지 중 원고 소유의 2/5 지분에 관하여 XX지방법원 XX지원 등기계 2011. 3. XX. 접수 제XXXX호로 마친 각 근저당권설정등기의 각 말소등기절차를

각 이행하라.

2. 소송비용은 피고들이 부담한다.

청 구 취 지

주문과 같다.

이 유

원고와 망인 사이에 친생자관계가 성립하는지 여부에 관하여 살피건대, 생모와 자 간의 친자관계는 자연의 혈연으로 정해지므로, 반드시 호적부의 기재나 법원

의 친생자관계존재확인판결로써만 이를 인정하여야 한다고 단정할 수 없는바(대법원 1992. 2. 25. 선고 91다34103 판결 등 참조), 앞서 인용한 사실들과 앞서 인용한 증거들에 갑 제3 내지 5, 7, 8호증의 각 기재를 종합하여 인정되는 다음과 같은 사정들 …(중략)… 등을 종합적으로 고려하면, 망인과 원고 사이에 친생자관계가 성립한다고 봄이 상당하다.

따라서 망인의 모친으로서 망인의 재산을 2/5 비율로 상속한 원고의 상속지분에 관한 피고 손XX 명의의 상속을 원인으로 한 소유권이전등기는 원인무효의 등기이고 이에 터잡아 순차로 경료된 피고 회사, 이XX, 유XX, 권XX 명의의 각 근저당권설정등기 및 지상권설정등기 역시 원인무효의 등기이므로, 원고에게, 피고 권XX은 별지 기재 각 토지 중 원고의 상속분 2/5 지분에 관하여 진정명의회복을 원인으로 한 소유권이전등기절차를, 피고 회사, 이XX, 유XX, 권XX은 별지 기재 각 토지 중 원고 소유의 2/5 지분에 관하여 각 근저당권설정등기 및 지상권설정등기의 말소등기절차를 이행할 의무가 있다.

판사 김XX

나. 유류분반환청구소송을 할 수 없는 사람

(1) 친생자관계부존재확인의 소로 가족관계등록부에서 말소된 자녀

피상속인의 자녀로 가족관계등록부에 기재되어 있었다고 하더라도 친생자관계부존재확인의 소에서 패소판결을 받아 가족관계등록부에서 말소되면 상속인이 아니기 때문에 유류분반환청구소송을 할 수 없습니다.

서식) 친모가 친자를 상대로 하는 친생자관계부존재확인 및 친생자관계존재확인

소 장

원　　고　　김XX(430515-2234578)
　　　　　　등록기준지: 서울특별시 XX구 XX동 8번지
　　　　　　XX시 XX구 XX로1번길 1-3

피　　고　　윤XX(840312-2345678)
　　　　　　등록기준지: 강원도 XX시 XX면 XX리 8번지
　　　　　　XX시 XX구 XX로1번길 1-3

친생자관계존재확인청구의 소 등

청 구 취 지

1. 피고와 소외 망 이XX(등록기준지 : 강원도 XX시 XX면 XX리 1번지, 주민등록번호 : 410112-2123456) 사이에는 친생자관계가 부존재함을 확인한다.
2. 원고와 피고 사이에는 친생자관계가 존재함을 확인한다.
3. 소송비용은 각자 부담한다.

라는 판결을 구합니다.

청 구 원 인

1. 피고 윤XX의 친부 윤ㅁㅁ와 원고의 관계 등

피고 윤XX의 생부인 소외 윤ㅁㅁ는 소외 망 이XX(2023. XX. XX. 사망)과 196

6년 혼인신고하였습니다. 그런데, 원고는 당시 유부남이였던 윤ㅁㅁ를 만나 혼외 관계를 통해 1984. X. XX. 피고 윤XX를 출산하였습니다.

2. 피고 윤XX에 대한 잘못된 출생신고

친부 윤ㅁㅁ는 피고 윤XX에 대한 출생신고를 하면서 친모인 원고를 기재하지 않고 당시 호적상 부인인 소외 망 이XX로 잘못 등재하였습니다. 이로 인해 피고 윤XX의 가족관계증명서상에는 친모인 원고가 기재되지 않고 친모인 원고의 가족관계증명서에 친자인 피고 윤XX가 기재되지 못하였습니다.

3. 원고가 피고 윤XX의 친모인 사실

가. 친모인 원고는 어릴때부터 피고 윤XX를 키워 왔으며, 반면 피고 윤XX는 호적상 모인 소외 망 이XX와 한번도 같이 거주한 바 없습니다.

나. 유전자 감정서 제출예정

원고는 피고 윤XX와 친자관계라는 것을 입증하기 위하여 유전자감정업체인 주식회사 휴먼패스에게 유전자감정을 의뢰하였는바, 조만간 유전자검사서가 나올 것입니다. 추후 유전자검사서는 서증으로 제출하겠습니다.

4. 맺음 말

위와 같이 유전자 검사(곧바로 제출예정)를 통해 피고 윤XX는 원고와 친자관계가 있으며 호적상 모인 소외 망 이XX와는 친자관계가 없다는 사실은 명백하다고 할 것입니다. 그동안 원고는 피고 윤XX가 원고의 친생자임에도 불구하고 이런저런 사유로 현재까지 이를 바로 잡지 못하여 왔습니다. 피고 윤XX를 출생하고 평생을 많은 고생을 하시면 양육한 원고에 대한 도리와 잘못된 가족관계를 바로잡을 필요성에 의하여 본 소를 제기하였사오니 조속한 시일 내에 청구취지와 같은 판결을 하여 주시기를 바랍니다.

입 증 방 법

1. 갑제1호증 　　　　　제적등본(윤ㅁㅁ)
1. 갑제2호증의1내지2 　기본증명서 및 가족관계증명서(피고 윤XX)
1. 갑제3호증의1내지2 　가족관계증명서 및 혼인관계증명서(원고)
1. 갑제4호증의1내지3 　기본증명서, 가족관계증명서 및 혼인관계증명서
1. 갑제5호증의1내지2 　각 주민등록초본(원고 김XX, 피고 윤XX)

첨 부 서 류

1. 위 입증방법 　　　　각 1통
1. 납부서 　　　　　　　1통

2024. 2. .

위 원고 김XX

XX지방법원 XX지원 　　　귀중

---

(2) 피상속인의 사망 후에 법원에 상속포기를 신청해서 판결을 받은 상속인

피상속인이 사망한 후 일부 초과특별수익자인 상속인들이 피상속인의 재산이 더 이상 없고 채무가 있음을 주장하면서, 나머지 상속인들에게 상속포기할 것을 권유하기도 합니다. 특히 상속인들이 대습상속인으로서 피상속인과 상당기간 왕래를 하지 않은 경우나, 상속인이라고 하더라도 피상속인과 상당기간 왕래를 하지 않아 피상속인의 재산내역을 알지 못하는 경우에는 더더욱 그러합니다.

그런데 피상속인이 사망한 후에 상속인 또는 대습상속인이 피상속인이 사망한 3개월 이내에 피상속인의 최후주소를 관할하는 가정법원에 3개월 내에 민법 제1019조의 상

속포기 규정에 따라 상속포기를 신청해서 심판문을 수령하게 되면, 상속개시 당시로 소급해서 상속인으로 부터 배제됩니다.

그런데 유류분은 상속분의 1/2 또는 1/3이고 상속분은 상속인이 취득하는 권리이므로 상속포기를 통하여 상속개시 당시로 소급해서 상속인으로 부터 배제되면 해당 상속인은 유류분반환청구소송을 할 수 없습니다.

반면에 한정승인은 피상속인에 대한 상속인의 지위를 유지함으로써 상속채무를 승계받지만 그 채무에 대한 책임재산이 피상속인으로 부터 상속받은 재산의 범위로 한정되므로, 유류분반환청구권이 유지됩니다.

그러므로 만일 피상속인의 채무가 많은 것으로 보이는데 다른 상속인이 부모님으로부터 많은 재산을 증여받았다면, 상속포기를 신청할 것이 아니라 한정승인을 신청한 후 유류분반환청구를 하면 됩니다.

> **민법 제1019조(승인, 포기의 기간)**
> ① 상속인은 상속개시있음을 안 날로부터 3월내에 단순승인이나 한정승인 또는 포기를 할 수 있다. 그러나 그 기간은 이해관계인 또는 검사의 청구에 의하여 가정법원이 이를 연장할 수 있다.
> ② 상속인은 제1항의 승인 또는 포기를 하기 전에 상속재산을 조사할 수 있다.
> ③ 제1항의 규정에 불구하고 상속인은 상속채무가 상속재산을 초과하는 사실을 중대한 과실 없이 제1항의 기간 내에 알지 못하고 단순승인(제1026조제1호 및 제2호의 규정에 의하여 단순승인한 것으로 보는 경우를 포함한다)을 한 경우에는 그 사실을 안 날부터 3월내에 한정승인을 할 수 있다.
>
> **대법원 2011. 6. 9. 선고 2011다29307 판결**
> 상속의 포기는 상속이 개시된 때에 소급하여 그 효력이 있고(민법 제1042조), 포기자는 처음부터 상속인이 아니었던 것이 된다.

> **대법원 2012. 4. 16. 자 2011스191,192 결정**
> 유류분은 상속분을 전제로 한 것으로서 상속이 개시된 후 일정한 기간 내에 적법하게 상속포기 신고가 이루어지면 포기자의 유류분반환청구권은 당연히 소멸한다.

서식) 상속포기 신청서

상속재산포기심판청구

청 구 인(상속인)   김○○ (390000 - 2000000)
　　　　　　　　　 등록기준지 : 경기도 XX시 XX구 XX로 100
　　　　　　　　　 주　　　소 : 경기도 XX시 XX구 XX로 467
　　　　　　　　　 주　　　소 : 경기도 XX시 XX구 XX로 24,

피상속인(사망자)   김○○ (350000 - 1000000)
　　　　　　　　　 사망일자 : 2023년 10월 21일
　　　　　　　　　 등록기준지 : 경기도 XX시 XX구 XX로 177
　　　　　　　　　 최후주소 : 경기도 XX시 XX구 XX로 467, 101동 2003호
　　　　　　　　　　　　　　　 (XX동, XXX아파트)

청 구 취 지

청구인의 망 김○○에 대한 재산상속포기 신고는 이를 수리한다.
라는 심판을 구합니다.

청 구 원 인

망 김○○(이하 '피상속인'이라고만 합니다)는 청구인 김○○ 사이에서 청구외 김XX, 청구외 김◇◇, 청구외 김□□를 두었으나 2023. XX. XX. 사망하였습니다. 따라서 우리 민법 제1000조의 규정에 따라 피상속인의 상속인은 배우자인 청구인 김○○, 직계비속인 청구외 김XX, 청구인 김◇◇, 청구외 김□□가 됩니다.

그런데 우리 민법 제1019조 제1항에서는 「상속인은 상속개시있음을 안 날로부터 3월내에 단순승인이나 한정승인 또는 포기를 할 수 있다.」라고 규정하고 있습니다.

이에 망인을 피상속인으로 하는 상속절차에서 최우선순위인 청구인 김○○는 망인이 사망한 2023. XX. XX.로부터 기산하여 3개월 이내 상속을 포기하고자 이 사건 심판청구에 이르렀습니다.

그러하오니 망 김○○의 사망으로 인한 상속절차에 대한 청구인들의 이 사건 상속포기를 수리하여 주시기 바랍니다.

첨 부 서 류

1. 망 김○○(사건본인)의 기본증명서 등   각 1부.
1. 김○○의 가족관계증명서 등   각 1부.

2023.　XX.　XX.
위 청구인 김○○　　(인감도장)

XX가정법원　　귀중

(3) 유류분액보다 많은 재산을 증여받은 상속인

피상속인의 사망으로 상속이 개시되었으나 다른 상속인의 대한 사전증여 또는 유증으로 인하여 상속재산이 없게 되거나, 상속재산이 턱 없이 작아 상속인의 기대에 미치지 못하는 경우에 유류분반환청구를 신청할 수 있습니다. 가령 자신은 1억원을 증여받았는데 다른 상속인이 3억원의 재산을 사전증여 받아 일견하기에도 불공평하다는 생각을 갖는 경우입니다.

그런데 유류분은 단지 자신이 다른 상속인에 비해서 부족하게 사전증여를 받았다고 신청할 수 있는 것이 아니라 다른 상속인에 대한 증여 또는 유증으로 인하여 자신의 유류분이 침해된 경우에만 청구가 가능합니다. 즉 유류분반환청구소송을 할 수 있는 상속인은 피상속인으로부터 유류분액에 해당하는 증여(또는 유증) 받지 못한 상속인입니다. 그러므로 비록 다른 상속인들에 비하여 적은 재산을 사전증여 또는 유증을 받았다고 하더라도 증여 또는 유증을 통하여 자신의 유류분액을 초과하는 재산을 취득했거나 취득할 수 있다면 침해된 유류분이 없으므로 해당 상속인은 유류분을 청구할 수 없습니다.

다만 유류분액이 1억원인데 3,000만원에 해당하는 재산을 증여(또는 유증) 받았다면, 부족한 7,000만원은 유류분으로 청구할 수 있습니다.

사례
피상속인이 사망하고 자녀1과 자녀2가 있는데 자녀1이 5억원, 자녀2가 1억원을 증여받았고, 이외의 재산과 채무는 없는 경우.

1. 유류분액은
증여재산과 유증재산 그리고 상속재산을 모두 더한 금액에서 자신의 상속분을 곱하고 이것을 다시 1/2로 나눈 금액입니다.

따라서 위 경우 자녀2의 유류분액은 "{(자녀1이 증여받은 5억원 + 자녀2가 증여받은 1억원 + 유증 0원 + 상속재산 0원) × 법정상속분 1/2} × 1/2"를 계산한 1억 5,000만원{= (5억원+1억원) × (1/2×1/2)}이 되는 것입니다.

> **2. 청구할 수 있는 유류분은**
> 위와 같이 계산된 유류분액에서 유류분 청구를 하는 상속인이 받은 증여나 유증 또는 상속재산을 뺀 나머지입니다.
>
> 따라서 위 경우 자녀2가 청구할 수 있는 유류분은 "유류분액 1억 5,000만원 − 자녀2가 받은 증여재산 1억원"의 계산에 의한 5,000만원(= 1억 5,000만원 − 1억원)입니다.

(4) 유류분 이상을 상속받은 상속인

피상속인이 일부 상속인에게 대부분의 재산을 증여했다고 하더라도 일부 상속재산이 남아 있는 경우가 있습니다. 이러한 경우에 상속재산은 법정상속분이 아닌 구체적 상속분에 따라 분할됩니다. 그리고 이러한 구체적 상속분은 '{(증여재산 + 유증재산 + 상속재산 − 상속채무) × 법정상속분} − 해당 상속인의 증여재산과 유증재산 = 구체적 상속분'으로 산정됩니다. 따라서 피상속인으로부터 자신의 상속분을 초과해서 증여 또는 유증을 받은 상속인의 구체적 상속분은 없게 됩니다.

가령 상속인으로 자녀1과 자녀2가 있는데 피상속인의 생전에 자녀1에게 3억원을 증여하고 남은 상속재산이 2억원이라면 자녀1의 구체적 상속분은 '{(증여재산 3억원 + 상속재산 2억원) × 자녀1의 법정상속분 1/2} − 자녀1의 증여재산 3억원 = −5,000만원'이 되므로, 자녀1은 상속재산에서 분할을 받을 수 없습니다.

그런데 이러한 계산을 자녀2의 측면에서 보면 '{(증여재산 3억원 + 상속재산 2억원) × 자녀2의 법정상속분 1/2} − 자녀2의 증여재산 0원 = −2억 5,000만원'이 됩니다. 따라서 남은 상속재산 2억원은 모두 자녀2가 취득하게 됩니다.

그런데 자녀의 경우 유류분은 법정상속분의 1/2이므로 자녀2의 유류분액은 '{(증여재산 3억원 + 상속재산 2억원) × 자녀1의 법정상속분 1/2 × 자녀2의 유류분 비율 1/2} = 1억 2,500만원'이 됩니다.

그렇다면 자녀2의 유류분은 1억 2,500만원인데 자녀2는 구체적 상속분으로 2억원을 취득하였으므로 '유류분 < 상속으로 받은 재산'이 입니다. 따라서 자녀2는 유류분 이상을 상속받아 유류분 부족분이 발생하지 않았으므로 자녀1을 상대로 유류분반환청구를 할 수 없습니다.

> **사례** 자녀1이 3억 원을 증여받았고 자녀2는 아무런 재산도 증여받지 못했는데 상속재산이 2억 원이라면, 자녀2의 유류분액은 1억 2,500만 원{= (3억 원+2억 원) × 1/4}이 되는데, 자녀1은 이미 3억 원을 증여받기 때문에 남은 상속재산 2억 원은 모두 자녀2가 단독으로 취득하게 됩니다. 따라서 유류분액 1억 2,500만원을 초과해서 2억 원을 상속받은 자녀2는 유류분 청구를 할 수 없습니다.

	사전증여	상속재산	기초재산	유류분비율	유류분액	순상속분액	유류분부족분
자녀1	300,000,000						
자녀2				1/4	125,000,000	200,000,000	-75,000,000
계	300,000,000	200,000,000	500,000,000				

그러므로 아무런 재산을 증여받지 못한 상속인이라도 상속재산이 남아 있고 그 상속재산에서 유류분액 이상을 상속받을 수 있다면, 해당 상속인은 유류분 반환을 청구할 수 없습니다.

그런데 위와 같은 사례에서 자녀 1이 3억원이 아닌 4억원을 증여받아 남은 상속재산이 1억원에 불과하다면 자녀2는 상속을 통해서 1억원을 취득한 반면에 유류분이 1억 2,500만원이므로 자녀2에게는 2,500만원의 유류분 부족분이 발생하게 됩니다. 이 경우 자녀2는 자녀1을 상대로 유류분 부족분 2,500만원을 청구할 수 있게 됩니다.

	사전증여	상속재산	기초재산	유류분비율	유류분액	순상속분액	유류분부족분
자녀1	400,000,000						
자녀2				1/4	125,000,000	100,000,000	25,000,000
계	400,000,000	100,000,000	500,000,000				

> **민법 제1008조(특별수익자의 상속분)**
> 공동상속인 중에 피상속인으로부터 재산의 증여 또는 유증을 받은 자가 있는 경우에 그 수증재산이 자기의 상속분에 달하지 못한 때에는 그 부족한 부분의 한도에서 상속분이 있다.
>
> **대법원 1995. 3. 10. 선고 94다16571 판결**
> 공동상속인 중에 특별수익자가 있는 경우의 구체적인 상속분의 산정을 위하여는, 피상속인이 상속개시 당시에 가지고 있던 재산의 가액에 생전 증여의 가액을 가산한 후, 이 가액에 각 공동상속인별로 법정상속분율을 곱하여 산출된 상속분의 가액으로부터 특별수익자의 수증재산인 증여 또는 유증의 가액을 공제하는 계산방법에 의하여 할 것이고, 여기서 이러한 계산의 기초가 되는 "피상속인이 상속개시 당시에 가지고 있던 재산의 가액"은 상속재산 가운데 적극재산의 전액을 가리키는 것으로 보아야 옳다.

(5) 1, 2순위 상속인이 없는 피상속인의 형제자매

민법 제1000조 1.항에서는 피상속인의 형제자매를 3순위 상속인으로 하고 있으며, 제1112조에서는 아래와 같이 규정함으로써 피상속인의 형제자매를 유류분청구권자로 인정하고 있습니다.

> **제1112조(유류분의 권리자와 유류분)**
> 상속인의 유류분은 다음 각호에 의한다.
> 1. 피상속인의 직계비속은 그 법정상속분의 2분의 1
> 2. 피상속인의 배우자는 그 법정상속분의 2분의 1
> 3. 피상속인의 직계존속은 그 법정상속분의 3분의 1
> 4. 피상속인의 형제자매는 그 법정상속분의 3분의 1

그러나 헌법재판소에서는 2024. 4. 25. 20헌가4 사건을 통하여 피상속인의 형제자매의 유류분을 규정한 민법 제1112조 제4호를 단순위헌으로 결정하는 선고를 하였습니다.

그러므로 헌법재판소의 결정에 따라 피상속인의 형제자매는 유류분반환청구권자로부터 배제됩니다.

(6) 유류분을 청구하지 않고 있는 상속인의 채권자(채권자대위권)

일부 상속인이 유류분 반환을 청구할 수 있음에도 불구하고 행사하지 않는 경우라도 해당 상속인의 채권자는 유류분권자인 채무자를 대신해서 유류분반환청구를 할 수 없습니다.

다만 대법원 2010. 5. 27. 선고 2009다93992 판결에서 '유류분권리자에게 그 권리행사의 확정적 의사가 있다고 인정되는 경우가 아니라면 채권자대위권의 목적이 될 수 없다.'라고 설시하고 있는 점에 비추어 볼 때, 채무자가 자신의 유류분권을 다른 상속인 또는 제3자에게 양도함으로써 유류분반환청구권 행사의 확정적 의사가 있다고 인정되는 경우에는 채무자인 상속인으로부터 유류분반환청구권을 양도받은 상속인 또는 제3자를 상대로 사해행위취소소송을 제기한 후 해당 유류분반환청구권을 대위행사할 수 있을 것으로 보입니다.

> **사례** 상속인 자녀1과 자녀2 중에 망인이 생전에 자녀1에게만 전 재산인 10억 원을 증여해서 자녀2가 자녀1에게 유류분에 해당하는 2억 5,000만 원을 청구할 수 있는데, 자녀2가 신용불량자이기 때문에 자녀1에게 유류분을 받아봐야 채권자들에게 뺏길 것을 두려워해서 자녀1에게 유류분 청구를 하지 않고 있다고 하더라도, 자녀2의 채권자는 자녀2를 대신해서 자녀1에게 유류분을 청구할 수 없습니다.

> **대법원 2010. 5. 27. 선고 2009다93992 판결**
> 유류분반환청구권은 그 행사 여부가 유류분권리자의 인격적 이익을 위하여 그의 자유로운 의사결정에 전적으로 맡겨진 권리로서 행사상의 일신전속성을 가진다고 보아야 하므로, 유류분권리자에게 그 권리행사의 확정적 의사가 있다고 인정되는 경우가 아니라면 채권자대위권의 목적이 될 수 없다.

3. 유류분 부족분

3. 유류분 부족분

가. 유류분 부족분의 계산방식

상속인이 청구할 수 있는 금액은 자신의 유류분에서 자신이 사망한 사람으로부터 받은 금액을 뺀 나머지입니다. 이것을 실무에서는 '유류분 부족분' 내지 '유류분 반환액'이라고 하는데 그것을 구하는 계산방식은 아래와 같습니다.

> **유류분 부족액** = {유류분 산정의 기초가 되는 재산(A) × 당해 유류분권자의 유류분 비율(B)} - 당해 유류분권자의 특별수익액(C) - 당해 유류분권자의 순상속분액(D)
> A = 적극적 상속재산 + 증여액 - 상속채무액
> B = 피상속인의 직계비속과 배우자는 그 법정상속분의 1/2
> C = 당해 유류분권자의 수증액 + 수유액
> D = 당해 유류분권자가 상속에 의하여 얻는 재산액 - 상속채무 분담액

따라서 소송을 통해서 받을 수 있는 금액은 유류분 자체가 아니라 유류분에서 유류분권자가 받은 사전증여와 상속받은 재산을 공제한 금액(청구금액 = 해당 상속인의 유류분액 - 해당 상속인이 받은 증여재산 - 상속으로 받은 재산)입니다.

나. 유류분 산정의 기초가 되는 재산(A)

쉽게 말하면 '유류분 산정의 기초가 되는 재산'이라 함은 유류분을 계산하는데 포함되는 모든 재산을 의미합니다.

(1) 적극적 상속재산

적극적 상속재산은 피상속인의 사망 당시에 피상속인의 명의로 남아 있는 모든 재산(예 부동산, 예금 등)을 의미합니다.

(가) 부동산

가까운 구청 또는 시청을 방문해서 피상속인 명의의 10년간 '지방세 세목별 과세증명서'를 발급받으면 됩니다.

또는 국토교통부에서 운영하는 K-Geo플랫폼(https://kgeop.go.kr/)에 접속해서 조상땅찾기를 검색한 후 그 결과를 첨부해도 됩니다. 조회 순서는 아래와 같습니다. 다만 2008년 이전의 사망자는 전산으로 확인되지 않으므로 직접 구청을 방문해야 합니다.

ⅰ) 접속

ii) 컴퓨터에 피상속인의 기본증명서와 가족관계증명서 파일이 경우에는 아래와 같이 클릭해서 피상속인의 기본증명서 등을 발급받을 수 있는 사이트에 접속해야 합니다.

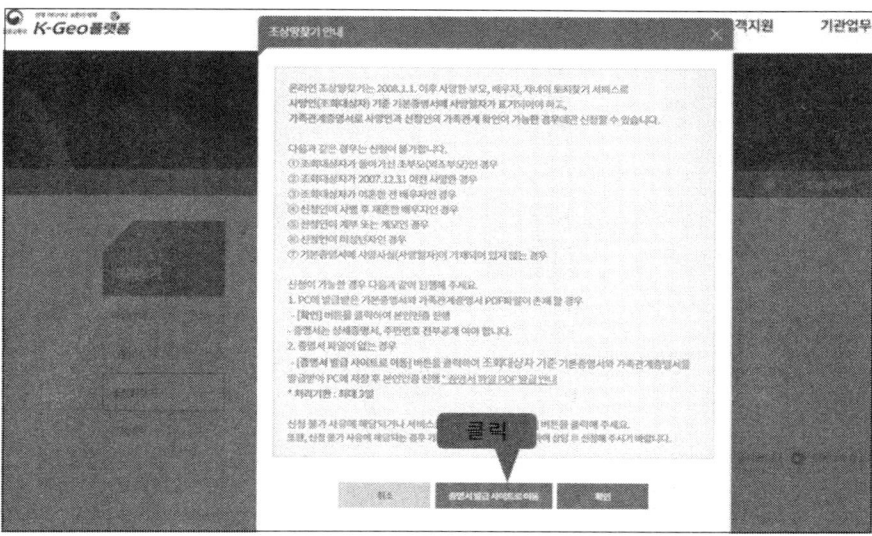

위와 같이 클릭하시면 '전자가족관계등록시스템'으로 접속되어 아래와 같이 화면을 볼 수 있습니다. 이후는 안내에 따라 하시면 됩니다.

iii) 피상속인의 기본증명서와 가족관계증명서를 발급받았다면, 아래와 같이 접속한 후 공인인증서 등을 이용하여 신청을 하면 됩니다.

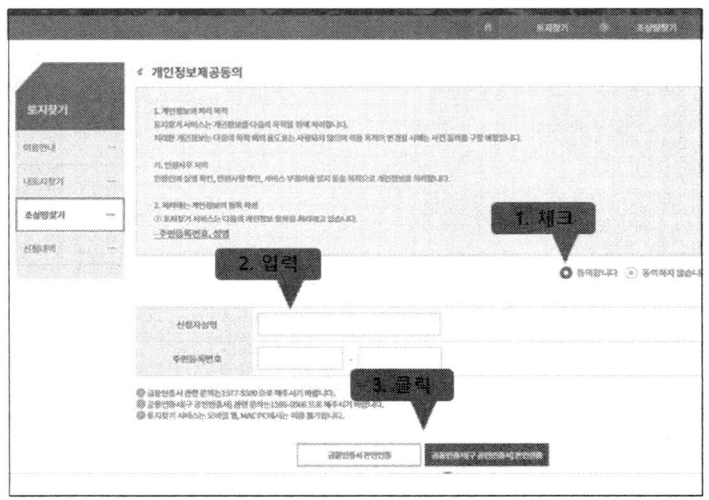

iv) 공인인증서 등으로 본인확인 절차를 마치게 되면 아래와 같이 본인과 조회할 조상의 이름과 주민등록번호를 기재하게 되고 해당 조상의 기본증명서와 가족관계증명서를 파일로 첨부해서 제출하게 됩니다.

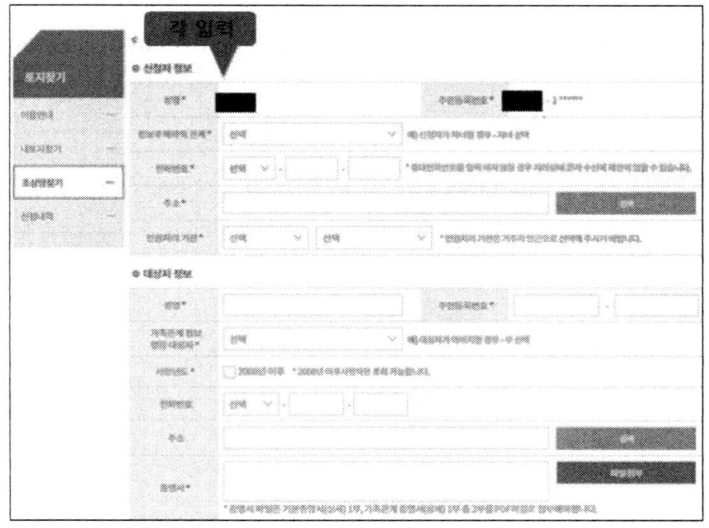

v) 이후 기다리시면 휴대폰으로 처리가 되었다는 문자가 옵니다. 그 후 앞에서 설명한 것처럼 순서에 따라 조상땅찾기 사이트에 접속해서 '신청내역'을 클릭한 후 본인인증을 거치면 됩니다.

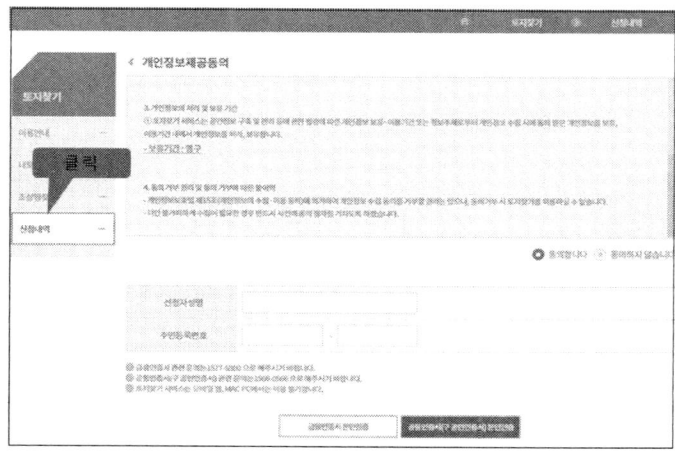

vi) 이와 같이 본인인증이 끝나면 아래와 같이 신청결과를 보실 수 있습니다.

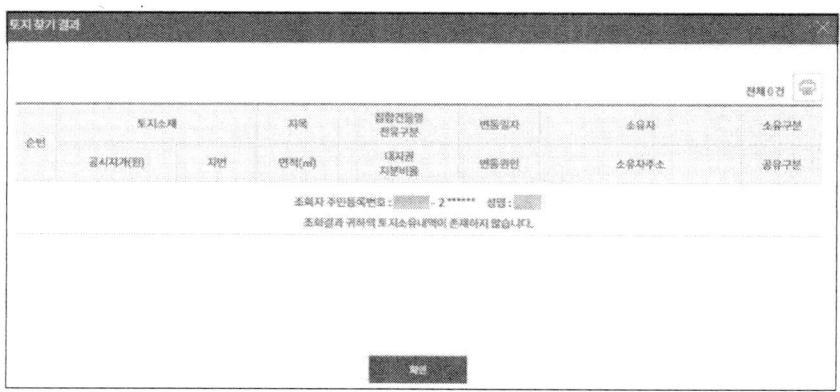

만일 조회결과 부동산이 확인되면 해당 부동산의 등기부등본을 발급받아 이를 첨부하면 됩니다. 부동산등기부등본은 가까운 등기소를 방문해서 발급받을 수 있지만, 대법원 인터넷 등기소(http://www.iros.go.kr/PMainJ.jsp)를 이용해서도 발급을 받을 수 있습니다.

(나) 차량

차량과 부동산의 소유 여부는 가까운 구청이나 시청을 방문해서 발급을 받을 수 있는 '지방세세목별납세증명'을 통해서 확인할 수 있습니다. 차량이 확인되는 경우에는 자동차등록원부를 첨부하면 됩니다.

(다) 예금

각 금융재산과 채무가 확인되면, 해당 금융기관을 방문해서 예금에 대한 잔액증명서를 발급받아 피상속인의 적극재산을 확인할 수 있습니다. 다만 잔액이 없는 경우에는 잔액증명을 받을 필요가 없으나, 잔액이 있는 경우 잔액증명서를 발급받을 당시 해당 계좌에 대한 압류, 가압류 등이 되어 있다면 해당 금융기관에 압류 또는 가압류 결정문의 발급을 요청하고 여의치 않으면 압류와 가압류가 결정된 관할법원과 사건번호를 문의하여 이를 별도의 용지에 기록해 두어야 합니다. 또한 채무가 있는 경우에는 부채증명서를 발급받아야 합니다.

발급받을 서류

1. 잔액증명 (상속개시일 기준) 또는 상속개시일을 기준으로 하는 거래내역서
2. 부채증명 (상속개시일 기준)

일부 상속인분들은 직접 금융기간을 방문하지 않고 위와 같은 조회내역만을 제출하는 경우가 있으나 위와 같은 출력물은 상속재산목록을 작성한 후 소명자료에 첨부해야 하나 그것만으로 부족하고 각 금융기관의 잔액증명과 부채증명을 별도로 발급받아야 합니다.

다만 소액만을 남겨 둔 채 오랜 기간 금융거래를 하지 않은 경우에는 위 조회표에 잔액은 표시되나 잔액증명서가 발급되지 않는 경우가 있습니다. 이때에는 피상속인의 사망일로부터 소급해서 한 달간의 거래내역을 신청하면 잔액이 기재된 계좌내역을 발급받을 수 있으므로, 해당 거래내역으로 잔액을 표시하면 됩니다.

(라) 보험의 해지환급금

피상속인이 보험계약자로써 보험료를 납부하던 중 사망함으로써 보험이 해지된 경우 또는 보험료를 납부하지 않아 실효된 상태에서 사망하게 되면, 해지환급금이 발생합니다.

이 경우 해지환급금은 피상속인의 상속재산에 포함되므로 해지환급예정금에 대한 확인서를 발급받으면 됩니다.

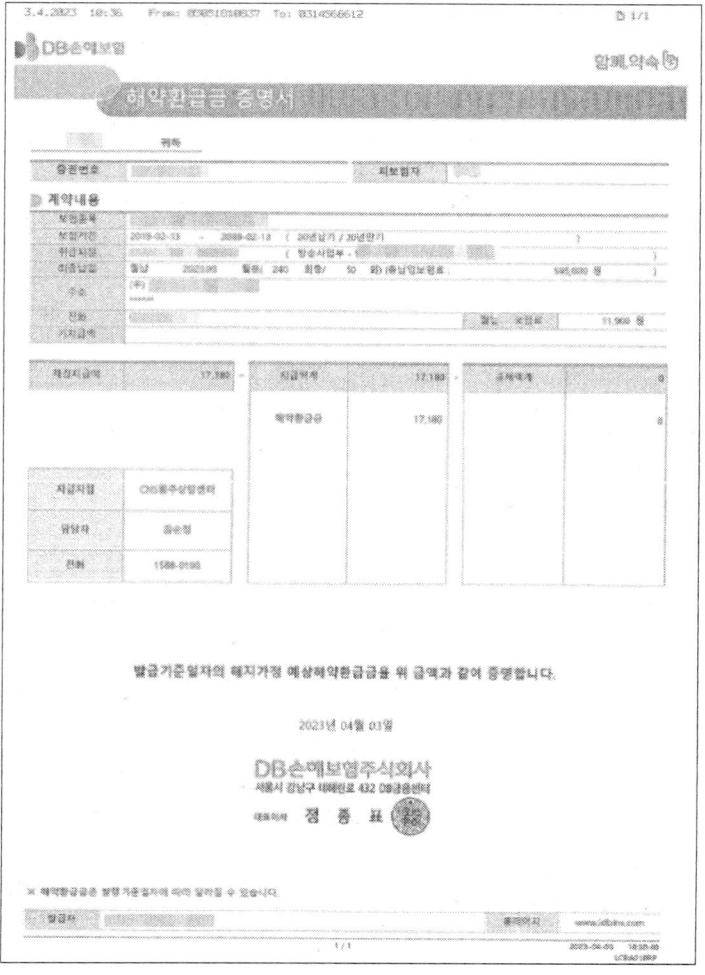

(마) 보험금

일반적으로 사망보험금 등을 상속인의 고유재산으로써 상속재산에 포함되지 않습니다. 그러나 보험계약자, 피보험자, 보험수익자가 모두 피상속인인 경우에는 상속재산에 포함됩니다. 따라서 보험계약자, 피보험자, 보험수익자가 모두 피상속인인 경우에는 이를 상속재산에 산입하여 적극재산으로 기입해야 합니다.

(바) 임대보증금

피상속인을 임차인으로 하는 임대차계약이 있는 경우에는 해당 임대차계약서 사본을 첨부하면 됩니다.

이후 청산과정에서 실제 취득하는 임대차보증금은 임대인으로부터 임대차보증금으로부터 공제되는 체납된 월차임, 관리비의 정산내역을 발급받아 청산에 첨부하면 됩니다.

(사) 기타

피상속인이 자영업을 하고 있었다면 기계기구, 실내비품 등도 모두 적극재산입니다. 그리고 피상속인이 소유하던 비상장주식, 특허권 등도 적극재산입니다.

(2) 증여액

(가) 상속인에 대한 증여 : 1979년 1월 1일 이후에 소유권이전등기를 마친 부동산 등

민법 제1114조에는 「증여는 상속개시전의 1년간에 행한 것에 한하여 제1113조의 규정에 의하여 그 가액을 산정한다. 당사자 쌍방이 유류분권리자에 손해를 가할 것을 알고 증여를 한 때에는 1년전에 한 것도 같다.」라고 되어 있습니다.

따라서 이러한 규정을 보면 마치 피상속인이 사망하기 1년 전에 한 증여재산에서는 유류분을 청구하지 못하는 것으로 오해할 수 있습니다. 실제 많은 분들이 **"증여된 날로부터 1년 안에 유류분청구를 못하면 받지 못하는 것이 아닌가?"** 라고 문의하기도 합니다.

그러나 대법원 판결에 의하면, 수증자가 공동상속인인 경우에 민법 제1114조의 적용이 배제되므로 증여를 받은 시기가 상속개시 당시로부터 1년 이내든 아니며 1년 전이든, 유류분권자를 해 할 것을 알고 한 증여이든 아니든 상관없이 기초재산에 산입하도록 하고 있습니다.

다만 판례는 유류분제도가 시행된 1979년 1월 1일 전에 증여한 재산에 대해서는 유류분을 청구할 수 없으므로 증여가 실행되어 1978년 12월 31일 이전에 지급된 금전 또는 수증자 명의로 소유권이전등기가 마쳐진 부동산에 대해서는 유류분반환을 청구할 수 없습니다.

그러므로 수증자가 상속인인 경우에 실제 유류분반환의 대상이 되는 상속인에 대한 증여는 1979년 1월 1일 이후에 소유권이전등기를 마친 부동산이거나 지급된 금전 또는 명의개서를 마친 비상장 주식입니다.

> **사례** 자녀1 자녀2를 둔 아버지가 2000년에 사망했는데 자녀1에게 1978년에 1억원을 증여하고 1990년에 2억원을 증여했다면, 자녀2는 1978년에 증여받은 1억원에 대해서는 청구할 수 없고 1990년에 받은 2억원에 대해서만 유류분을 청구할 수 있습니다.

	증여		기초재산	법정상속분	유류분비율	유류분액	유류분청구액
	1978년	1990년					
자녀1	100,000,000	200,000,000	200,000,000				
자녀2				1/2	1/4	50,000,000	50,000,000
계		200,000,000	200,000,000				

> **민법 제1114조(산입될 증여)**
>
> 증여는 상속개시전의 1년간에 행한 것에 한하여 제1113조의 규정에 의하여 그 가액을 산정한다. 당사자 쌍방이 유류분권리자에 손해를 가할 것을 알고 증여를 한 때에는 1년전에 한 것도 같다.
>
> **대법원 1996. 2. 9. 선고 95다17885 판결**
>
> 공동상속인 중에 피상속인으로부터 재산의 생전 증여에 의하여 특별수익을 한 자가 있는 경우에는 민법 제1114조의 규정은 그 적용이 배제되고, 따라서 그 증여는 상속개시 1년 이전의 것인지 여부, 당사자 쌍방이 손해를 가할 것을 알고서 하였는지 여부에 관계없이 유류분 산정을 위한 기초재산에 산입된다.
>
> **대법원 2012. 12. 13. 선고 2010다78722 판결**
>
> 유류분 제도가 생기기 전에 피상속인이 상속인이나 제3자에게 재산을 증여하고 이행을 완료하여 소유권이 수증자에게 이전된 때에는 피상속인이 1977. 12. 31. 법률 제3051호로 개정된 민법(이하 '개정 민법'이라 한다) 시행 이후에 사망하여 상속이 개시되더라도 소급하여 증여재산이 유류분 제도에 의한 반환청구의 대상이 되지는 않는다.

(나) 상속인의 배우자와 직계비속에 대한 증여

① 판례

우리 법원은 상속인의 배우자와 직계비속인 자녀들에 대한 증여와 해당 상속인의 관계에 관하여 아래와 같이 판단하고 있습니다.

> **대법원 2007. 8. 28.자 2006스3,4 결정**
>
> 민법 제1008조는 '공동상속인 중에 피상속인으로부터 재산의 증여 또는 유증을 받은 자가 있는 경우에 그 수증재산이 자기의 상속분에 달하지 못한 때에는 그 부족한 부분의 한도에서 상속분이 있다.'고 규정하고 있는바, 이와 같이 상속분의 산정에서 증여 또는 유증을 참작하게 되는 것은 원칙적으로 상속인이 유증 또는 증여를 받은 경우에만 발생하고, 그 상속인의 직계비

> 속, 배우자, 직계존속이 유증 또는 증여를 받은 경우에는 그 상속인이 반환의무를 지지 않는다고 할 것이나, 증여 또는 유증의 경우, 증여나 유증된 물건의 가치, 성질, 수증자와 관계된 상속인이 실제 받은 이익 등을 고려하여 실질적으로 피상속인으로부터 상속인에게 직접 증여된 것과 다르지 않다고 인정되는 경우에는 상속인의 직계비속, 배우자, 직계존속 등에게 이루어진 증여나 유증도 특별수익으로서 이를 고려할 수 있다고 함이 상당하다.

따라서 원칙적으로 상속인의 배우자(며느리 또는 사위)와 직계비속(손자녀 및 외손자녀)에 대한 상속개시 1년 이전의 증여는 유류분반환의 대상에서 배제되고, 해당 증여가 사실상 상속인에 대한 증여와 다름이 없는 경우에 해당 증여를 상속인의 증여로 보아 해당 상속인에게 유류분반환을 청구할 수 있습니다.

② 반환의 대상이 아닌 사위, 며느리, 손자, 손녀에 대한 증여

판례에 의하면 원칙적으로 상속인의 배우자인 사위나 며느리 그리고 직계비속인 손자나 손녀는 상속인과 구분됩니다. 따라서 상속인의 배우자와 직계비속은 제3자가 되고 이러한 제3자는 민법 제1114조의 적용을 받게 됩니다. 그리고 민법 제1114조는 「증여는 상속개시전의 1년간에 행한 것에 한하여 제1113조의 규정에 의하여 그 가액을 산정한다. 당사자 쌍방이 유류분권리자에 손해를 가할 것을 알고 증여를 한 때에는 1년전에 한 것도 같다.」라고 규정하고 있습니다.

따라서 상속인의 배우자와 직계비속을 상속인과 구분되는 제3자로 본다면 피상속인의 위 제3자들에 대한 증여를 원칙적으로 피상속인이 사망하기 1년 안에 한 증여만 유류분반환의 대상에 포함되고, 예외적으로 피상속인과 제3자가 유류분권리자의 유류분을 침해할 것을 알고 한 증여만이 유류분반환의 대상이 됩니다. 이때 유류분권리자에 손해를 가할 것을 알고 한 증여가 있다면 해당 증여는 기간의 제한이 없으므로 피상속인의 사망일로부터 1년 이전의 증여도 포함이 됩니다.

이때 증여시기는 현금의 경우 실제 현금이 지급되어 제3자가 취득한 시기를 기준으로 하고, 부동산의 경우 증여일을 기준으로 하는지 아니면 등기일을 기준으로 1년 이전의 여부를 판단하는지가 문제가 될 수 있습니다.

그런데 우리 법원은 「공동상속인이 아닌 제3자에 대한 증여이므로 민법 제1114조에 따라 보험수익자를 그 제3자로 지정 또는 변경한 것이 상속개시 전 1년간에 이루어졌거나 당사자 쌍방이 그 당시 유류분권리자에 손해를 가할 것을 알고 이루어졌어야 유류분 산정의 기초재산에 포함되는 증여가 있었다고 볼 수 있다(대법원 2022. 8. 11. 선고 2020다247428 판결).」라고 함으로써, 보험금의 경우 수익자를 제3자로 지정한 날을 기준으로 하고 있습니다.

그리고 유류분 제도의 시행 이전에 증여계약(등기원인)을 체결하였으나 유류분 제도가 시행된 이후에 소유권이전등기를 마친 경우에 관하여 「증여계약이 개정 민법 시행 전에 체결되었지만 그 이행이 개정 민법 시행 이후에 되었다면 그 재산은 유류분 산정의 대상인 재산에 포함시키는 것이 옳다(대법원 2012. 12. 13. 선고 20210다78722 판결).」라고 함으로써 등기원인일이 아닌 이행이 완료된 등기일을 기준으로 유류분 반환 대상의 여부를 판단하고 있습니다.

따라서 위와 같은 제3자에게 적용되는 민법 제1114조의 1년 여부는 증여일이 아닌 이행을 마친 소유권이전등기일을 기준으로 판단된다고 할 것입니다.

> **사례** 피상속인이 며느리에게 2010년에 1억원을 증여하고 2018년 2월 10일 손자에게 2억원을 증여한 후에 2018년 5월 10일 사망했다면, 피상속인이 사망한 2018년 5월 10일보다 1년 이전에 증여한 며느리에 대한 증여 1억원에 대해서는 유류분반환을 청구할 수 없고, 1년 이내인 2018년 2월 10일 손자에게 한 2억원의 증여에 대해서만 유류분반환을 청구할 수 있습니다.

③ 반환의 대상인 사위, 며느리, 손자, 손녀에 대한 증여

ⅰ) 상속인과 상속인의 배우자 및 직계비속을 상속인과 동일한 것으로 보는 경우

예외적으로 피상속인이 사망하기 1년 이전에 며느리나 사위 또는 손자와 손녀에게 한 증여라도 그것이 사실상 상속인에게 증여한 것과 다를 게 없다면 해당 증여는 상속인에 대한 증여로 판단되어 상속개시 1년 이전인지의 여부, 유류분권리자에게 손해를 가할 것을 알고 한 증여인지의 여부와 무관하게 유류분반환의 대상이 됩니다. 실무에서는 상속인의 직계비속이 미성년인 경우에는 대부분 해당 상속인의 특별수익으로 보게 되나, 상속인의 배우자의 경우는 증여과정, 이유, 증여된 물건의 성격과 종류 및 규모, 피상속인의 재산규모 등을 고려하여 개별적으로 판단됩니다.

> **사례** 피상속인이 아들과 며느리 공동명의로 아파트를 증여했는데 아들 부부가 증여받은 아파트에 함께 살면서 가정생활을 했다면 며느리가 받은 아파트 1/2 지분에 대해서도 유류분을 청구할 수 있습니다.

ⅱ) 민법 제1114조 후문에 해당하는 경우

위에서 본 바와 같이 상속인이 아닌 제3자는 민법 제1114조의 규정을 받아 상속개시 1년 이전의 증여는 당사자 쌍방이 유류분권리자에 손해를 가할 것을 알고 한 증여만이 유류분반환의 대상에 포함됩니다. 이에 대해서 법원은 「당사자 쌍방이 증여 당시 증여재산의 가액이 증여하고 남은 재산의 가액을 초과한다는 점을 알았던 사정뿐만 아니라, 장래 상속개시일에 이르기까지 피상속인의 재산이 증가하지 않으리라는 점까지 예견하고 증여를 행한 사정이 인정되어야 하고, 이러한 당사자 쌍방의 가해의 인식은 증여 당시를 기준으로 판단하여 한다(대법원 2022.8.11. 선고 2020다247428 판결).」라고 판단하고 있습니다.

이러한 판례를 분석하면 상속인과 구분하여 제3자로 판단되는 상속인의 배우자와 직계비속에 대한 상속개시 1년 이전의 증여가 유류분반환대상에 포함되기 위해서는 '증여자

(피상속인)와 수증자(상속인의 배우자 또는 직계비속) 쌍방의 인식 + 증여당시 기준 + 증여재산 > 남은 재산 + 향후 피상속인의 재산증가 가능성'의 요건을 충족해야 합니다. 그리고 이와 같은 요건은 'OR' 조건이 아니라 'AND' 조건이므로 이 중 하나만 빠지면 유류분반환의 대상이 되지 않습니다. 그리고 이에 대한 입증책임은 이를 주장하는 유류분 권리자에게 있습니다.

(다) 제3자에 대한 증여

① 원칙

피상속인이 사망하기 1년 이내에 증여를 받았다면 증여를 받은 사람이 누구든간에 유류분을 반환해 줘야 합니다. 반대로 하기 사망하기 1년 이전에 증여를 받았다면 유류분을 반환해 주지 않아도 됩니다.

다만 예외적인 경우로써 1년 이전에 증여계약을 한 후 소유권이전등기를 1년 이내에 한 경우가 문제될 수 있는데 이때에는 1년 이전으로 본다는 것이 다수설의 입장이다.[2]

> **사례** 피상속인이 내연녀에게 2010년 10월 10일 재산을 증여하고 8년이 지난 2018년 5월 10일 사망하면 원칙적으로 내연녀는 유류분반환의무가 없습니다.

② 예외

피상속인이 사망하기 1년 이전에 제3자에게 재산을 증여했다고 하더라도, 증여할 당시 피상속인이 자신의 전 재산 중 1/2 이상을 증여했다면 피상속인이 사망하기 1년 전이라고 하더라도 유류분반환대상이 됩니다.

---

[2] 조성필(서울동부지방법원 부장판사) 인권과정의 2017년 6월 중 '판례를 중심으로 한 유류분 실무'85쪽

> **사례** 피상속인이 2010년 10월 10일 당시 10억원의 재산을 갖고 있었는데 내연녀에게 6억원을 증여하고 8년 후인 2018년 5월 10일 사망했다면 내연녀는 유류분반환의무가 있습니다. 이는 2010. 10. 10. 증여당시에 '증여금액 6억원 〉 증여 후 남은 재산 4억원'이기 때문입니다. 다만 여기에 전제는 피상속인이 2010. 10. 10. 증여한 후에 재산의 증가 가능성이 없어야 합니다. 만일 6억원을 증여하고 4억원만이 남았으나 이후의 경제활동을 통하여 2억원 이상의 재산이 증가할 가능성이 있었다거나 실제 그 이상의 재산이 증가했다면 내연녀에 대한 증여는 기초재산에 산입되지 않습니다.

> **대법원 2012. 5. 24. 선고 2010다50809 판결**
> 공동상속인이 아닌 제3자에 대한 증여는 원칙적으로 상속개시 전의 1년간에 행한 것에 한하여 유류분반환청구를 할 수 있고, 다만 당사자 쌍방이 증여 당시에 유류분권리자에 손해를 가할 것을 알고 증여를 한 때에는 상속개시 1년 전에 한 것에 대하여도 유류분반환청구가 허용된다. 증여 당시 법정상속분의 2분의 1을 유류분으로 갖는 직계비속들이 공동상속인으로서 유류분권리자가 되리라고 예상할 수 있는 경우에, 제3자에 대한 증여가 유류분권리자에게 손해를 가할 것을 알고 행해진 것이라고 보기 위해서는, 당사자 쌍방이 증여 당시 증여재산의 가액이 증여하고 남은 재산의 가액을 초과한다는 점을 알았던 사정뿐만 아니라, 장래 상속개시일에 이르기까지 피상속인의 재산이 증가하지 않으리라는 점까지 예견하고 증여를 행한 사정이 인정되어야 하고, 이러한 당사자 쌍방의 가해의 인식은 증여 당시를 기준으로 판단하여야 한다.

(라) 증여를 받은 후에 상속인이 된 제3자

증여 당시에는 상속인이 아니었다가 상속개시 당시에 상속인이 된 경우에 상속인이 아닌 제3자의 지위에서 증여받은 재산에 대하여 민법 제1114조를 적용하여 상속개시 1년 이내 또는 유류분권리자에 손해를 가할 것을 알고 한 증여만을 유류분산정을 위한 기초재산에 산입할지, 아니면 상속인이 증여받은 것으로 취급하여 기간의 제안이나 유류분권리자에게 손해를 가할 것을 알고 한 증여인지의 여부와 무관하게 모두 유류분산정을 위한 기초재산에 산입할것인지가 문제됩니다.

만일 증여 당시를 기준으로 판단하여 민법 제1114조의 규정을 적용하면, 배우자의 경우 혼인신고 전의 증여에는 민법 제1114조를 적용하고 혼인신고를 마친 후에는 위 규정을 배제하는 이중구조를 띄게 될 것입니다.

그런데 이와 같이 증여할 당시에는 상속인이 아니었으나 그 후에 혼인신고를 마침으로써 피상속인의 사망 당시에 배우자인 상속인이 된 사안에 관하여, 1998. 6. 20. 법원도서관에서 발행한 상속법의 제문제 중 '9. 상속분, 기여분, 특별수익'에서는 551쪽을 통하여 '(2) 증여 후 상속인으로 된 자 : 증여를 받을 당시에는 추정상속인(상속이 개시된다면 최선순위로 상속인이 될 자격을 갖는 자)의 지위를 갖지 않았지만 증여를 받은 후 혼인, 입양 등 신분행위에 의하여 증여자의 배우자가 되거나 양자가 되는 경우에 증여를 받은 자는 조정의무를 부담하는가? 민법 규정상 수증시에 추정상속인의 자격을 요구하는 것이 아닌 점, 이 규정은 공동상속인 간의 공평을 기하기 위한 것인 점 등을 고려하고 상속관계를 간명하게 처리한다는 점 등에 비추어 보면 추정상속인이 되기 전후나, 그 증여와 상속인의 지위취득과 견련관계가 있는지 여부 등과 관계없이 모두 조정대상에 포함된다는 견해[3]가 옳다고 생각한다.'라고 하고 있습니다.

또한 서울가정법원 가사2부장이었던 임채웅 부장판사는 2011. 10. 15. 발행한 상속법연구 중 149쪽에서 후처가 피상속인과 혼인하기 이전에 이루어진 전처의 소생에 대한 증여재산에 관하여 서울가정법원 2010. 10. 12.자 2009느합101(본심판), 2009느합165(반심판)을 예로 들고 있는바, 위 사건은 설시를 통하여 '청구인들은 상대방의 위 특별수익 주장에 관하여, 설령 상대방이 주장하는 청구인들의 특별수익은 모두 상대방이 상속인 자격을 취득하기 이전의 일이므로 상대방은 이를 다툴 수 없다는 취지로 주장하는데, 특별수익자의 상속분에 관한 민법 제1008조에는 그 명문상 특별수익을 주장할 수 있는 자를 제한하지 않고 있으며, 특정 상속인의 특별수익을 인정할 것인지 여부를 결정함에 있어 중요한 점은 공동상속인들간의 형평성을 해하는지 여부이지 상속인 자격을 갖춘 시기나 특별수익의 시기의 선후는 특별수익 인정 여부에 영향을

---

[3] 주석 상속법 상, 195면, 곽윤직, 상속법, 185면

끼칠 수 없으므로, 이와 같은 점을 고려하면 상대방은 피상속인과 혼인함으로써 뒤늦게 그의 상속인이 될 자격을 갖추었으나 청구인들의 특별수익의 점에 관하여 그 수익 일시를 불문하고 이를 다툴 수 있다고 봄이 상당하므로, 이 부분 청구인들의 주장은 이유 없다'고 하고 있습니다.

그리고 이와 관련문제로 각주2)를 통하여, '수익을 얻을 때는 상속인이 아니었으나 혼인이나 입양 등으로 그 후에 상속인의 지위를 얻은 경우, 그 수익도 특별수익으로 볼 수 있는 것인가 하는 점이 있는데, 학설은 대체로 특별수익으로 보아야 한다고 보고 있고[김주수·김상용 공저, 친속·상속법-가족법-(제9판), 법문사(2008), 557면 이하, 곽윤직, 상속법(민법강의Ⅵ)(개정판), 박영사(2004), 102면], 필자도 이러한 결론이 옳다고 본다'고 하고 있습니다.

그리고 서울고등법원 2010. 11. 9. 선고 2009나104122 판결에서는 증여를 받은 후에 혼인신고를 마침으로써 피상속인의 사망 당시에 상속인의 지위를 취득한 배우자에 관하여 「민법 제1008조는 특별수익자를 '공동상속인 중에 피상속인으로부터 재산의 증여 또는 유증을 받은 자'로 규정하고 있을 뿐, 공동상속인이 공동상속의 지위에 있을 때 증여 등을 받을 것을 요건으로 정하고 있지 않고, ② 앞서 본 바와 같이 피고 1은 이미 1968년 및 1977년 망인의 아들들인 피고 2, 피고 3을 출산하였고, 망인과의 혼인신고(1983. 11. 9.)를 앞둔 상태에서 1983. 8. 및 같은 해 10. 위 각 부동산을 증여받았으며, 위와 같은 사정 외에 달리 망인이 피고 1에게 재산을 증여할 만한 특별한 사정이 있었음을 인정할 증거가 없으므로, 결국 위 각 부동산의 증여와 피고 1의 공동상속인 지위 취득 사이에는 밀접한 견련관계가 있었다고 보이는바, 그렇다면, 망인이 혼인신고를 앞두고 사실상 혼인관계에 있던 피고 1에게 위 각 부동산을 증여한 것을 실질적으로 상속분의 선급으로 다루어 유류분을 산정함에 있어 이를 참작하는 것이야말로 공동상속인들 사이의 공평을 기하는 길이라 할 것이므로, 피고들의 위 주장은 더 나아가 살펴볼 것 없이 이유 없다.」라고 함으로써 특별수익에 산입하였습니다.

따라서 위와 같은 의견에 의할 때, 비록 혼인신고를 마치지 않아 증여 당시에는 추정상 속인이 아닌 제3자의 지위에서 증여를 받아았다고 하더라도 이후에 혼인신고를 마침으로써 피상속인의 상속개시 당시에 공동상속인의 지위에 있다면, 이러한 배우자에 대한 증여는 기간의 제한이 없이 유류분 산정을 위한 기초재산에 산입되므로 혼인신고 전 제3자의 지위에서 증여받은 재산도 유류분반환의 대상이 된다고 할 것입니다.

(마) 유증

살아서 주면 증여이고 사망 후에 주면 유증입니다. 유증은 통상 자필유언과 유언공정증서의 형태로 나타납니다.

① 유언의 형식에 따른 구분

ⅰ) 자필유언

자필유언은 유언자가 자필(自筆)로 유언의 내용을 적고, 날짜와 장소, 유언자의 이름을 쓰고 도장을 날인함으로써 효력을 갖게 됩니다.

다만 자필유언은 증인도 필요 없고 비용도 들지 않는 편리성이 있지만, 법원에 유언검인을 신청해야 하는 불편함이 있습니다.

그리고 만일 법원의 유언검인기일에 상속인 중 1명이라도 유언장에 대해서 이의를 제기하면 다른 상속인들을 상대로 "유언장이 유효하다" 또는 "유언을 원인으로 소유권을 이전하라"는 등의 소송을 신청해야 합니다.

ⅱ) 유언공정증서

유언공정증서는 공증인인 변호사의 면전에서 유언자가 증인 2명과 함께 유언의 내용을 진술하고 자필로 신청서에 이름과 주소 등을 기재함으로써 성립하는 유언의 방식입니다.

자필유언에 비해서 다소 절차가 복잡하고 비용이 들어가지만 유언공정증서는 그 자체로 신뢰성과 강한 추정력을 갖고 있기 때문에 받기만 하면 다른 상속인들의 동의 없이 일방적으로 등기를 할 수 있는 장점이 있습니다.

② 효력에 따른 구분
유언은 유증하고자 하는 재산을 다른 재산과 구분해서 하는 특정적 유증과 유언자가 자신의 모든 재산을 비율에 따라 유증하는 포괄유증으로 구분할 수 있습니다.

ⅰ) 특정적 유증과 포괄적 유증의 구분
포괄유증은 상속재산을 비율로 유증하는 것을 의미하고, 특정유증은 상속재산 중 일부를 지정해서 유증하는 것을 의미합니다.

그리고 유언자가 유언자 소유의 재산 중 부동산 A에 대해서 자녀1과 자녀2에게 각 50%씩 유증하는 것은 포괄유증이 아니라 특정유증입니다. 포괄유증은 대상을 상속재산 전부로 하는 것이지 일부 특정 재산을 대상으로 하지 않기 때문입니다. 특정 재산을 대상으로 하는 유증은 비록 그 유증재산에 대해서 비율을 정한다고 하더라도 포괄유증이 아닌 특정유증으로 봅니다.

다만 유언자가 어떤 재산을 특정유증했다고 하더라도 실제 그 재산이 유언자의 재산 중 대부분을 차지하고 유언의 취지에 비추어 볼 때 사실상 유언자의 재산 전부를 유증하는 것으로 판단되는 경우에는 이를 포괄유증으로 할 수 있습니다.

> **대법원 2003. 5. 27. 선고 2000다73445 판결**
> 유증이 포괄적 유증인가 특정유증인가는 유언에 사용한 문언 및 그 외 제반 사정을 종합적으로 고려하여 탐구된 유언자의 의사에 따라 결정되어야 하고, 통상은 상속재산에 대한 비율의 의미로 유증이 된 경우는 포괄적 유증, 그렇지 않은 경우는 특정유증이라고 할 수 있지만, 유언공정증서 등에 유증한 재산이 개별적으로 표시되었다는 사실만으로는 특정유증이라고 단정할 수는 없고 상속재산이 모두 얼마나 되는지를 심리하여 다른 재산이 없다고 인정되는 경우에는 이를 포괄적 유증이라고 볼 수도 있다.

ii) 특정적 유증

특정적 유증을 하는 경우 유언된 재산이 곧바로 수유자에게 이전되는 것이 아니라 일단 상속인들에게 상속되었다가 그 후에 유증자에게 이전됩니다. 이때 상속인들은 별도의 상속등기가 없어도 곧바로 유언자의 사망으로 상속재산을 취득하는 물권적 효력을 갖게 되나, 특정적 유증을 받은 유언자는 상속인들에게 자신이 받은 유언재산을 이전해 줄 소유권이전등기청구권 등과 같은 채권적 권리를 갖게 됩니다.

문제는 이러한 경우에 유언자가 사망한 후 상속인의 채권자가 유언된 재산에 대해서 대위등기를 통해서 상속인들 명의의 법정상속등기를 마치고 가압류를 하는 경우에 해당 부동산을 특정유증 받은 수유자는 상속인에 대한 소유권이전등기등기청구권만을 갖기 때문에 해당 가압류도 함께 인수하게 됩니다.

따라서 만일 유증 받은 부동산이 10억원이고 상속인이 배우자와 자녀1, 자녀2가 있는데 자녀2의 채권자가 배우자 3/7지분, 자녀1과 자녀2의 각 2/7지분의 상속등기를 한 후 청구금액을 채권액 3억원으로 해서 자녀2의 상속지분인 2/7지분에 대한 가압류 또는 강제경매등기를 마쳤다면 수유자는 배우자 3/7지분, 자녀1과 자녀2에 대하여 유증을 원인으로 하는 가처분을 신청한 후 소유권이전등기청구의 소를 신청해서 자신의 명의로 소유권을 취득할 수 있으나 이 경우에도 이미 행해진 자녀2 채권자의 가압류나 강제경매에 대항할 수 없습니다.

ⅲ) 포괄적 유증
유언자가 생전에 자신의 재산 전부에 대해서 '배우자에게 모두 상속한다.'라거나 '배우자에게 5/10지분 자녀1에게 3/10지분 자녀 2에게 2/10지분으로 유증한다.'는 유언을 하거나 '배우자 50%, 자녀1과 자녀2에게 각 25%씩'이라는 등, 비율로 유증하는 것을 의미합니다. 물론 유언자는 제3자에게도 포괄유증을 할 수 있습니다.

이와 같은 포괄유증을 받은 수유자는 상속인과 동일한 지위를 취득하게 되고, 그로 인한 해당 수유자의 권리는 상속인에 대한 청구권을 갖는 특정유증과 달리 유언자로부터 직접 상속재산을 이전받게 되는 권리를 갖게 됩니다.

따라서 포괄유증을 받은 수유자는 자녀2의 채권자가 대위등기를 한 후 가압류 또는 강제경매를 신청하는 경우에 해당 부동산에 대해서 포괄유증을 원인으로 하는 가처분을 신청한 후 자녀2의 채권자가 한 가압류 또는 강제경매에 대한 제3자 이의신청을 통해서 다툴 수 있습니다. 물론 강제경매의 경우는 집행정지신청을 통해서 강제경매를 중단해야 합니다.

③ 유증과 상속채무의 관계
유언자가 포괄적 유증을 하게 되면 채무도 함께 유증됩니다. 그러므로 자신의 상속재산을 자녀1에게 60/100지분, 자녀2에게 40/100지분의 비율로 포괄유증하게 되면 상속채무도 같은 비율로 상속이 됩니다.

― 상속재산의 포괄유증 ―

상속인	법정상속분	유증재산	유증비율	취득재산	상속채무	부담할채무	실제취득가액
자녀1	1/2		60%	840,000,000		180,000,000	660,000,000
자녀2	1/2		40%	560,000,000		120,000,000	440,000,000
계	1	1,400,000,000	100%	1,400,000,000	300,000,000	300,000,000	1,100,000,000

반면에 유언자가 자녀1와 자녀2 중 자녀1에게 부동산 A를 유증하게 되면 이를 특정적 유증이라고 하는데 이 경우 유언자가 신용대출로 받은 채무는 원칙적으로 신용대출채무는 자녀1과 자녀2가 법정상속지분을 기준으로 각 1/2씩 상속받게 됩니다.

― 특정유증재산과 무관한 상속채무 ―

상속인	법정상속분	유증재산	유증 없는 재산	유증 무관 상속채무	채무분담액	구체적 상속분	실제 취득액
자녀1	1/2	1,400,000,000			150,000,000		1,250,000,000
자녀2	1/2				150,000,000	800,000,000	650,000,000
계	1	1,400,000,000	800,000,000	300,000,000	300,000,000	800,000,000	1,900,000,000

그러나 특정적 유증이라고 하더라도 자녀1에게 유증된 부동산 A에 임대차보증금과 근저당권채무가 있다면 특별한 사정이 없는 한 부동산 A의 임차인에 대한 임대차보증금 반환채무와 근저당권채무는 부동산A를 특정유증을 받은 자녀1이 부담하게 됩니다.

그 대신 부동산 A의 상속개시 당시의 시가가 10억원이고 해당 부동산의 임대차보증금이 1억원이고 근저당권채무가 2억원이라면 자녀1의 유증으로 인한 특별수익은 부담부인 임대차보증금과 근저당권채무 2억원을 공제한 7억원이 됩니다.

- 특정유증재산에 속한 채무 -

상속인	법정 상속분	유증재산	유증 없는 재산	유증에 속한 상속채무	채무분담액	구체적 상속분	실제 취득액
자녀1	1/2	1,400,000,000			300,000,000		1,100,000,000
자녀2	1/2				0	800,000,000	800,000,000
계	1	1,400,000,000	800,000,000	300,000,000	300,000,000	800,000,000	1,900,000,000

대법원 1980. 2. 26. 선고 79다2078 판결
포괄적 유증이란 적극재산은 물론, 소극재산 즉 채무까지도 포괄하는 상속재산의 전부 또는 일부의 유증을 말하는 것이고, 포괄적 수증자는 재산상속인과 동일한 권리 의무가 있는 것으로서(민법 제1078조), 따라서 어느 망인의 재산 전부(적극재산 및 소극재산)가 다른 사람에게 포괄적으로 유증이 된 경우에는 그 망인의 직계비속이라 하더라도 유류분 제도가 없는 한, 그가 상속한 상속재산(적극재산 및 소극재산)이 없는 것이므로 그 망인의 생전 채무를 변제할 의무가 없다

대법원 2022. 1. 27. 선고 2017다265884 판결
유언자가 임차권 또는 근저당권이 설정된 목적물을 특정유증하였다면 특별한 사정이 없는 한 유증을 받은 자가 그 임대보증금반환채무 또는 피담보채무를 인수할 것을 부담으로 정하여 유증하였다고 볼 수 있다.

대법원 2022. 9. 29. 선고 2022다203583 판결
부담부 유증의 경우 유증 전체의 가액에서 부담의 가액을 공제한 차액 상당을 유증 받은 것으로 보아 유류분반환범위를 정하여야 한다.

④ 유언의 철회

하나의 재산에 관하여 2개 이상의 유언이 있는 경우라면, 앞의 유언은 철회된 것으로 보고 맨 마지막의 유언이 유효합니다. 또한 어떤 재산을 유언했다고 하더라도 이를 생전에 매각하거나 증여하는 경우와 같이 유언의 실행과 병립할 수 없는 행위를 할 경우에는 해당 유언을 철회한 것으로 봅니다.

다만 하나의 유언에 여러 개의 유언재산이 있는 경우 이 중 일부 유어대상인 재산에 대해서 유언을 철회한다고 하더라도 나머지는 유효합니다.

> **대법원 2015. 8. 19. 선고 2012다94940 판결**
> 민법 제1108조 제1항에 의하면 유언자는 언제든지 유언 또는 생전행위로써 유언의 전부나 일부를 철회할 수 있고, 유언 후의 생전행위가 유언과 저촉되는 경우에는 민법 제1109조에 의하여 그 저촉된 부분의 전(前)유언은 이를 철회한 것으로 본다.

(바) 사인증여

① 특별한 형식이 없는 사인증여

사인증여는 생전에 증여계약을 체결하나 증여의 효력이 증여자가 사망한 후에 발생하는 증여를 의미합니다. 효력이 증여자의 사망으로 인해 효력이 발생한다는 점에서는 유언과 유사합니다.

다만 유언의 경우 유언자의 단독행위이므로 수유자의 동의가 불필요하고 통지를 할 필요도 없습니다. 반면에 사인증여는 증여계약이므로 증여를 하는 증여자와 증여를 받는 수증 사이에 증여에 대한 의사의 합치가 있어야 비로소 유효한 계약이 됩니다.

그러나 사인증여가 유류분반환청구에서 의미를 갖는 것은 유언의 경우 민법에서 정한 5가지 방식에 따른 형식적 요건을 갖추지 않으면 무효이나, 사인증여는 특별한 형식이 없이 증여자와 수증자 사이의 의사만 합치되면 유효하므로 무효인 유언이라고 하더라도 의사가 합치된 사실이 인정되면 사인증여의 효력을 갖게 되고 실질적으로 유언과 유사한 효과를 누릴 수 있게 됩니다.

> **대법원 2023. 9. 27. 선고 2022다302237 판결**
> 유증은 유언으로 수증자에게 일정한 재산을 무상으로 주기로 하는 행위로서 상대방 없는 단독행위이다. 사인증여는 증여자가 생전에 무상으로 재산의 수여를 약속하고 증여자의 사망으로 약속의 효력이 발생하는 증여계약의 일종으로 수증자와의 의사의 합치가 있어야 하는 점에서 단독행위인 유증과 구별된다.

② 유증의 규정이 준용되는 사인증여의 철회

사인증여는 증여자와 수증자의 의사가 합치되는 계약입니다. 따라서 일반적인 증여계약의 경우(특히 서면으로 작성된 증여계약은) 증여자가 일방적으로 증여계약을 해지할 수 없습니다.

그러나 민법 제562조에서는 '증여자의 사망으로 인하여 효력이 생길 증여에는 유증에 관한 규정을 준용한다.'라고 규정하고 있습니다.

그리고 판례도 사인증여의 경우 이행의 착수(예 사인증여를 등기원인으로 하는 소유권이전등기 가등기 등)했다고 하더라도 증여자는 언제든 철회할 수 있습니다.

다만 이때 구두에 의한 사인증여의 경우 증여자가 사망한 후 상속인들이 이를 철회할 수 있는지의 여부가 문제가 됩니다.

유증은 유언자가 사망하게 되면 별도의 철회규정이 없으므로, 사인증여의 철회에 관해서도 민법 제562조의 규정을 준용하면 사인증여를 증여자인 피상속인이 사망한 후 이를 철회할 수 없습니다.

다만 서면에 의하지 않은 사인증여의 경우 민법 제555조의 「증여의 의사가 서면으로 표시되지 아니한 경우에는 각 당사자는 이를 해제할 수 있다.」는 규정을 적용하여 상속인들이 증여자인 피상속인의 권리를 승계하여 자신의 상속지분에 해당하는 철회권을 행사할 수 있는지가 문제될 수 있습니다.

이에 대해서 서울중앙지방법원 2023. 1. 17. 선고 2022나44950 사건에서는 「서면에 의하지 않은 사인증여는 민법 제555조에 의하여 증여자의 사후 상속인들이 이를 해제할 수 있고, 또한, 민법 제555조에서 말하는 해제는 일종의 특수한 철회일 뿐 민법 제543조 이하에서 규정한 본래 의미의 해제와는 다르다고 할 것이어서 형성권의 제척기간의 적용을 받지 않는다고 할 것이므로(대법원 2003. 4. 11. 선고 2003다1755 판결 참조), 피고들의 해제 의사표시가 담긴 2022. 5. 17.자 준비서면이 원고에게 2022. 5. 18. 송달되어 위 사인증여계약은 적법하게 해제되었다.」라고 하여, 상속인들의 서면에 의하지 않은 사인증여의 철회권을 인정하였습니다.

그러나 필자의 의견으로는 사인증여에 관하여 민법 제562조는 유증의 규정을 준용한다고 명시하고 있는 점, 사인증여자인 피상속인의 최후 의사를 존중해야 하는 점, 사인증여의 철회에 관한 생전 철회에 관하여 증여의 규정이 아닌 유증의 규정을 준용하고 있는데 사후 철회에 대해서만 유증이 아닌 증여의 규정을 적용할 합리적 근거를 찾을 수 없는 점 등을 고려한다면 서면에 의하지 않은 사인증여의 사후 철회도 유증의 규정이 준용되어야 한다고 사료됩니다.

> **대법원 2022. 7. 28. 선고 2017다245330 판결**
> 민법 제562조는 사인증여에는 유증에 관한 규정을 준용한다고 정하고 있고, 민법 제1108조 제1항은 유증자는 유증의 효력이 발생하기 전에 언제든지 유언 또는 생전행위로써 유증 전부나 일부를 철회할 수 있다고 정하고 있다. 사인증여는 증여자의 사망으로 인하여 효력이 발생하는 무상행위로 실제적 기능이 유증과 다르지 않으므로, 증여자의 사망 후 재산 처분에 관하여 유증과 같이 증여자의 최종적인 의사를 존중할 필요가 있다. 또한 증여자가 사망하지 않아 사인증여의 효력이 발생하기 전임에도 사인증여가 계약이라는 이유만으로 법적 성질상 철회가 인정되지 않

> 는다고 볼 것은 아니다. 이러한 사정을 고려하면 특별한 사정이 없는 한 유증의 철회에 관한 민법 제1108조 제1항은 사인증여에 준용된다고 해석함이 타당하다.

(3) 상속채무액

피상속인이 사망할 당시에 부담하고 있던 대출, 세금 등은 상속채무에 포함되지만, 피상속인이 소유하던 건물의 임대차보증금은 포함되지 않는 경우가 많습니다.

> **대법원 2009. 5. 28. 선고 2009다15794 판결**
> 증여로 인하여 이 사건 부동산의 소유권이 피고에게 양도됨으로써 피고는 임대인의 지위를 승계하였다 할 것이고, 이 경우 임대차보증금반환채무도 부동산의 소유권과 결합하여 일체로서 이전하게 되어 망인의 임대인으로서의 지위나 임대차보증금반환채무는 소멸하였다고 할 것이므로, 사망 당시 망인이 위와 같은 임대차보증금반환채무를 여전히 부담하고 있었다고 볼 수 없고, 따라서 원고 등의 유류분 부족액을 산정함에 있어 위와 같은 망인의 임대차보증금반환채무를 상속채무에 포함시켜서는 안 될 것이다.

다. 당해 유류분권자의 유류분 비율(B)

(1) 일반적인 경우

사망한 사람의 아내나 남편, 자녀의 유류분 비율은 법정상속분의 1/2이고, 부모님, 형제자매는 1/3입니다.

> **사례** 부인과 자녀1 자녀2를 둔 남편이 사망했다면, 부인의 법정상속분은 3/7지분이므로 유류분 비율은 3/14지분이고, 자녀1 자녀2는 법정상속분이 각각 2/7지분이므로 유류분 비율은 각 1/7지분씩입니다.

(2) 유류분반환청구권자가 상속포기한 경우

(가) 유류분반환청구권을 행사하지 않는 방법의 포기

상속인은 비록 자신에게 유류분반환청구권이 있다고 하더라도 이를 포기할 수 있습니다. 이때 유류분반환청구권의 포기는 소극적으로 청구 자체를 하지 않는 방법이 있고 적극적으로 유류분 포기 또는 상속포기 각서를 유류분반환의무를 부담할 예정인 상속인 등에게 작성해 줌으로써 포기하기도 합니다.

그리고 이와 같은 유류분의 포기에 대해서 법원은 「유류분반환청구권은 그 행사 여부가 유류분권리자의 인격적 이익을 위하여 그의 자유로운 의사결정에 전적으로 맡겨진 권리로서 행사상의 일신전속성을 가진다고 보아야 하므로, 유류분권리자에게 그 권리행사의 확정적 의사가 있다고 인정되는 경우가 아니라면 채권자대위권의 목적이 될 수 없다(대법원 2010. 5. 27. 선고 2009다93992 판결).」라고 판단함으로써, 비록 일부 상속인에게 유류분반환청구권이 있다고 하더라도 그 권리를 행사할지 아니면 포기할지의 여부는 전적으로 해당 상속인의 자유의사에 따른 것이고 이를 제3자가 강제하거나 해당 상속인의 채권자가 대위해서 행사할 수 없다고 판단하고 있습니다.

그리고 이와 같이 소극적으로 유류분권을 행사하지 않는 방법으로 유류분권을 포기하더라도 다른 상속인들의 유류분이 증가하거나 감소하지 않습니다.

가령 상속인이 1남 3녀인 경우에 1남이 유류분반환의무자라고 하면 딸 3명은 모두 각 1/8지분의 유류분반환청구권을 갖게 됩니다. 그런데 이 중 장녀인 1녀가 유류분을 포기한다고 하더라도 이러한 1녀의 유류분포기는 2녀과 3녀에게 아무런 영향을 미치지 않으므로 2녀와 3녀는 여전히 1/8지분의 유류분반환청구권을 갖게 됩니다.

(나) 민법 제1019조에 따른 상속포기

우리 민법 제1019조 1.항에서는 「상속인은 상속개시있음을 안 날로부터 3월내에 단순승인이나 한정승인 또는 포기를 할 수 있다.」라고 규정하고 있고, 같은 제1042조에서는 「상속의 포기는 상속개시된 때에 소급하여 그 효력이 있다.」라고 하고 있습니다.

그리고 대법원 2013. 5. 23. 선고 2013두1041 판결에서는 「상속을 포기한 자는 상속포기의 소급효에 의하여 상속개시 당시부터 상속인이 아니었던 것과 같은 지위에 놓이게 된다.」라고 판단하고 있습니다.

따라서 일부 상속인이 민법 제1019조의 규정에 따라 법원에 상속포기를 신청하게 되고 심판문을 수령하게 되면 해당 상속인은 상속개시 당시로 소급해서 처음부터 상속인으로 부터 배제됩니다.

그리고 대법원 2023. 3. 23.자 2020그42 전원합의체 결정에서는 「피상속인의 배우자와 자녀들 중 자녀 일부가 상속을 포기하든, 자녀 전부가 상속을 포기하든 상속을 포기한 자녀는 민법 제1042조에 따라 상속이 개시된 때에 소급하여 상속인의 지위에서 벗어나고, 민법 제1043조에 따라 상속을 포기한 상속인의 상속분은 나머지 공동상속인에게 귀속된다. 따라서 피상속인의 배우자와 자녀들 중 자녀 일부가 상속을 포기하면 그들의 상속분은 배우자와 나머지 자녀에게 귀속되고, 피상속인의 배우자와 자녀들 중 배우자와 자녀 일부가 상속을 포기하면 그들의 상속분은 나머지 자녀에게 귀속된다. 이와 같은 논리적 결과로서 피상속인의 배우자와 자녀들 중 자녀 전부가 상속을 포기하면 그들의 상속분은 배우자에게 귀속된다.」라고 판단하고 있습니다.

이러한 법리에 따르면 1녀가 상속포기를 한 경우 1녀의 법정상속분인 1/4지분은 1남과 2녀 및 3녀에게 각 1/3지분씩 나뉘어 귀속하게 됩니다. 귀속을 받을 상속인이 3명이므로 1녀의 법정상속분 1/4지분은 1남과 2녀 및 3녀에게 각 1/12지분(= 1/4지분 × 1/3)씩 나뉘어서 귀속하게 되는데 이때 1남과 2녀 및 3녀는 당초 1/4지분인 3/12

지분(= 1/4 × 3/3)인 법정상속분을 갖고 있었으므로 여기에 상속포기한 1녀로 부터 1/12지분을 받으면 4/12지분(= 당초 법정상속지분 3/12지분 + 1녀의 상속포기로 이전받은 1/12지분)을 취득하게 됩니다. 이를 약분하면 1/3지분이 됩니다. 그리고 유류분비율은 법정상속분의 1/2이므로 2녀와 3녀의 유류분비율은 1/6지분이 됩니다.

즉 당초 2녀와 3녀의 유류분비율은 각 1/8지분이었으나 1녀가 민법 제1019조의 규정에 따라 상속을 포기하는 방법으로 유류분을 포기하게 되면 2녀와 3녀의 유류분은 1/8지분에서 1/6지분으로 증가하게 됩니다. 이는 처음부터 상속을 포기한 1녀를 상속인에서 배제하고 상속인으로 1남과 2녀 그리고 3녀만이 있는 경우를 가정할 때의 유류분비율과 같게 되므로 위와 같은 1녀의 상속분에 대한 분배과정을 거치지 않고 1녀가 없는 것으로 계산해도 결과를 같습니다.

(3) 상속인 중 일부가 상속포기를 한 경우

상속인 중 일부가 민법 제1019조의 규정에 따라 피상속인이 사망한 사실을 안 날로부터 3개월 안에 상속포기를 신청하고 심판문을 송달받았다면 앞서 본 바와 같이 해당 상속인은 상속개시 당시로부터 소급해서 상속인으로부터 배제됩니다.

따라서 위의 유류분반환청구권자가 민법 제1019조의 규정에 따라 상속을 포기한 경우와 같이 다른 상속인의 법정상속분이 상승하게 되고 그만큼 유류분비율도 상승하게 됩니다.

(4) 유류분반환의무자의 상속포기

(가) 피상속인으로부터 생전에 자신의 유류분을 초과하는 증여를 받은 상속인 또는 민법 제1114조의 규정에 해당하는 증여를 받은 제3자는 원칙적으로 피상속인이 사망으로 인한 유류분반환의무를 부담하게 됩니다.

그리고 반환되는 유류분 계산식에 포함될 사전증여에 관하여 민법제1114조는 「증여는 상속개시전의 1년간에 행한 것에 한하여 제1113조의 규정에 의하여 그 가액을 산정한다. 당사자 쌍방이 유류분권리자에 손해를 가할 것을 알고 증여를 한 때에는 1년 전에 한 것도 같다.」라고 규정하고 있습니다.

그런데 이 규정에 관해서 판례는 「공동상속인 중에 피상속인으로부터 재산의 생전 증여에 의하여 특별수익을 한 자가 있는 경우에는 민법 제1114조의 규정은 그 적용이 배제되고, 따라서 그 증여는 상속개시 1년 이전의 것인지 여부, 당사자 쌍방이 손해를 가할 것을 알고서 하였는지 여부에 관계없이 유류분 산정을 위한 기초재산에 산입된다(대법원 1996. 2. 9. 선고 95다17885 판결 등 다수).」라고 함으로써, 위 규정은 상속인에게 적용되지 않는다고 판단하고 있습니다.

따라서 상속인에 대한 증여는 상속개시 1년 이전이든 이내이든, 유류분권리자를 해할 것을 알고 한 증여이든 아니든 모두 유류분반환대상에 산입됩니다.

반면에 상속인 이외의 자는 민법 제1114조의 적용을 받으므로 상속개시 1년 이전에 받은 증여는 원칙적으로 반환대상에서 배제되며, 예외적으로 유류분권리자를 해할 것을 알고 한 증여만이 유류분반환의 대상에 포함됩니다.

그러므로 유류분반환의 대상이 되는 증여만을 놓고 보면 상속인이 그 이외의 자보다 불리한 지위에 놓이게 됩니다.

그런데 이와 같은 사정에서 피상속인으로부터 생전에 유류분을 초과하는 증여를 받은 상속인이 민법 제1019조의 규정에 따라 피상속인의 사망 후 3개월 이내에 상속포기를 한 경우에 민법 제1114조의 적용을 받을 수 있는지가 문제가 될 수 있습니다. 만일 민법 제1114조의 적용을 받는다면 초과특별수익자인 상속인이라고 하더라도 상속포기 제도를 통하여 유류분반환의 범위를 축소할 수 있기 때문입니다.

이에 대해서는 많은 실무가들과 학자들이 대립을 하고 있는데 대부분은 상속을 포기한다고 하더라도 유류분반환의 범위는 변경되지 않는다고 하고 있습니다. 그러나 대법원의 판례는 이와 다른 의견을 제시하고 있습니다.

(나) 대법원 2022. 3. 17. 선고 2020다267620 판결에서는 「피상속인으로부터 특별수익인 생전 증여를 받은 공동상속인이 상속을 포기한 경우에는 민법 제1114조가 적용되므로, 그 증여가 상속개시 전 1년간에 행한 것이거나 당사자 쌍방이 유류분권리자에 손해를 가할 것을 알고 한 경우에만 유류분 산정을 위한 기초재산에 산입된다고 보아야 한다.」라고 함으로써, 초과특별수익자인 상속인이 민법 제1019조의 규정에 따라 상속포기를 하면 민법 제1114조의 적용을 받는다고 판단하고 있습니다.

그러므로 초과특별수익자인 상속인이 상속을 포기하는 경우에는 민법 제1114조의 적용을 받아 원칙적으로는 피상속인이 사망한 1년 이내의 증여만이 유류분 산정을 위한 기초재산에 산입되고, 예외적으로 상속개시 1년 이전의 증여는 유류분권자를 해할 것을 알고 한 증여만이 기초재산에 산입됩니다.

여기서 피상속인이 사망하기 1년 이내의 경우는 시간적으로 계산하게 되므로 비교적 쉽게 판단이 가능하나 유류분권자를 해할 것을 알고 한 증여의 경우는 증여의 형태와 과정에 따라 여러 가지 해석이 가능합니다.

일반적인 제3자에 대한 증여는 통상 1회에 그치게 되나 증여를 받을 당시에는 추정상속인이었다가 피상속인의 사망 후에 상속포기를 통하여 제3자로 분류된 제3자에 대한 증여는 반복적, 지속적으로 사전증여가 일어나게 됩니다.

이때 각 증여를 개별적 행위로 판단하여 '해당 증여행위만을 기준으로 증여재산이 남은 재산보다 많은 경우에만 침해의사가 있다.'고 판단한다면, 사실상 유류분을 침탈하게 되는 결과를 가져올 수 있습니다.

(다) 예를 들어 피상속인의 상속인으로 자녀 2명이 있고 피상속인이 상속개시 1년 이전에 아래와 같이 1명의 상속인에게 순차적으로 모든 재산을 증여했다면, 유류분이 침해된 상속인은 당초 30억원의 1/4인 7억 5000만원(= 30억원 × 1/4)을 유류분으로 청구할 수 있습니다. 그러나 이때 생전에 증여를 받은 상속인이 상속포기를 하게 되면 유류분권리자는 최후의 증여액인 5억원에 대해서만 유류분을 청구하여 1/2지분에 해당하는 2억 5,000만원만을 반환받게 될 가능성을 배제할 수 없습니다.

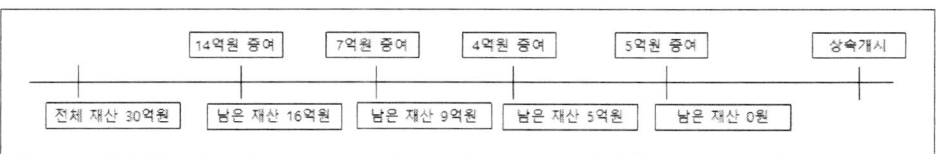

다시 상속인을 3명으로 하고 이 중 상속인 1이 상속포기를 한 사례를 들어 보겠습니다.

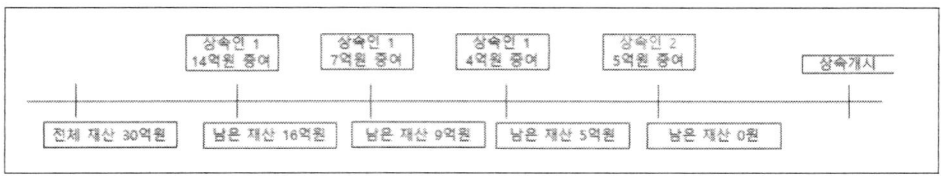

이 경우 피상속인으로부터 25억원을 증여받은 상속인 1이 상속포기를 하지 않으면 각 상속인들의 유류분인 5억원(= 30억원 × 1/6)을 초과하는 비율에 따라 유류분을 반환

하게 되므로, 상속인 1은 20억원(= 사전증여 25억원 - 상속인 1의 고유의 유류분 5억원), 상속인 2는 0원(= 사정증여 5억원 - 상속인 2의 유류분 5억원)의 비율에 따라 반환하게 됩니다. 따라서 상속인 1이 상속포기를 하지 않으면 상속인 1은 상속인 3에게 5억원을 혼자 반환하게 됩니다.

그런데 만일 상속인 1이 상속을 포기하게 되면 상속인 1은 아무런 유류분도 반환하지 않은 반면에 마지막 남은 재산 5억원을 증여받은 상속인 2는 유류분이 침해된 상속인 3에게 1억 2,500만원(= 5억원 × 1/4)을 유류분으로 반환하게 될 수 있습니다. 그러나 이와 같은 계산은 상속인 1이 사전증여받은 재산에 대한 기초재산의 산입 여부를 단지 각 사전증여를 개별적으로 보는 것을 전제로 하고 있습니다.

반면에 유류분권리자에 대한 침해의사의 여부를 수장자별로 구분해서 판단하게 되면 상속인 1은 30억원 중 2차 증여인 7억원을 증여받은 때로부터 유류분반환의 대상에 산입되므로, 상속인 1이 유류분을 반환할 사전증여의 대상은 2차 증여 7억원, 3차 증여 4억원으로 함께 11억원이므로 상속인 2의 사전증여 5억원을 더하면 기초재산은 16억원이 됩니다. 실제 일부 하급심 판례에서는 이와 같이 개별적 증여행위를 기준으로 하지 않고 수증자별로 구분해서 기초재산의 산입 여부를 판단하고 있습니다.

그런데 이 경우 상속인 3의 유류분비율은 1/6지분이 아닌 1/4지분이므로 상속인 3의 유류분액은 16억원의 1/4인 4억원이 됩니다. 그리고 상속인 1은 상속포기를 통하여 상속인으로 부터 배제되므로 반환의 대상은 사전증여액 전부인 11억원인 반면에, 상속인 2는 사전증여 5억원에서 자신의 고유의 유류분 4억원을 공제한 1억원이 됩니다. 따라서 상속인 3은 자신의 유류분 4억원을 상속인 1로 부터 366,666,667원(= 유류분 4억원 × 11억원/12억원), 상속인 2로부터 33,333,333원(= 4억원 × 1억원/12억원)을 반환받게 됩니다.

물론 상속인 1이 상속포기를 하지 않았다면 5억원을 반환할 것을 3억 6,666만원을 반환하거나 아니면 전혀 반환하지 않을 수 있으므로 상속인 1의 입장에서는 상속포기를 생각할 수 있습니다. 그러나 사전증여의 순서와 규모 등에 따라 개별적 사정에 따라 상속인 1이 오히려 상속포기를 하기 전보다 그 후에 더 많은 유류분을 반환할 가능성도 배제할 수 없으므로, 초과특별수익자로써 상속을 포기하고자 한다면 신중을 기해야 할 것입니다.

(라) 실제 초과특별수익자가 동일한 금액을 3차례에 나누어 사전증여를 받은 후 상속포기한 사례를 사안별로 비교해 보면 사전증여를 받은 자녀1이 상속포기를 함으로써 오히려 더 많은 유류분을 반환하게 된다는 것을 알 수 있습니다.

- 상속포기가 없는 경우 -

	1차 증여	2차 증여	3차 증여	계	유류분비율	유류분액
자녀1	500,000,000	500,000,000	500,000,000		1/4	
자녀2					1/4	375,000,000
기초재산	500,000,000	500,000,000	500,000,000	1,500,000,000		

- 자녀1이 상속포기한 경우 -

	1차 증여	2차 증여	3차 증여	계	유류분비율	유류분액
자녀1(상속포기)	500,000,000	500,000,000	500,000,000	1,500,000,000		
자녀2					1/2	500,000,000
기초재산		500,000,000	500,000,000	1,000,000,000		

반면에 자녀가 2명이 아니라 4명인 경우를 가정한다면 자녀1이 상속포기를 하는 것이 적은 금액이나마 더 이익이라는 사실을 알 수 있습니다.

- 상속포기가 없는 경우 -

	1차 증여	2차 증여	3차 증여	계	유류분비율	유류분액
자녀1	500,000,000	500,000,000	500,000,000		1/8	
자녀2					1/8	187,500,000
자녀3					1/8	187,500,000
자녀4					1/8	187,500,000
기초재산	500,000,000	500,000,000	500,000,000	1,500,000,000		562,500,000

- 자녀1이 상속포기한 경우 -

	1차 증여	2차 증여	3차 증여	계	유류분비율	유류분액
자녀1(상속포기)	500,000,000	500,000,000	500,000,000	1,500,000,000		
자녀2					1/6	166,666,667
자녀3					1/6	166,666,667
자녀4					1/6	166,666,667
기초재산		500,000,000	500,000,000	1,000,000,000		500,000,000

따라서 위의 사례에서는 상속포기를 하지 않을 때보나 상속포기를 할 때에 약 6,200만 원을 적게 반환해 주게 됩니다.

물론 이와 같은 각 사례의 비교는 대법원 2022. 3. 17. 선고 2020다267620 판결이 있은 후 일선 법원에서 판결이 축적되지 않은 상태에서 일부 하급심 판례를 참고로 필자의 의견을 더한 것이므로 단지 참고만 하시기 바랍니다.

> **대법원 2012. 5. 24. 선고 2010다50809 판결**
> 공동상속인이 아닌 제3자에 대한 증여는 원칙적으로 상속개시 전의 1년간에 행한 것에 한하여 유류분반환청구를 할 수 있고, 다만 당사자 쌍방이 증여 당시에 유류분권리자에 손해를 가할 것을 알고 증여를 한 때에는 상속개시 1년 전에 한 것에 대하여도 유류분반환청구가 허용된다. 증

> 여 당시 법정상속분의 2분의 1을 유류분으로 갖는 직계비속들이 공동상속인으로서 유류분권리자가 되리라고 예상할 수 있는 경우에, 제3자에 대한 증여가 유류분권리자에게 손해를 가할 것을 알고 행해진 것이라고 보기 위해서는, 당사자 쌍방이 증여 당시 증여재산의 가액이 증여하고 남은 재산의 가액을 초과한다는 점을 알았던 사정뿐만 아니라, 장래 상속개시일에 이르기까지 피상속인의 재산이 증가하지 않으리라는 점까지 예견하고 증여를 행한 사정이 인정되어야 하고, 이러한 당사자 쌍방의 가해의 인식은 증여 당시를 기준으로 판단하여야 한다.

사례 대법원 2022. 3. 17. 선고 2020다267620 판결에 의할 때 피상속인으로부터 우선적으로 증여를 받은 상속인이 유리하게 되고 사실상 유류분을 침탈하게 됩니다.

그런데 상속포기는 우리 민법에 포괄상속주의를 취함으로써 피상속인의 채무로 인하여 상속인이 자신의 책임이 없는 이유로 곤경에 처하는 것을 방지하고자 도입된 제도입니다. 따라서 상속포기를 통하여 벗어나는 채무는 피상속인의 채무입니다. 그런데 유류분반환의무는 피상속인의 채무가 아니라 상속인 본인의 채무입니다. 반면에 우리 민법이 유류분에 관한 규정을 신설한 이유는 상속인에게 최소한의 상속분을 보장하는데 그 이유가 있습니다.

그럼에도 불구하고 법원은 대법원 2022. 3. 17. 선고 2020다267620 판결을 통하여 초과특별수익한 상속인이 피상속인의 채무로부터 곤경에 처하지 않도록 도입한 상속포기제도를 이용하여 자신의 채무인 유류분반환의무를 벗어나는 길을 열어 두고 있는 것입니다.

이는 상속포기 제도에 대한 오인, 유류분제도의 취지, 초과특별수익자가 사전증여를 받을 당시에는 추정상속인의 지위에 있던 자인 점, 증여를 받을 당시에는 상속분의 선급인 특별수익이었던 것이 상속개시 후에 후발적으로 상속인이 상속포기를 함으로써 상속분의 선급이었던 증여가 상속분의 선급이 아닌 증여로 변경되는 것은 납득하기 어려운 점, 유류분권지의 유류분비율과 반환액이 전적으로 초과특별수익자의 의사에 따라 결정되므로 유류분권리자에게 일방적으로 불리한 점 등에 비추어 본다면 마땅히 전원합의체 판단에 따라 번복되어야 할 것입니다. 특히 아직 피상속인의 세대는 아들 선호사상이 강한 반면에 상속인들은 아들과 딸에 대해서 구분하지 않고 민법도 이를 구분하지 않는 점에 비추어 본다면 피상속인의 장남과 아들들에 대한 일방적 증여로 인하여 딸들이 불리한 지위에 놓이게 되므로 위 판결은 전원합의체 판결을 통하여 변경되어야 할 것입니다.

라. 당해 유류분권자의 특별수익액(C)

유류분반환청구는 피상속인의 생전증여 또는 상속으로부터 배제되어 민법이 법정상속분의 1/2 또는 1/3에도 미치지 못하는 재산을 증여 또는 상속을 받은 경우 또는 아예 증여나 상속을 받지 못한 상속인에게 최소한의 상속분을 보장하기 위해서 인정되는 권리입니다.

따라서 유류분이 침해된 상속인이라고 하더라도 생전에 피상속인으로부터 증여받은 재산이 있다면 그만큼을 청구할 수 있는 유류분에서 공제하게 됩니다. 즉 유류분이 2억원인데 유류분을 청구할 예정인 상속인이 5,000만원을 피상속인으로부터 증여받은 사실이 있다면 해당 유류분권리자가 청구할 수 있는 유류분 2억원에서 사전증여액인 5,000만원을 공제한 1억 5,000만원을 청구할 수 있게 됩니다. 만일 이를 공제하지 않게 되면 해당 상속인의 유류분은 2억원인 반면에 유류분반환청구로 2억원을, 사전증여로 5,000만원을 취득하여 결과적으로는 유류분 2억원을 초과하는 2억 5,000만원을 취득하기 때문입니다.

그런데 이와 같이 유류분권리자의 청구로부터 공제되는 특별수익의 범위는 유류분반환의무자가 반환할 특별수익의 범위와 차이를 두고 있습니다.

법원은 유류분 반환의 대상이 되는 특별수익에 대하여 「유류분 제도가 생기기 전에 피상속인이 상속인이나 제3자에게 재산을 증여하고 그 이행을 완료하여 소유권이 수증자에게 이전된 때에는, 피상속인이 개정 민법 시행 이후에 사망하여 상속이 개시되더라도 소급하여 그 증여재산이 유류분 제도에 의한 반환청구의 대상이 되지는 않는다고 할 것이다(대법원 2015. 11. 12. 선고 2010다104768 판결 등).」이라고 함으로써, 유류분 제도가 시행된 1979년 1월 1일 이전에 증여한 재산은 유류분반환의 대상에서 배제하면서, 1979년 1월 1일 이전에 한 증여를 기초재산 포함조차 하지 않고 있습니다.

따라서 이러한 판례에 의하면 1979년 1월 1일 이전에 이행을 마친 사전증여는 반환의 대상에 포함하지 않을 뿐만 아니라 유류분 산정을 위한 기초재산에 포함조차 하지 않는다는 사실을 알 수 있습니다. 이러한 법리는 유류분을 청구하는 상속인이 사전증여를 받은 경우에도 마찬가지로 적용되어 유류분 반환청구자가 개정 민법 시행 전에 피상속인으로부터 증여받아 이미 이행이 완료된 경우에는 그 재산 역시 유류분산정을 위한 기초재산에 포함되지 않습니다(대법원 2018. 7. 12. 선고 2017다278422 판결).

그러나 유류분반환청구권자가 1979년 1월 1일 이전에 증여받은 재산이 기초재산에 포함되지 않는다고 해서 이를 유류분청구금액에서 공제하지 않으면, 1979년 1월 1일 이전에 10억원을 증여받은 상속인이 1979년 1월 1일 이후에 10억원의 사전증여를 받은 상속인에게 유류분을 청구하는 모순이 발생할 수 있습니다.

따라서 유류분권자가 1979년 1일 1일 이전에 증여받은 재산도 기초재산에 포함되지는 않으나 해당 상속인의 유류분 부족액 산정 시 특별수익으로 공제하게 됩니다(대법원 2018. 7. 12. 선고 2017다278422 판결). 즉 유류분 제도가 시행된 1979년 1월 1일 이전에 이행을 마친 증여에 대해서는 유류분반환의무자나 유류분권리자를 가리지 않고 기초재산에 포함하지 않고 유류분을 계산하게 되고 해당 상속인이 유류분반환의무자인 경우에는 반환의 의무를 부담하지 않게 되나, 반대로 해당 상속인이 유류분청구권자인 경우에는 청구할 수 있는 유류분에서 1979년 1월 1일 이전의 증여도 공제하게 됩니다.

그러므로 유류분반환청구권자의 유류분에서 공제된 특별수익은 1979년 1일 1일 이전의 증여를 불문하고 피상속인으로부터 특별수익으로 인정되는 사전증여를 포함한다고 할 것입니다.

사례 1) 자녀1과 자녀2를 둔 피상속인이 자녀1에게 1979. 1. 1. 이후에 11억원을 증여하고 자녀2에게 1억원을 증여한 후에 사망했고, 자녀2가 자녀1에 대해 유류분을 청구한다면 이때 자녀2가 받은 1억원이 자녀2의 특별수익입니다.

	사전증여			유류분	유류분부족분
	1978.12.31. 이전	1979.1.1. 이후	계		
자녀1		1,100,000,000	1,100,000,000		
자녀2		100,000,000	100,000,000	300,000,000	200,000,000
기초재산		1,200,000,000	1,200,000,000		

사례 2) 자녀1과 자녀2를 둔 피상속인이 자녀1에게 1979. 1. 1. 이전에 6억원을 증여하고 그 후에 5억원을 증여한 후 자녀2에게 1억원을 증여한 후에 사망했고, 자녀2가 자녀1에 대해 유류분을 청구한다면, 기초재산은 6억원(= 5억원 + 1억원)이 되므로 자녀2의 유류분은 6억원의 1/4인 1억 5,000만원이므로 자녀2는 자신의 특별수익 1억원을 공제한 5,000만원을 청구할 수 있습니다. 이를 수식으로 표시하면 아래와 같습니다.

	사전증여			유류분	유류분부족분
	1978.12.31. 이전	1979.1.1. 이후	계		
자녀1	600,000,000	500,000,000	500,000,000		
자녀2		100,000,000	100,000,000	150,000,000	50,000,000
기초재산	600,000,000	600,000,000	600,000,000		

주 1) 자녀2의 유류분 150,000,000원 = 자녀1의 1979. 1. 1. 이후 사전증여 500,000,000원 × 유류분비율 1/4

주 2) 자녀2의 유류분 부족분 50,000,000원 = 자녀2의 유류분 150,000,000원 - 자녀2의 1979. 1. 1. 이후 사전증여 100,000,000원

사례 3) 자녀1과 자녀2를 둔 피상속인이 1979. 1. 1. 이전에 자녀 1과 자녀2에게 똑같이 2억원을 증여하고 그 후에 자녀 1에게 6억원을 증여한 후에 사망했고, 유류분 산정을 위한 기초재산은 1979. 1. 1.에 이후 자녀 1에게 증여된 6억원만이 포함되므로 자녀2의 유류분은 기초재산 6억원의 1/4인 1억 5,000만원이 되나, 자녀2의 유류분 부족분에서는 자녀2가 1979. 1. 1. 이전에 증여받은 2억원도 포함되므로 자녀2의 유류분 부족분은 -5,000만원(= 유류분 1억 5,000만원 - 자녀2 특별수익 2억원)이 되어 자녀 2는 유류분을 청구할 수 없습니다.

	사전증여			유류분	유류분부족분
	1978.12.31. 이전	1979.1.1. 이후	계		
자녀1		600,000,000	600,000,000		
자녀2	200,000,000		200,000,000	150,000,000	-50,000,000
기초재산		600,000,000	600,000,000		

주 1) 유류분 150,000,000원 = 자녀1의 1979. 1. 1. 이후의 사전증여 600,000,000원 × 1/4
주 2) 유류분 부족분 -50,000,000원 = 유류분 150,000,000원 - 유류분권자인 자녀2의 1978. 12. 31. 이전 사전증여 200,000,000원

대법원 2012. 12. 13. 선고 2010다78722 판결
유류분 제도가 생기기 전에 피상속인이 상속인이나 제3자에게 재산을 증여하고 이행을 완료하여 소유권이 수증자에게 이전된 때에는 피상속인이 1977. 12. 31. 법률 제3051호로 개정된 민법(이하 '개정 민법'이라 한다) 시행 이후에 사망하여 상속이 개시되더라도 소급하여 증여재산이 유류분 제도에 의한 반환청구의 대상이 되지는 않는다.
또한 유류분 산정의 기초가 되는 재산의 범위에 관하여 민법 제1113조 제1항에서 대상재산에 포함되는 것으로 규정한 '증여재산'은 상속개시 전에 이미 증여계약이 이행되어 소유권이 수증자에게 이전된 재산을 가리키는 것이고, 아직 증여계약이 이행되지 아니하여 소유권이 피상속인에게 남아 있는 상태로 상속이 개시된 재산은 상속재산, 즉 '피상속인의 상속개시 시 가진 재산'에 포함된다고 보아야 하는 점 등에 비추어 보더라도, 증여계약이 개정 민법 시행 전에 체결되었지만 이행이 개정 민법 시행 이후에 되었다면 그 재산은 유류분 산정의 대상인 재산에 포함시키는 것이 옳고, 이는 증여계약의 이행이 개정 민법 시행 이후에 된 것이면 그것이 상속 개시 전에 되었든 후에 되었든 같다.

> **대법원 2018. 7. 12. 선고 2017다278422 판결**
>
> 유류분 반환청구자가 개정 민법 시행 전에 피상속인으로부터 증여받아 이미 이행이 완료된 경우에는 그 재산 역시 유류분산정을 위한 기초재산에 포함되지 아니한다고 보는 것이 타당하다.
>
> 그러나 유류분 제도의 취지는 법정상속인의 상속권을 보장하고 상속인 간의 공평을 기하기 위함이고, 민법 제1115조 제1항에서도 '유류분권리자가 피상속인의 증여 및 유증으로 인하여 그 유류분에 부족이 생긴 때에는 부족한 한도 내에서 그 재산의 반환을 청구할 수 있다'고 규정하여 이미 법정 유류분 이상을 특별수익한 공동상속인의 유류분 반환청구권을 부정하고 있다. 이는 개정 민법 시행 전에 증여받은 재산이 법정 유류분을 초과한 경우에도 마찬가지로 보아야 하므로, 개정 민법 시행 전에 증여를 받았다는 이유만으로 이를 특별수익으로도 고려하지 않는 것은 유류분 제도의 취지와 목적에 반한다고 할 것이다. 또한 민법 제1118조에서 제1008조를 준용하고 있는 이상 유류분 부족액 산정을 위한 특별수익에는 그 시기의 제한이 없고, 민법 제1008조는 유류분 제도 신설 이전에 존재하던 규정으로 민법 부칙 제2조와도 관련이 없다.
>
> 따라서 개정 민법 시행 전에 이행이 완료된 증여 재산이 유류분 산정을 위한 기초재산에서 제외된다고 하더라도, 위 재산은 당해 유류분 반환청구자의 유류분 부족액 산정 시 특별수익으로 공제되어야 한다.

마. 당해 유류분권자의 순상속분액(D)

(1) 순상속분액의 의미

순상속분액은 피상속인이 사망한 후에 피상속인 명의로 남아 있는 재산과 채무에서 유류분을 청구하는 상속인이 취득하는 금액입니다.

(2) 순상속분(구체적 상속분)의 계산방법

민법 규정에 의하면 법정상속분은 배우자 1.5지분, 자녀가 1지분으로 알고 있습니다. 따라서 상속인으로 자녀1 자녀2만 있으면 자녀1 자녀2가 똑같이 1/2씩 나눠서 상속받는 것으로 알게 됩니다. 그러나 이것은 잘못 알고 있는 것입니다.

민법 제1008조에서는 「공동상속인 중에 피상속인으로부터 재산의 증여 또는 유증을 받은 자가 있는 경우에 그 수증재산이 자기의 상속분에 달하지 못한 때에는 그 부족한 부분의 한도에서 상속분이 있다.」라고 하고 있으며, 같은 제1008조의2 1.항에서는 「공동상속인 중에 상당한 기간 동거·간호 그 밖의 방법으로 피상속인을 특별히 부양하거나 피상속인의 재산의 유지 또는 증가에 특별히 기여한 자가 있을 때에는 상속개시 당시의 피상속인의 재산가액에서 공동상속인의 협의로 정한 그 자의 기여분을 공제한 것을 상속재산으로 보고 제1009조 및 제1010조에 의하여 산정한 상속분에 기여분을 가산한 액으로써 그 자의 상속분으로 한다.」라고 규정하고 있습니다.

따라서 유류분반환청구소송에서는 이와 같은 민법 제1008조의 특별수익과 같은 제1008조의2가 반영된 구체적 상속분을 기준으로 순상속분을 산정하게 됩니다. 그러나 실제 기여분은 상속재산분할심판청구소송의 결과에 따라 결정되므로 상속재산분할심판청구 없이 곧바로 유류분반환청구소송을 제기하는 경우 기여분은 반영되지 않고 민법 제1008조의 특별수익만을 반영해서 순상속분을 산정하게 됩니다.

그러므로 당초 피상속인의 재산이 10억원이고 아무에게도 증여나 유증을 하지 않았다면 자녀1 자녀2는 공평하게 5억원을 나누어 상속받으면 되므로, 자녀2의 순상속분액은 5억원이 되나, 10억원을 갖고 있던 피상속인이 자녀1에게만 6억원을 증여하고 자녀2에게는 아무 재산도 증여하지 않은 상태에서 사망한 경우 민법 제1008조의 적용으로 자신의 법정상속분인 5억원을 초과해서 6억원을 증여받아 자신의 몫 이상을 받은 자녀1을 배제하고 자녀2에게 상속재산 4억원이 모두 분할됩니다.

이러한 계산방법을 수식으로 표시하면 "구체적 상속분 = {(증여재산 + 유증재산 + 상속재산 - 상속채무) × 법정상속분} - 해당 상속인이 받은 증여 또는 유증재산"이 됩니다.

제1008조(특별수익자의 상속분)

공동상속인 중에 피상속인으로부터 재산의 증여 또는 유증을 받은 자가 있는 경우에 그 수증재산이 자기의 상속분에 달하지 못한 때에는 그 부족한 부분의 한도에서 상속분이 있다.

대법원 1995. 3. 10. 선고 94다16571 판결

공동상속인 중에 특별수익자가 있는 경우의 구체적인 상속분의 산정을 위하여는, 피상속인이 상속개시 당시에 가지고 있던 재산의 가액에 생전 증여의 가액을 가산한 후, 이 가액에 각 공동상속인별로 법정상속분율을 곱하여 산출된 상속분의 가액으로부터 특별수익자의 수증재산인 증여 또는 유증의 가액을 공제하는 계산방법에 의하여 할 것이고, 여기서 이러한 계산의 기초가 되는 "피상속인이 상속개시 당시에 가지고 있던 재산의 가액"은 상속재산 가운데 적극재산의 전액을 가리키는 것으로 보아야 옳다.

대법원 2022. 8. 11. 선고 2020다247428 판결

유류분권리자가 반환을 청구할 수 있는 '유류분 부족액'은 '유류분액'에서 유류분권리자가 받은 특별수익액과 순상속분액을 공제하는 방법으로 산정하는데, 유류분액에서 공제할 순상속분액은 특별수익을 고려한 구체적인 상속분에서 유류분권리자가 부담하는 상속채무를 공제하여 산정한다.

사례 10억원을 소유하면서 상속인으로 자녀1과 자녀2를 둔 피상속인이 자녀1에게 9억원을 증여하고, 자녀2에게 아무 재산도 증여하아 상속재산 1억원을 남긴 후에 사망한 경우 자녀1과 자녀2의 순상속분과 자녀2의 유류분 부족분을 구하는 공식은 아래와 같습니다.

자녀1은 '{ (자녀1의 9억원 + 자녀2의 0원 + 유증재산 0원 + 상속재산 1억원 − 상속채무) × 법정상속분 1/2} − 자녀1이 받은 증여재산 9억원 = 구체적 상속분 −4억원'이 되고,

자녀2는 '{ (자녀1의 9억원 + 자녀2의 0원 + 유증재산 0원 + 상속재산 1억원 − 상속채무) × 법정상속분 1/2} − 자녀2가 받은 증여재산 0억원 = 구체적 상속분 1억원'이 됩니다.

따라서 남은 1억원의 상속재산은 모두 자녀2가 취득하게 됩니다. 이것을 수식으로 표시하면 아래와 같습니다.

– 구체적 상속분 계산식 –

	사전증여	상속재산	간주상속재산	법정상속분	법정상속분액	수정된 상속분	초과특별수익안분	안분 후 상속분
자녀1	900,000,000			1/2	500,000,000	-400,000,000		
자녀2	-			1/2	500,000,000	500,000,000	-400,000,000	100,000,000
계	900,000,000	100,000,000	1,000,000,000					

주 1) 자녀1의 초과특별수익 400,000,000원은 자녀1을 제외한 나머지 상속인들만으로 계산된 법정상속분을 기준으로 안분하게 됩니다.

대법원 2022. 6. 30.자 2017스98, 99, 100, 101 결정

초과특별수익은 다른 공동상속인들이 그 법정상속분율에 따라 안분하여 자신들의 구체적 상속분 가액에서 공제하는 방법으로 구체적 상속분 가액을 조정하여 위 구체적 상속분 비율을 산출함이 바람직하다. 결국 초과특별수익자가 있는 경우 그 초과된 부분은 나머지 상속인들의 부담으로 돌아가게 된다.

이것을 유류분 부족분의 계산식에 반영하면 '{ (자녀 1의 증여 9억원 + 자녀 2의 증여 0원 + 유증재산 0원 + 상속재산 1억원 − 상속채무 0원) × (법정상속분 1/2 × 유류분비율 1/2) } − 자녀2의 증여 0원 − 자녀2의 순상속분액 1억원 = 1억 5,000만원'이 됩니다.

– 유류분 부족분 계산식 –

	사전증여	상속재산	기초재산	유류분비율	유류분	순상속분액	유류분부족분
자녀1	900,000,000						
자녀2				1/4	250,000,000	100,000,000	150,000,000
계	900,000,000	100,000,000	1,000,000,000				

따라서 자녀2는 유류분이 2억 5,000만원이었으나, 사전증여가 없고 상속을 통해서

순상속분액으로 1억원을 취득함으로써 자녀2의 유류분 부족분은 1억 5,000만원이 되므로, 자녀2는 자녀1에게 유류분반환청구를 통해서 1억 5,000만원을 청구할 수 있습니다.

(3) 상속인들이 상속재산분할협의 또는 소송을 하지 않고 유류분을 청구한 경우

유류분권자가 상속재산이 있음에도 불구하고 해당 상속재산에 대한 상속재산분할협의나 상속재산분할심판청구 없이 곧바로 유류분반환을 청구하는 경우에는 위와 같은 순상속분액의 계산방식에 따라 산정한 순상속분액을 공제하고 유류분 부족분을 청구하게 됩니다.

(4) 상속인들이 상속재산분할협의를 한 후에 유류분을 청구한 경우

우리 법원은 유류분 부족분에서 공제하는 순상속분액을 법정상속분이 아닌 특별수익을 반영한 구체적 상속분을 기준으로 하고 있습니다(대법원 2021. 8. 19. 선고 2017다235791 판결).

따라서 피상속인이 30억원의 재산 중 자녀1에게 15억원을 사전증여하고 5억원의 부동산을 상속재산으로 남겨 둔 경우라면, 7억 5,000만원(= 피상속인의 전체 재산 30억원 × 법정상속지분 1/2 × 유류분 비율 1/2)의 유류분을 갖는 자녀2는 위와 같은 판례에 따라 구체적 상속분을 기준으로 상속재산 5억원을 단독으로 취득하고 부족한 2억 5,000만원을 유류분으로 자녀1에게 청구할 수 있습니다.

그런데 만일 자녀2가 자녀1과 함께 상속재산 5억원에 관하여 법정상속분을 기준으로 각 2억 5,000만원씩 나누어 상속받는 상속재산분할협의를 마치게 된다면, 자녀2는 유류분으로 5억원(= 자녀2의 유류분 7억 5,000만원 - 상속받은 2억 5,000만원)을 청구할 수 있는 것이 아니라 2억 5,000만원(= 자녀2의 유류분 7억 5,000만원 - 구체적 상속분액 5억원)만을 청구할 수 있을 뿐입니다.

이는 유류분권자가 상속재산분할협의를 하는 경우 구체적 상속분과 상속재산분할협의로 취득한 상속분의 차액을 포기한 것으로 보기 때문입니다(대법원 2002. 4. 26. 선고 2000다8878 판결).

결국 자녀2는 유류분이 7억 5,000만원임에도 불구하고 상속재산분할협의를 통해서 2억 5,000만원을, 유류분반환청구를 통해서 2억 5,000만원을 반환받게 됨으로써 구체적 상속분인 5억원과 상속재산분할협의로 취득한 2억 5,000만원의 차액인 2억 5,000만원을 손해 보게 됩니다.

> **대법원 2021. 8. 19. 선고 2017다235791 판결**
> 유류분제도의 입법 취지와 민법 제1008조의 내용 등에 비추어 보면, 공동상속인 중 특별수익을 받은 유류분권리자의 유류분 부족액을 산정할 때에는 유류분액에서 특별수익액과 순상속분액을 공제하여야 하고, 이때 공제할 순상속분액은 당해 유류분권리자의 특별수익을 고려한 구체적인 상속분에 기초하여 산정하여야 한다.
>
> **대법원 2002. 4. 26. 선고 2000다8878 판결**
> 기록에 의하면, 별지 제2 목록 순번 24, 25 기재 각 부동산의 경우에는 1995. 7. 31. 상속재산 분할협의시 원고를 포함한 망인의 유족들 사이에 이를 피고의 소유로 하기로 합의가 이루어졌고, 같은 목록 순번 1 내지 3, 31, 32 기재 각 부동산의 경우에는 피고의 나이 33세부터 40세 사이에 그에 관한 소유권이전등기가 경료되었음을 알 수 있는바, 그렇다면 전자의 경우에는 이로 인하여 원고의 유류분이 침해되었다 하더라도 그 침해분에 대하여는 원고가 유류분반환청구권을 포기한 것으로 봄이 상당하고, 후자의 경우에는 원고의 주장 자체에 의하더라도 이를 망인에 의하여 증여된 재산이라고 보기는 어려우므로, 상고이유 중 이 점에 관한 부분은 이유 없다.

(5) 상속재산보다 상속채무가 많은 경우

순상속분은 상속재산으로부터 유류분권자가 취득하는 금액을 의미합니다. 그런데 상속재산은 적극재산과 소극재산으로 구분됩니다. 적극재산은 피상속인 명의로 남아 있어 상속재산분할대상이 되는 재산을 의미하고 소극재산은 피상속인의 상속채무를 의미하는데, 이러한 상속채무는 분할대상이 되지 않고 법정상속지분을 기준으로 상속인들이 부담하게 됩니다. 따라서 실제 순상속분은 구체적 상속분에 따라 유류분권자가 취득하는 상속재산에서 유류분권자가 법정상속지분을 기준으로 부담하게 되는 상속채무의 합계를 의미합니다.

따라서 유류분 부족분의 산식이 '유류분 - 유류분권자의 특별수익 - (유류분권자가 취득하는 구체적 상속분의 상속재산 - 유류분권자가 법정상속지분을 기준으로 부담하는 상속채무)'가 되므로 유류분권자는 자신의 부담하게 되는 상속채무를 더하여 유류분반환청구를 하게 됩니다. 이는 유류분권자가 부담하는 상속채무를 더하여 유류분을 반환받은 후에 자신의 부담하는 상속채무를 변제함으로써 유류분을 확보할 수 있기 때문입니다.

> **사례** 자녀1 자녀2를 둔 피상속인의 자녀1에게 9억원을 증여하고, 상속재산으로 50,000,000원이 있는 반면에 양도소득세 미납으로 상속채무가 2억원이라면 자녀2의 순상속액은 마이너스 50,000,000원입니다. 따라서 자녀2는 원래의 유류분 187,500,000원에 순상속분액 50,000,000원을 더한 237,500,000원을 청구할 수 있습니다.

	기초재산				유류분액	구체적 상속분	부담하는 상속채무	유류분 부족분
	사전증여	상속재산	상속채무	계				
자녀1	900,000,000						100,000,000	
자녀2					187,500,000	50,000,000	100,000,000	237,500,000
계	900,000,000	50,000,000	200,000,000	750,000,000				

(6) 유류분권자의 한정승인

피상속인이 생전에 다른 상속인들에게 대부분의 증여를 한 것은 알고 있는 상속인들이 유류분반환청구소송을 하려고 하나, 피상속인의 상속채무가 자신들에게 상속되는 것은 아닌지, 유류분을 반환받으면 피상속인의 상속채권자들에게 변제해야 하는 것은 아닌지 불안해 하게 됩니다.

그런데 우리 민법은 제1019조의 규정으로 한정승인을 두고 있습니다. 한정승인은 상속인의 지위를 유지하는 대신에 피상속인의 상속채무를 상속받은 재산의 범위 내에서 변제하도록 하고 있습니다. 따라서 피상속인의 채무를 알지 못하는 경우는 한정승인을 신청한 후 유류분반환청구소송을 제기할 수 있습니다.

또한 피상속인의 상속채무가 상속재산보다 더 많은 상태에서 유류분권자가 한정승인을 하는 경우 순상속분액을 0으로 규정하고 있습니다. 만일 한정승인을 하지 않는 경우에는 위에서 보는 바와 같이 상속채무를 유류분 부족분에 더하여 반환받은 후에 반환되는 유류분 중 상속채무에 해당하는 금액으로 상속채무를 변제하게 함으로써 유류분권자에게 유류분이 안정적으로 확보되도록 하고 있습니다. 그러나 상속채무가 상속재산보다 더 많아 순상속분액이 음수(마이너스)가 된다고 하더라도 한정승인을 한 유류분권자의 순상속분액을 0으로 하는 것은 반환받은 유류분으로 상속채무를 변제하지 않는다는 것을 의미합니다.

따라서 피상속인의 상속채무가 상속재산보다 더 많은 때 또는 상속채무의 존재를 알지 못하나 있을 것으로 예상되는 경우에는 한정승인을 한 후에 유류분반환청구를 하면 될 것입니다.

> **대법원 2022. 8. 11. 선고 2020다247428 판결**
>
> 유류분권리자의 구체적인 상속분보다 유류분권리자가 부담하는 상속채무가 더 많은 경우라도 유류분권리자가 한정승인을 했다면, 그 초과분을 유류분액에 가산해서는 안 되고 순상속액을 0으로 보아 유류분 부족액을 산정해야 한다.
>
> 유류분권리자인 상속인이 한정승인을 하였으면 상속채무에 대한 한정승인자의 책임은 상속재산으로 한정되는데, 상속채무 초과분이 있다고 해서 그 초과분을 유류분액에 가산하게 되면 법정상속을 통해 어떠한 손해도 입지 않은 유류분권리자가 유류분액을 넘는 재산을 반환받게 되는 결과가 되기 때문이다.

바. 예시

그럼 위에서 살펴본 것을 기준으로 피상속인의 전체 재산이 10억원, 상속인은 자녀 2명인 경우를 놓고 청구할 수 있는 유류분을 계산해 보도록 하겠습니다.

(1) 자녀1에게 10억원 전부가 증여되어 상속재산이 없는 경우

> { 자녀1 증여 10억 × (법정상속지분 1/2 × 유류분비율 1/2) } − 자녀2 증여 0원 − 순상속분 0원 = 청구할 수 있는 유류분은 2억 5,000만원

따라서 이 경우는 자녀2가 자녀1에게 유류분 2억 5,000만원 청구할 수 있습니다.

(2) 7억원이 자녀1에게 증여되고 상속재산이 3억원인 경우

> { (자녀1 증여 7억 + 상속재산 3억원) × (법정상속지분 1/2 × 유류분비율 1/2) } − 자녀2 증여 0원 − 자녀2 순상속분 3억원 = 청구할 수 있는 유류분은 − 5,000만원

즉, 자녀2는 순상속분으로 자신의 유류분인 2억 5,000만원을 초과해서 3억원을 상속받았기 때문에 유류분을 청구할 수 없습니다.

(3) 자녀1에게 7억원, 자녀2에게 3억원이 증여되고 상속재산이 0원인 경우

{ (자녀1 증여 7억원 + 자녀2 증여 3억원 + 상속재산 0억원) × (법정상속지분 1/2 × 유류분비율 1/2) } − 자녀2 증여 3억원 − 자녀2 순상속분 0원 = 청구할 수 있는 유류분은 −5,000만원

따라서 자신의 유류분 2억 5,000만원을 초과해서 3억원을 증여받은 자녀2는 자녀1이 자신보다 2배 이상이 많은 7억원을 증여받았다고 하더라도 유류분을 청구할 수 없습니다.

(4) 자녀1에게 8억원이 증여되고 상속재산이 2억원인데 상속채무가 1억원인 경우

{ (자녀1 증여 8억 + 상속재산 2억원 − 상속채무 1억원) × (법정상속지분 1/2 × 유류분비율 1/2) } − 자녀2 증여 0원 − { (상속재산 2억원 − (상속채무 1억원 × 법정상속지분 1/2) } = 청구할 수 있는 유류분은 7,500만원

이 경우는 유류분은 9억원의 1/4인 2억 2,500만원인데, 상속으로 취득할 수 있는 상속재산에서 2억원을 취득하지만 상속채무 5,000만원(= 1억원 × 1/2)을 빼야하기 때문에 순상속분은 1억 5,000만원입니다.

따라서 자녀2는 유류분 2억 2,500만원에서 순상속분 1억 5,000만원을 뺀 7,500만원을 청구할 수 있습니다.

4. 초과특별수익자의 반환비율

4. 초과특별수익자의 반환비율

가. 반환비율

유류분반환의무자인 초과특별수익자가 1명인 경우에는 반환비율을 계산할 필요가 없이 해당 초과특별수익자에게 유류분 부족분을 청구하면 됩니다. 그러나 초과특별수익자가 2명 이상인 경우에는 반환비율이 문제가 됩니다.

이에 대해서 법원은 「유류분권리자가 유류분반환청구를 함에 있어 증여 또는 유증을 받은 다른 공동상속인이 수인일 때에는 각자 증여 또는 유증을 받은 재산 등의 가액이 자기 고유의 유류분액을 초과하는 상속인에 대하여 그 유류분액을 초과한 가액의 비율에 따라서 반환을 청구할 수 있고, 공동상속인과 공동상속인 아닌 제3자가 있는 경우에는 그 제3자에게는 유류분이 없으므로 공동상속인에 대하여는 자기 고유의 유류분액을 초과한 가액을 기준으로 하여, 제3자에 대하여는 그 증여 또는 유증받은 재산의 가액을 기준으로 하여 그 각 가액의 비율에 따라 반환청구를 할 수 있다(대법원 2006. 11. 10. 선고 2006다46346 판결).」라고 판단하고 있습니다.

따라서 수증자가 상속인인 경우에는 '증여금액 - 수증자인 상속인의 고유의 유류분 =

유류분 반환대상인 특별수익'을 기준으로, 수증자가 상속인이 아닌 제3자인 경우에는 '특별수익' 자체를 기준으로 하는 비율에 따라 유류분을 반환하면 될 것입니다. 간혹 증여금액을 기준으로 반환비율을 정하는데 위 판례를 보면 그러한 계산방식이 틀리다는 것을 알 수 있습니다.

그럼 피상속인이 생전에 30억원을 소유하다가 일부를 사전증여하고 사망함으로써 자녀 3명이 상속인이 된 경우에 유류분반환비율을 살펴보도록 하겠습니다.

나. 사례

(가) 자녀1에게 20억원, 자녀2에게 10억원을 증여

	증여	유류분	초과특별수익	유류분반환	
				자녀1	자녀2
자녀1	2,000,000,000	500,000,000	1,500,000,000		
자녀2	1,000,000,000	500,000,000	500,000,000		
자녀3	–	500,000,000		375,000,000	125,000,000
계	3,000,000,000		2,000,000,000	375,000,000	125,000,000

전체 재산이 30억원이므로 자녀들의 유류분은 5억원{= (자녀1의 특별수익 20억원 + 자녀2의 특별수익 10억원) × (법정상속분 1/3 × 유류분비율 1/2)}입니다. 따라서 자녀1의 유류분을 초과하는 특별수익은 15억원(= 자녀1의 특별수익 20억원 - 자녀1 자신의 고유의 유류분 5억원)이고, 자녀2의 초과특별수익은 5억원(= 10억원 - 5억원)입니다.

그러므로 자녀1와 자녀2의 초과특별수익의 합계는 20억원(= 자녀1의 초과특별수익 15억원 + 자녀2의 초과특별수익 5억원)이므로, 자녀1은 15억원/20억원의 비율에 따라, 자녀2는 5억원/20억원의 비율에 따라 자녀3에게 유류분을 반환하면 될 것입니다.

이를 계산하면 자녀3은 자녀1에게 375,000,000원(= 5억원 × 15/20), 자녀2에게 125,000,000원(= 5억원 × 5/20)을 반환받으면 될 것입니다.

참고로 특별수익의 비율로 잘못 계산하면 자녀1은 333,333,333원(= 5억원 × 20억원/30억원), 자녀2는 166,666,667원(= 5억원 × 10억원/30억원)이 되어, 자녀2는 손해를 보게 됩니다.

(나) 자녀1에게 25억원, 자녀2에게 5억원을 증여

	증여	유류분	초과특별수익	유류분반환	
				자녀1	자녀2
자녀1	2,500,000,000	500,000,000	2,000,000,000		
자녀2	500,000,000	500,000,000			
자녀3	–	500,000,000		500,000,000	
계	3,000,000,000		2,000,000,000	500,000,000	

이 경우 자녀2의 유류분을 초과하는 특별수익은 없으므로 자녀3의 유류분은 모두 자녀1이 반환해야 합니다.

그런데 간혹 자녀2가 유류분에 미달하는 증여를 받았다고 해서 자녀2에 대한 특별수익의 증명에 소홀한 경우가 있습니다.

만일 자녀1만을 피고로 하여 청구하면서 자녀2에 대한 특별수익 5억원을 증명하지 못하면 유류분 산정을 위한 기초재산의 합계는 자녀1의 특별수익 25원만이 되므로 자녀3의 유류분은 416,666,667원(= 25억원 × 1/6)이 되어, 자녀2의 특별수익 5억원을 산입했을 때보다 유류분이 축소됩니다.

라서 다른 상속인이 비록 유류분에 미달하는 증여를 받았다고 하더라도 유류분 규모의 확대를 위하여 유류분에 미달하는 증여를 받아 유류분반환의무가 없는 상속인이라고 하더라도 해당 상속인의 특별수익을 기초재산에 산입할 필요가 있습니다.

(다) 자녀1에게 20억원, 자녀2에게 5억원, 제3자에게 5억원을 증여

	증여	유류분	초과특별수익	유류분반환		
				자녀1	자녀2	제3자
자녀1	2,000,000,000	500,000,000	1,500,000,000			
자녀2	500,000,000	500,000,000				
자녀3	–	500,000,000		375,000,000		125,000,000
제3자	500,000,000	0	500,000,000			
계	3,000,000,000		1,500,000,000	375,000,000		125,000,000

각 상속인들의 유류분은 5억원이므로 자녀1은 15억원(= 자녀1의 특별수익 20억원 - 자녀1의 유류분 5억원), 자녀2는 0원(= 자녀2의 특별수익 5억원 - 자녀2의 유류분 5억원)입니다.

그런데 제3자의 경우는 상속인이 아니므로 유류분이 없습니다. 따라서 특별수익자가 제3자인 경우에는 상속인들과 달리 특별수익 자체가 초과특별수익이므로 제3자는 5억원(= 제3자의 특별수익 5억원 - 제3자의 유류분 0원)의 비율에 따라 자녀3에 대한 유류분을 반환해야 합니다.

따라서 유류분을 초과하는 특별수익의 합계가 20억원(= 자녀1 15억원 + 자녀2 0원 + 제3자 5억원)이므로, 자녀1은 375,000,000원(= 자녀3의 유류분 5억원 × 자녀1의 유류분반환비율 15억원/20억원), 자녀2는 0원, 제3자는 125,000,000원(= = 자녀3의 유류분 5억원 × 제3자의 유류분반환비율 5억원/20억원)을 각 반환하게 됩니다.

5. 반환순서

5. 반환순서

우리 민법은 제1116조에서 「증여에 대하여는 유증을 반환받은 후가 아니면 이것을 청구할 수 없다.」라고 규정하고 있습니다. 그리고 법원은 대법원 2013. 3. 14. 선고 2010다42624,42631 판결을 통하여 「증여 또는 유증을 받은 재산 등의 가액이 자기 고유의 유류분액을 초과하는 수인의 공동상속인이 유류분권리자에게 반환하여야 할 재산과 범위를 정할 때에, 수인의 공동상속인이 유증받은 재산의 총 가액이 유류분권리자의 유류분 부족액을 초과하는 경우에는 유류분 부족액의 범위 내에서 각자의 수유재산(수유재산)을 반환하면 되는 것이지 이를 놓아두고 수증재산(수증재산)을 반환할 것은 아니다.」라고 판시하고 있습니다.

따라서 이와 같은 민법 규정과 판례에 의하면 상속인 A가 유언으로 재산을 상속 받고 상속인 B가 증여를 받아 상속인 C의 유류분이 침해되어 상속인 C가 유류분반환청구소송을 하고자 한다면 일단 상속인 A를 상대로 유증재산으로부터 유류분을 반환해 줄 것을 청구해야 합니다.[4].

---

[4] 이에 대해서 정구태 교수, 유류분 침해액의 산정방법에 관한 소고(고려법학 51호, 2008.10.)의 주93)에서 '유류분의 반환에 있어서 거래의 안전을 위해 증여보다 유증을 먼저 반환하도록 하는 데서 비롯된 부득이 한 결과'라고 기재하고 있습니다.

가. (수유자의 유류분 + 유류분권자의 유류분 부족분) 〈 유증가액

⇒ 수유자의 고유의 유류분과 유류분권자의 유류분 부족분을 더한 금액보다 유증가액이 많은 경우

예를 들어 전체 재산이 9억원인 피상속인이 자녀인 상속인 3명 중 자녀1에게 5억원을 증여하고 자녀2에게 4억원을 유언으로 남기고 이외에 남은 재산이 없다면, 자녀3은 아무런 재산도 상속을 받지 못하게 됩니다. 그리고 이 경우 자녀3의 유류분은 1억 5,000만원{= (증여 5억원 + 유증 4억원) × (법정상속분 1/3지분 × 유류분비율 1/2지분)}입니다. 이때 자녀3은 유류분 1억 5,000만원을 유증을 받은 자녀2에게 전부 반환을 받을 수 있습니다. 이것을 수식으로 표시하면 아래와 같습니다.

	기초재산			유류분	초과특별수익	유류분반환	
	증여	유증	계			자녀1	자녀2
자녀1	500,000,000		500,000,000	150,000,000	350,000,000		
자녀2		400,000,000	400,000,000	150,000,000	250,000,000		
자녀3	-	-	-	150,000,000			150,000,000
계	500,000,000	400,000,000	900,000,000		600,000,000		150,000,000

만일 유증재산이 없이 모두 증여라면 1억 5,000만원은 자녀1의 고유의 유류분을 초과하는 3억 5,000만원(= 증여 5억원 − 자녀1의 고유 유류분 1억 5,000만원), 자녀2의 고유의 유류분을 초과하는 2억 5,000만원(= 증여 4억원 − 자녀2의 고유 유류분 1억 5,000만원)의 합계인 6억원에 대한 각자의 유류분을 초과하는 특별수익인 초과특별수익의 비율에 따라 자녀3에 대한 유류분을 반환해야 합니다.

이와 같이 모두 증여인 것을 전제로 자녀1과 자녀2가 반환할 유류분을 계산하면, 자녀1은 자녀3에게 '자녀3의 유류분 × (자녀1의 초과특별수익 / 유류분반환의 대상이 되

는 초과특별수익의 합계)의 수식'에 따라 '1억 5,000만원 × (3억 5,000만원 / 6억원) = 8,750만원'을 자녀2는 자녀3에게 '1억 5,000만원 × (2억 5,000만원 / 6억원) = 6,250만원'을 각 반환하면 됩니다.

	증여	유류분	초과특별수익	반환비율	유류분반환	
					자녀1	자녀2
자녀1	500,000,000	150,000,000	350,000,000	350,000,000 /600,000,000		
자녀2	400,000,000	150,000,000	250,000,000	250,000,000 /600,000,000		
자녀3	-	150,000,000			87,500,000	62,500,000
계	900,000,000	450,000,000	600,000,000			

그러나 자녀1은 증여가 아닌 유증을 받았으므로 자녀3은 자녀1의 유증재산으로 부터 먼저 유류분을 반환받아야 합니다. 이때 자녀1의 고유의 유류분을 초과하는 특별수익이 3억 5,000만원이므로 자녀3은 자녀1의 초과특별수익인 유증재산으로 부터 자신의 유류분을 반환받기에 충분합니다. 즉 '자녀1의 초과특별수익 > 자녀3의 유류분'이므로 이때는 자녀1만을 상대로 유류분반환청구소송을 제기하면 됩니다.

그러다보니 만일 자녀1이 유증으로 3억원을 자녀2가 증여로 6억원을 받았다고 해서 자녀3이 '자녀1은 3억원밖에 받지 않았는데 자녀2는 그보다 2배는 많은 6억원을 받았으므로 자녀2에게 유류분을 청구하겠다.'라고 해서 자녀2를 상대로 유류분반환청구소송을 제기하면 패소판결을 받을 수 있습니다.

다만 유증을 받은 당사자가 상속인이 아닌 제3자(예 며느리, 손자 등)인 경우에는 고유의 유류분이 없으므로 유증가액이 곧 반환의 대상이 됩니다.

나. 유증가액 〈 수유자의 유류분

⇒ 유증가액이 소유자의 고유의 유류분에 미달하는 경우

위의 사례에서 피상속인이 재산 9억원 중 자녀1에게 8억원을 증여하고 자녀2에게 1억원을 유증한 후 사망하는 경우 자녀3의 유류분반환대상과 청구금액은 아래와 같습니다.

	기초재산			유류분	초과특별수익	유류분반환	
	증여	유증	계			자녀1	자녀2
자녀1	800,000,000		800,000,000	150,000,000	650,000,000		
자녀2		100,000,000	100,000,000	150,000,000	-50,000,000		
자녀3	-	-	-	150,000,000	-150,000,000	150,000,000	
계	800,000,000	100,000,000	900,000,000		450,000,000	150,000,000	

즉 자녀2는 1억원을 유증받아 유류분을 먼저 반환해야 하나, 자녀2에게도 자신의 유류분 1억 5,000만원이 있으므로, 자신의 유류분에도 미달하는 유증을 받은 자녀2는 유류분반환의무가 없습니다.

다. 수유자의 유류분 〈 유증가액 〈 유류분권자의 유류분

⇒ 유증가액이 수유자의 고유의 유류분을 초과하나 유류분권자의 유류분 부족분에 미달하는 경우

	기초재산			유류분	초과특별수익	유류분반환	
	증여	유증	계			자녀1	자녀2
자녀1	700,000,000		700,000,000	150,000,000	550,000,000		
자녀2		200,000,000	200,000,000	150,000,000	50,000,000		
자녀3	-	-	-	150,000,000	-150,000,000	50,000,000	100,000,000
계	700,000,000	200,000,000	900,000,000			50,000,000	100,000,000

이 경우 자녀2는 2억원을 유증받은 반면에 자신의 유류분은 1억 5,000만원이므로, 자녀2의 유류분을 초과하는 특별수익은 5,000만원(= 특별수익 2억원 - 고유의 유류분 1억 5,000만원)입니다.

따라서 자녀2는 유증재산 중 자신의 고유의 유류분을 초과하는 5,000만원을 모두 자녀3에게 유류분으로 반환해야 합니다.

그런데 자녀3의 유류분 부족분은 1억 5,000만원이므로 자녀2의 유증재산으로부터 5,000만원을 반환받는다고 하더라도 1억원의 유류분 부족분이 남게 됩니다. 이때 자녀3은 유증재산으로부터 반환받지 못한 유류분 부족분 1억원을 자녀1의 초과특별수익 5억 5,000만원으로부터 반환 받을 수 있습니다.

따라서 이와 같은 산식에 따라 자녀3은 자녀2로부터 5,000만원, 자녀1로부터 1억원을 반환받아 자신의 유류분 부족분 1억 5,000만원을 전부 반환받을 수 있게 됩니다.

라. 수유자 2명의 유증가액과 사전증여가 각 수유자의 고유의 유류분을 초과하고 유증재산으로부터 모두 유류분반환의 가능한 경우

	기초재산			유류분	초과특별수익	유류분반환	
	증여	유증	계			자녀1	자녀2
자녀1	400,000,000	100,000,000	500,000,000	150,000,000	350,000,000		
자녀2	100,000,000	300,000,000	400,000,000	150,000,000	250,000,000		
자녀3				150,000,000		87,500,000	62,500,000
계	500,000,000	400,000,000	900,000,000		600,000,000	87,500,000	62,500,000

자녀1의 특별수익은 5억원, 자녀2의 특별수익이 4억원으로 자녀1과 자녀2가 모두 자신들의 고유의 유류분을 초과하는 특별수익자인 경우에는 각자 유류분을 초과하는 특

별수익의 비율에 따라 유류분을 반환하게 됩니다. 이를 수식으로 표시하면 '유류분 반환액 = 유류분 부족분 × (초과특별수익자의 특별수익 - 해당 특별수익자의 고유의 유류분) ÷ (모든 초과특별수익자의 고유의 유류분을 초과하는 특별수익의 합계)'입니다. 따라서 위의 경우 자녀1이 반환하는 유류분은 '150,000,000원 × 350,000,000/600,000,000 = 87,500,000원)이 됩니다. 다만 이때 유류분반환순서는 유증재산이 먼저이므로 자녀1은 증여를 받은 4억원과 유증으로 받은 1억원 중 유증재산인 1억원으로부터 유류분을 반환하게 됩니다.

마. 수유자 2명의 유증가액과 사전증여가 각 수유자의 고유의 유류분을 초과하나 수유자 1명의 유증재산이 반환할 유류분 부족분에 미달하는 경우

	기초재산			유류분	초과특별수익	유류분반환	
	증여	유증	계			자녀1	자녀2
자녀1	450,000,000	50,000,000	500,000,000	150,000,000	350,000,000		
자녀2	100,000,000	300,000,000	400,000,000	150,000,000	250,000,000		
자녀3				150,000,000		50,000,000	100,000,000
계	500,000,000	400,000,000	900,000,000		600,000,000	50,000,000	100,000,000

당초 유류분을 초과하는 반환비율에 의하면 자녀1이 증여로 450,000,000원과 유증으로 50,00,0000원의 합계 500,000,000원, 자녀2가 증여로 100,00,0000원, 유증으로 300,00,000원의 합계 400,000,000원을 증여받게 되면, 자녀1의 유류분을 초과하는 특별수익이 350,000,000원, 자녀2가 250,000,000원이므로 자녀1은 87,500,000원 = 150,000,000원 × 350,000,000원/600,000,000원', 자녀2는 62,500,000원 = 150,000,000원 × 250,000,000원/600,000,000원'을 반환하면 됩니다. 따라서 원칙적으로 아래와 같은 산식이 가능합니다.

	기초재산			유류분	초과특별수익	유류분반환	
	증여	유증	계			자녀1	자녀2
자녀1	450,000,000	50,000,000	500,000,000	150,000,000	350,000,000	87,500,000	
자녀2	100,000,000	300,000,000	400,000,000	150,000,000	250,000,000		62,500,000
자녀3				150,000,000			
계	500,000,000	400,000,000	900,000,000		600,000,000	87,500,000	62,500,000

그런데 유류분의 반환순서에 대해서 규정하고 있는 민법 제1116조 「증여에 대하여는 유증을 반환받은 후가 아니면 이것을 청구할 수 없다.」는 각 유류분반환의무자 개인별로 적용되는 것이 아니라 초과특별수익자 전체를 하나의 단위로 보는 경우에도 적용되고 있습니다.

따라서 위의 경우라면 자녀1은 반환액 87,500,000원에 대해서 유증재산에서 50,000,000원을 반환하고 유증재산의 반환으로 부족한 37,500,000원(= 87,500,000원 - 50,00,000원)을 증여재산으로부터 반환하는 것이 아니라, 자녀2의 유증재산 300,000,00원으로부터 62,500,000원을 반환하고 남은 237,500,000원(= 300,000,00원 - 62,500,000원)에서 자녀1이 유증재산에서 반환하고도 부족한 37,500,000원을 반환하게 됩니다.

따라서 이 경우 자녀1은 유증재산 전부인 50,000,000원을, 자녀2는 원래 자신이 반환할 비율에 따라서 유증재산에서 반환해야 할 62,500,000원에 자녀1이 유증재산에서 반환하고도 부족한 37,500,000원을 더한 100,000,000원(= 62,500,000원 + 37,500,000원)을 반환하게 됩니다.

바. 수유자 2명의 유증가액과 사전증여가 각 수유자의 고유의 유류분을 초과하고, 수유자들의 유증가액이 반환액을 초과하는 경우

	기초재산			유류분	초과특별수익	유류분반환	
	증여	유증	계			자녀1	자녀2
자녀1	400,000,000	100,000,000	500,000,000	150,000,000	350,000,000	87,500,000	
자녀2	100,000,000	300,000,000	400,000,000	150,000,000	250,000,000		62,500,000
자녀3				150,000,000			
계	500,000,000	400,000,000	900,000,000		600,000,000	87,500,000	62,500,000

원칙적으로 유류분반환비율은 해당 특별수익자가 갖고 있는 고유의 유류분을 초과하는 비율에 따라 반환을 하게 됩니다.

따라서 위의 경우에 자녀1은 증여와 유증의 합계인 5억원의 특별수익에서 자신의 유류분 150,000,000원을 공제한 초과특별수익인 350,000,000원과 모든 특별수익자의 유류분을 초과하는 특별수익의 합계에 대한 비율인 350,000,000/600,000,000의 비율에 따라 87,500,000원(= 자녀3의 유류분 부족분 150,000,000원 × 350,000,000/600,000,000), 자녀2는 62,500,000원(= 자녀3의 유류분 부족분 150,000,000원 × 250,000,000/600,000,000)을 반환할 의무가 있습니다.

이때 자녀1은 반환할 유류분이 87,500,000원인 반면에 유증재산은 100,000,000원이므로 자녀1은 유증재산으로부터 유류분 87,500,000원을 반환하면 되고, 마찬가지로 자녀2도 유증재산 300,000,000원으로부터 자녀3에게 반환할 유류분 62,500,000원을 반환하면 됩니다.

사. 수유자 중 일부의 유증가액이 반환할 유류분에 미치지 못하고 2명 이상의 수유자가 반환할 유류분보다 유증가액이 많은 경우

피상속인이 3명 이상의 상속인들에게 유증한 후 사망함으로써 유증재산으로부터 유류분을 반환할 상속인들이 3명 이상인데, 이 중 1명의 유증받은 상속인이 유증재산으로부터 유류분을 반환하고도 부족한 반면에 나머지 2명 이상의 유증받은 상속인들에게 자신들의 유증재산으로부터 유류분을 반환하고도 유증재산이 남아 있는 경우에는 누가 어떤 비율로 반환할 것인지 문제가 됩니다.

이때 어떤 상속인이 유증재산으로부터 반환하고 남은 유류분은 다른 유증받은 특별수익자의 유류분을 공제한 초과특별수익의 비율에 따라 분할해서 분담하게 됩니다. 이를 수식으로 표시하면 아래와 같습니다.

	기초재산			유류분	초과특별수익	유류분반환
	증여	유증	계			
자녀1	1,000,000,000	100,000,000	1,100,000,000	287,500,000	812,500,000	162,500,000
자녀2	600,000,000	200,000,000	800,000,000	287,500,000	512,500,000	102,500,000
자녀3	300,000,000	100,000,000	400,000,000	287,500,000	112,500,000	22,500,000
자녀4				287,500,000		
계	1,900,000,000	400,000,000	2,300,000,000	1,150,000,000	1,437,500,000	287,500,000

따라서 초과특별수익이 812,500,000원(= 1,100,000,000원 - 287,500,000원)은 자녀1은 162,500,000원(= 287,500,000원 × 812,500,000원/1,437,500,000원), 자녀2는 같은 계산방법으로 102,500,000원, 자녀3은 22,500,000원을 반환하면 됩니다.

그런데 자녀1의 경우 반환할 유류분이 162,500,000원 반면에, 유증재산은 100,000,000원에 불과하므로 유증재산 전부를 반환해도 62,500,000원(= 반환분담액 162,500,000원 – 유증재산 100,000,000원)이 부족하게 됩니다.

이때 자녀1은 부족한 62,500,000원을 자신의 증여재산인 1,000,000,000원에서 반환하는 것이 아니라 다른 초과특별수익자에게 유증재산이 있다면 그 유증재산에서 반환하게 됩니다. 그리고 이 경우 아직 반환하고 남은 유증재산이 남아 있는 초과특별수익자가 2명 이상인 경우에는 각 초과특별수익자의 자녀1이 유증재산으로부터 반환하지 못한 유류분의 분담비율은 법원 2013. 3. 14. 선고 2010다42624,42631 판결의 법리에 따라 각자 증여 또는 유증을 받은 재산 등의 가액이 자기 고유의 유류분액을 초과하는 가액의 비율에 따라 안분하게 됩니다.

	유증	유류분반환액	유증반환액	유증부족분	초과특별수익	안분	최종반환액
자녀1	100,000,000	162,500,000	100,000,000	62,500,000			100,000,000
자녀2	200,000,000	102,500,000	102,500,000		512,500,000	51,250,000[5]	153,750,000
자녀3	100,000,000	22,500,000	22,500,000		112,500,000	11,250,000	33,750,000
자녀4							
계	400,000,000	287,500,000	225,000,000	62,500,000	625,000,000	62,500,000	287,500,000

따라서 위의 경우 자녀1이 유증재산으로부터 반환하지 못한 유류분 62,500,000원은 초과특별수익이 512,500,000원인 자녀2가 51,250,000원(= 62,500,000원 × 512,500,000원/625,000,000원), 자녀3이 11,250,000원(= 62,500,000원 × 112,500,000원/625,000,000원)을 반환하게 됩니다.

---

[5] 51,250,000원 = 62,500,000원 × 512,500,000원/625,000,000원

그 결과 자녀1은 자신의 유증재산 100,000,000원을 전부 반환하고, 자녀2는 자신의 분담액 102,500,000원에 자녀1이 반환하지 못한 62,500,000원의 분담액 51,250,000원의 합계 153,750,000원(= 102,500,000원 + 51,250,000원), 자녀3도 자신의 분담액 22,500,000원에 자녀1로부터 분담하게 되는 11,250,000원을 더한 33,750,000원을 반환하게 됩니다.

그리하여 자녀4는 자녀1의 유증재산에서 100,000,000원, 자녀2의 유증재산에서 153,750,000원, 자녀3의 유증재산에서 33,750,000원을 반환받아 자신의 유류분 부족분 287,500,000원(= 100,000,000원 + 153,750,000원 + 33,750,000원)을 모두 반환받게 됩니다.

> **대법원 2013. 3. 14. 선고 2010다42624,42631 판결**
> 수인의 공동상속인이 유류분권리자의 유류분 부족액을 각자의 수유재산으로 반환할 때 분담하여야 할 액은 각자 증여 또는 유증을 받은 재산 등의 가액이 자기 고유의 유류분액을 초과하는 가액의 비율에 따라 안분하여 정하되, 그중 어느 공동상속인의 수유재산의 가액이 그의 분담액에 미치지 못하여 분담액 부족분이 발생하더라도 이를 그의 수증재산으로 반환할 것이 아니라, 자신의 수유재산의 가액이 자신의 분담액을 초과하는 다른 공동상속인들이 위 분담액 부족분을 위 비율에 따라 다시 안분하여 그들의 수유재산으로 반환하여야 한다.

6. 수증재산별 반환비율

6. 수증재산별 반환비율

유류분반환비율과 반환순서에 따라 반환할 유류분액과 반환할 유증재산 또는 증여재산이 정해지게 되면 그 후에는 어떤 재산에서 얼마의 유류분을 반환해야 하는지가 문제됩니다.

유증재산과 증여재산이 있는 경우 유증재산으로부터 반환해야 하고, 유증재산이 유류분반환액에 미치지 못하는 경우에는 증여재산으로부터 반환을 해야 하나, 유류분반환의 대상이 되는 유증재산 또는 증여재산이 2개 이상의 재산으로 구성되어 있다면 어떤 재산에서 얼마의 유류분을 반환해야 할지가 문제됩니다.

가령 초과특별수익으로 인하여 유류분반환의무가 있는 상속인 1에게 1억원의 유류분반환의무가 있는데 상속인 1의 특별수익이 시가 7억원의 A 부동산과 시가 3억원의 B 부동산이 있는 경우 상속인 1은 어떤 부동산에서 얼마의 유류분을 반환해야 하는 문제입니다.

이러한 경우에는 각 유증재산 또는 증여재산의 상속개시 당시의 가액을 기준으로 반환비율을 정하게 됩니다.

위의 경우와 같다면 상속인 1은 A 부동산에서 7,000만원, B 부동산에서 3,000만원을 반환하게 됩니다.

가. 2개 이상의 유증재산의 합계가 반환할 유류분을 초과하는 경우

유류분반환비율에 유류분반환순서를 대입해서 유증재산이 2억 3,000만원인데 반환할 유류분액이 2억원이라면, 유류분반환순서에 따라 유증재산으로부터 반환해야 하므로, 해당 상속인은 유증재산 330,000,000원으로부터 유류분 200,000,000원을 반환해야 합니다.

이때 각 유증재산으로부터 반환할 유류분액은 C부동산으로부터 300,000,000원/330,000,000원의 비율에 따른 181,818,182원(= 반환할 유류분액 200,000,000원 × 해당 유증재산의 가액 300,000,000원 / 유증재산 전체의 가액 330,000,000원)이고, 현금으로부터 같은 계산방법으로 18,181,818원(= 반환할 유류분액 200,000,000원 × 해당 유증재산의 가액 30,000,000원 / 유증재산 전체의 가액 330,000,000원)이 됩니다.

- 계산방법 -

유증재산	가액	반환할액	계산방법
C부동산	300,000,000	181,818,182	= 200,000,000원 × 300,000,000원/330,000,000원
현금	30,000,000	18,181,818	= 200,000,000원 × 30,000,000원/330,000,000원
계	330,000,000	200,000,000	

나. 2개 이상의 증여재산이 있는 경우

이와 같은 반환비율은 증여재산에도 그대로 적용됩니다. 증여재산으로 시가 700,000,000원의 A 부동산, 시가 1,500,000,000원의 B 부동산, 현금 50,000,0000원이 있고 반환할 유류분액이 200,000,000원이라면, 증여재산의 전체 합계가 2,250,000,000원 이므로 A 부동산으로부터 62,222,222원(= 200,000,000원 × 700,000,000원/ 2,250,000,000원)을, B 부동산으로부터 같은 방법으로 133,333,333원, 현금으로부터 4,444,444원을 각 반환하면 됩니다.

- 계산방법 -

증여재산	가액	반환할액	계산방법
A부동산	700,000,000	62,222,222	= 200,000,000원 × 700,000,000원/2,250,000,000원
B부동산	1,500,000,000	133,333,333	= 200,000,000원 × 1,500,000,000원/2,250,000,000원
현금	50,000,000	4,444,444	= 200,000,000원 × 50,000,000원/2,250,000,000원
계	2,250,000,000	200,000,000	

다. 유증재산이 유류분에 미달하고 수개의 증여재산이 있는 경우

반환할 유류분액이 200,000,000원인 반면에 유증재산이 50,000,000원이고 증여재산으로는 가액 700,000,000원의 A부동산, 가액 500,000,000원의 B부동산, 현금 50,000,000원이 있는 경우 유류분반환순서에 따라 유류분 200,000,000원은 우선 유증재산 50,000,000원으로부터 반환되고 나머지 150,000,000원은 증여재산인 A부동산, B부동산, 현금으로부터 반환하면 됩니다.

- 계산방법 -

		가액	반환할액	계산방법
유증재산		50,000,000	50,000,000	
증여재산	A부동산	700,000,000	84,000,000	= 150,000,000원 × 700,000,000원/1,250,000,000원
	B부동산	500,000,000	60,000,000	= 150,000,000원 × 500,000,000원/1,250,000,000원
	현금	50,000,000	6,000,000	= 150,000,000원 × 50,000,000원/1,250,000,000원
계			200,000,000	

민법 제1115조

① 유류분권리자가 피상속인의 제1114조에 규정된 증여 및 유증으로 인하여 그 유류분에 부족이 생긴 때에는 부족한 한도에서 그 재산의 반환을 청구할 수 있다.

② 제1항의 경우에 증여 및 유증을 받은 자가 수인인 때에는 각자가 얻은 유증가액의 비례로 반환하여야 한다.

대법원 2013. 3. 14. 선고 2010다42624,42631 판결

어느 공동상속인 1인이 수개의 재산을 유증받아 각 수유재산으로 유류분권리자에게 반환하여야 할 분담액을 반환하는 경우, 반환하여야 할 각 수유재산의 범위는 특별한 사정이 없는 한 민법 제1115조 제2항을 유추적용하여 각 수유재산의 가액에 비례하여 안분하는 방법으로 정함이 타당하다.

대법원 2022. 2. 10. 선고 2020다250783 판결

어느 공동상속인 1인이 특별수익으로서 여러 부동산을 증여받아 그 증여재산으로 유류분권리자에게 유류분 부족액을 반환하는 경우 반환해야 할 증여재산의 범위는 특별한 사정이 없는 한 민법 제1115조 제2항을 유추적용하여 증여재산의 가액에 비례하여 안분하는 방법으로 정함이 타당하다. 따라서 유류분반환 의무자는 증여받은 모든 부동산에 대하여 각각 일정 지분을 반환해야 하는데, 그 지분은 모두 증여재산의 상속개시 당시 총가액에 대한 유류분 부족액의 비율이 된다.

7. 반환방법

7. 반환방법

유류분반환청구의 목적은 피상속인이 생전에 상속인 또는 제3자에게 재산을 증여하거나 유증함으로써 침해된 유류분을 반환받는데 있습니다. 그리고 반환방법은 원물반환과 가액반환으로 구분될 수 있습니다.

가. 원물반환

(1) 원물반환은 유류분반환의 대상인 증여 또는 유증된 재산 자체를 반환받는 방법입니다. 그렇다면 반환대상인 재산의 구분에 따른 원물반환방법을 보도록 하겠습니다.

부동산이 유류분반환의 대상인 경우에는 부동산 자체에 대한 지분을 이전받는 방법으로 반환의 목적을 달성하게 됩니다. 만일 반환될 부동산의 상속개시 당시의 시가가 1억원이고 반환될 유류분이 1,000만원이라면 1/10지분에 해당하는 소유권을 이전받는 방법입니다. 따라서 반환될 지분의 계산은 '반환될 유류분 가액 / 반환될 부동산의 상속개시 당시의 시가'가 됩니다.

이때 반환되는 지분이 극히 적다고 하더라도 유류분반환청구권자가 원물반환을 구한다면 법원은 원물반환방식의 의한 반환방법을 선고하게 됩니다. 따라서 시가 10억원의 부동산에 반환될 유류분액이 1,000만원인 경우 반환될 지분이 1%이므로 유류분반환청구권자는 원물반환의 방법에 따라 해당 부동산의 1/100지분에 대한 소유권이전등기를 청구할 수 있습니다.

뿐만 아니라 증여받은 후에 반환대상인 부동산에 근저당권설정, 증여받은 토지의 지상에 건축물의 건축 등으로 상태가 변경됨으로써 가액반환의 방법이 가능하다고 하더라도 유류분반환청구권자가 원물반환을 요구하는 경우에는 원물반환의 방법에 따라 유류분을 반환받을 수 있습니다.

> **대법원 2014. 2. 13. 선고 2013다65963 판결**
> 우리 민법은 유류분제도를 인정하여 제1112조부터 제1118조까지 이에 관하여 규정하면서도 유류분의 반환방법에 관하여 별도의 규정을 두고 있지 않으나, 증여 또는 유증대상 재산 그 자체를 반환하는 것이 통상적인 반환방법이라고 할 것이므로, 유류분 권리자가 원물반환의 방법에 의하여 유류분반환을 청구하고 그와 같은 원물반환이 가능하다면 달리 특별한 사정이 없는 이상 법원은 유류분권리자가 청구하는 방법에 따라 원물반환을 명하여야 한다.
> 나아가 유류분권리자에게 반환되어야 할 부동산의 지분이 많지 않다는 사정은 원물반환을 명함에 아무런 지장이 되지 아니함이 원칙이다.
> 증여나 유증 후 그 목적물에 관하여 제3자가 저당권이나 지상권 등의 권리를 취득한 경우에는 원물반환이 불가능하거나 현저히 곤란하여 반환의무자가 목적물을 저당권 등의 제한이 없는 상태로 회복하여 이전하여 줄 수 있다는 등의 예외적인 사정이 없는 한 유류분권리자는 반환의무자를 상대로 원물반환 대신 그 가액 상당의 반환을 구할 수도 있을 것이나, 그렇다고 하여 유류분권리자가 스스로 위험이나 불이익을 감수하면서 원물반환을 구하는 것까지 허용되지 아니한다고 볼 것은 아니므로, 그 경우에도 법원은 유류분권리자가 청구하는 방법에 따라 원물반환을 명하여야 한다.

(2) 그런데 우리 법원은 「주택의 임차인이 제3자에 대한 대항력을 갖춘 후 임차주택의 소유권이 양도되어 그 양수인이 임대인의 지위를 승계하는 경우에는, 임대차보증금의 반환채무도 부동산의 소유권과 결합하여 일체로서 이전하는 것이므로 양도인의 임대인으로서의 지위나 보증금반환채무는 소멸하는 것이다(대법원 2009. 5. 28. 선고 2009다15794 판결).」라고 판단하고 있습니다. 따라서 반환의 대상인 부동산에 임대차가 있다면 이전받는 지분만큼 임대보증금반환채무도 함께 인수하게 되는 것이므로 임대차가 있다면 반환받을 지분은 '반환될 유류분 가액 / (반환될 부동산의 상속개시 당시의 시가 - 임대보증금)'이 됩니다.

가령 1억원의 부동산에 2,000만원의 임대차보증금이 있고 반환받을 유류분이 1,000만원인 경우 1/10지분을 이전받게 되면 임대보증금반환채무도 1/10에 해당하는 200만원을 부담하게 되어 1,000만원에 해당하는 지분을 이전받아도 인수하게 되는 임대보증금반환채무 200만원을 빼게 되면 800만원을 반환받게 되어 당초의 목적을 달성할 수 없게 됩니다. 그런데 반환대상인 부동산의 가액인 1억원에서 임대보증금 2,000만원을 공제한 8,000만원을 분모로 하여 1/8지분에 해당하는 소유권이전등기를 마치게 되면 반환된 지분의 가액은 '부동산의 시가 1억원 × 1/8 = 1,250만원'에 해당하는 지분을 이전받게 되나, '임대보증금 2,000만원 × 1/8 = 250만원'도 함께 인수하게 되므로 반환받은 지분가액 1,2500만원에서 임대보증금반환채무 250만원을 공제하면 1,000만원을 반환받게 되는 것입니다. 따라서 이러한 이유로 반환대상인 부동산에 임대차보증금이 있게 되는 경우에는 분모를 임대보증금을 공제한 나머지 금액으로 하게 됩니다.

반면에 금전의 경우는 금액을 그대로 지급하라는 판결을 받으면 됩니다. 가령 1억원의 특별수익이 금전이고 해당 금전으로 1,000만원을 반환받게 되는 경우는 1,000만원을 반환받으면 됩니다.

나. 가액반환

(1) 상속개시 당시 성상이 증여 당시와 달라진 경우

증여받은 부동산이 증여받은 이후에 지목변경, 근저당권설정, 건물의 신축 등으로 증여 당시의 상태 그대로 반환을 할 수 없게 된다면, 유류분반환청구권자는 유류분을 해당 부동산의 지분이 아닌 지분에 해당하는 금전을 청구할 수 있습니다.

다만 이 경우 상속개시 당시가 아닌 사실심 변론종결시의 지분가액을 기준으로 반환을 받게 됩니다. 그러다보니 상속개시 당시 반환대상인 부동산의 시가가 10억원이고 반환될 유류분의 지분이 1/10지분인 경우 반환받을 지분액은 1억원(= 10억원 × 1/10지분)이 되나, 이후 소송기간의 경과로 해당 부동산의 시가가 사실심변론종결시 12억원으로 상승하게 되면 반환받게 되는 가액은 1억 2,000만원(= 상속개시 당시의 반환될 유류분액 1억원 × 사실심 변론종결 당시의 반환대상인 부동산의 시가 12억원 ÷ 상속개시 당시 반환대상인 부동산의 시가 10억원)이 됩니다.

따라서 1심의 종결 후에 항소심이 계속되던 중 부동산의 급격한 시가변동이 있어 반환대상인 부동산의 시가가 급등한 경우에는 유류분반환청구권자가, 시가가 급락한 경우에는 유류분반환의무자가 사실심 변론종결시의 시가에 대한 새로운 감정을 신청할 수 있습니다.

> **대법원 2005. 6. 23. 선고 2004다51887 판결**
> 우리 민법은 유류분제도를 인정하여 제1112조부터 제1118조까지 이에 관하여 규정하면서도 유류분의 반환방법에 관하여 별도의 규정을 두지 않고 있는바, 다만 제1115조 제1항이 '부족한 한도에서 그 재산의 반환을 청구할 수 있다.'고 규정한 점 등에 비추어 반환의무자는 통상적으로 증여 또는 유증대상 재산 그 자체를 반환하면 될 것이나 위 원물반환이 불가능한 경우에는 그 가액상당액을 반환할 수밖에 없다.

> 원물반환이 불가능하여 가액반환을 명하는 경우에는 그 가액은 사실심 변론종결시를 기준으로 산정하여야 한다.

(2) 증여 당시의 성상이 상속개시 당시까지 그대로 유지된 경우

증여 당시의 성상이 상속개시 당시까지 그대로 유지되는 경우의 유류분반환방법원은 원칙적으로 원물반환입니다. 그러나 유류분권자가 가액반환에 의한 방법으로 청구하고 유류분반환의무로 이러한 반환방법에 대해서 동의하거나 별다른 이의를 제기하지 않는 경우에는 가액반환방법으로 유류분을 반환받을 수 있습니다.

> **대법원 2013. 3. 14. 선고 2010다42624,42631 판결**
> 원물반환이 가능하더라도 유류분권리자와 반환의무자 사이에 가액으로 이를 반환하기로 협의가 이루어지거나 유류분권리자의 가액반환청구에 대하여 반환의무자가 이를 다투지 않은 경우에는 법원은 그 가액반환을 명할 수 있지만, 유류분권리자의 가액반환청구에 대하여 반환의무자가 원물반환을 주장하며 가액반환에 반대하는 의사를 표시한 경우에는 반환의무자의 의사에 반하여 원물반환이 가능한 재산에 대하여 가액반환을 명할 수 없다.

다. 반환방법의 결정

이러한 원물반환(지분)과 가액반환(금전)의 반환방법을 정리하면 아래와 같습니다.

		증여 상태 유지		증여 후에 변경	
		피고		피고	
		지분 반환 주장	금전 반환 주장	지분 반환 주장	금전 반환 주장
원고	지분 반환 주장	지분	지분	지분	지분
	금전 반환 주장	지분	금전	금전	금전

따라서 유류분반환청구권자가 원물반환을 구하는 경우에는 항상 해당 지분에 대한 소유권이전등기방식인 원물반환방법으로 유류분을 반환받을 수 있습니다. 또한 금전으로 반환을 청구하는 경우 해당 부동산이 그대로 유지되고 유류분반환의무자가 지분반환방식을 고집하지 않는 한 금전으로 반환을 받을 수 있습니다.

그러므로 유류분반환청구권자는 반환대상인 부동산이 그대로 유지되고 있는 경우에 유류분반환의무자의 의사에 반하여 금전을 청구하는 외에는 항상 자신의 주장하는 반환방법에 따라 유류분을 반환받을 수 있습니다.

8. 유류분반환청구소송 과정의 간략한 설명

8. 유류분반환청구소송 과정의 간략한 설명

가. 유류분반환청구소송의 세부적 절차

(1) 유류분반환청구소송은 다른 일반소송과 동일하게 원고가 법원에 소장을 제출함으로써 시작됩니다. 이때 법원에 제출하는 소장의 수는 피고의 수에다가 재판부의 수만큼에 해당하는 복사본을 제출하면 됩니다.

그리고 소송을 제기한 원고가 자신의 주장을 증명하기 위해서 제출하는 증거자료가 있으면 소장을 제출하면서 함께 제출하게 되는데, 이때 각 증거자료에는 우측 중간쯤에 '갑 제O호증' 또는 '갑 제O호증의 1'(피고는 '을 제O호증'으로 해서 제출합니다)이라고 기재해서 소장에 첨부하면 됩니다.

> **사례** 피고가 3명이면 작성한 소장을 5장씩 복사해서 1부는 자신의 보관하고, 4부를 법원에 제출합니다. 그러면 법원은 1부를 재판용으로 사용하고 나머지 3부를 피고 3명에게 각각 1부씩 발송하게 됩니다. 물론 소장에 첨부하는 입증자료(증거)도 같습니다.

(2) 원고가 법원에 소장을 제출하면 법원은 원고가 제출한 소장과 함께 원고가 제출한 증거자료를 피고에게 우편으로 발송합니다.

(3) 이때 피고는 법원등기를 받을 수도 있고 이사 또는 사람이 없어서 소장을 받지 못할 수도 있습니다.

피고가 받으면 문제없지만 이사나 집에 사람이 없어서 받지 못하면, 법원은 원고에게 피고가 소장을 받을 수 있는 주소를 적어서 내라고 요구합니다.

(4) 동사무소에서는 법원의 명령서를 제출하면 피고의 주민등록초본을 발급해 주기 때문에 원고는 동사무소를 방문해서 피고의 주민등록초본을 발급받으면 피고의 현재 주소를 알 수 있습니다.

그런데 발급받은 피고의 주민등록상 주소지가 처음에 소장에 적어낸 피고의 주소와 같다면 법원에 새롭게 발급받은 피고의 주민등록초본을 첨부해서 다시 그 주소로 소장을 발송해 줄 것을 요청할 수 있습니다.

만일 피고가 이사를 갔다면 그 주소로 보내 줄 것을 요청하면 됩니다.

(5) 피고가 소장을 받으면 소장을 받은 날로부터 30일 안에 원고의 청구를 인정하지 않는다는 답변서를 법원에 제출하게 됩니다. 이때 피고는 원고의 청구를 거부하는 구체적인 이유를 적은 답변서를 제출해도 되지만, 구체적인 이유는 다음에 다시 제출한다는 간단한 답변서를 제출할 수도 있습니다.

어느 쪽이든 무방하고 그로 인한 소송의 불이익은 없습니다.

(※ 만일 변호사를 선임했다면, 이후의 모든 절차는 변호사가 전부 처리해 주니, 절차에 대해서는 볼 필요가 없습니다.)

(6) 피고의 답변서가 제출되었다면 이제부터 본격적으로 소송의 절차에 돌입하게 됩니다.

그런데 유류분청구는 결국 증여재산과 유증재산에서 반환을 받는 것이기 때문에 증여재산과 유증재산이 많으면 많을수록 원고가 반환받을 유류분도 그것에 비례해서 많아지게 됩니다.

> **사례** 유류분지분이 1/4지분인 경우에 증여재산이 4억원이면 반환받을 유류분은 4억원의 1/4인 1억원이 되지만, 증여재산이 2억원이면 2억원의 1/4인 5,000만원이 됩니다.
>
> 그래서 이러한 이유로 원고는 피고가 증여받은 재산을 파악하기 위해서(유증재산은 상속개시 후 상속인이 조회가능하므로 통상 증여재산 조사가 핵심이 됩니다) 법원에 신청서를 제출하는 방법으로 부동산조사, 계좌조회, 증여세 조사를 합니다. 다만 무분별하게 신청한다고 해서 법원이 전부 받아주는 것은 아니기 때문에 법원이 허가를 할 수 있도록 조사를 신청하는 이유를 구체적으로 잘 적어내셔야 합니다.
>
> 만일 법원이 조사신청을 허가하면 법원에서 조사대상기관으로 조사신청서를 보내게 됩니다. 그러면 조사신청서를 받은 각 기관들이 회신을 하게 되는데, 회신 받을 자료를 분석해서 재신청할 수도 있습니다.

(7) 원고가 유류분반환의 대상이 되는 기초재산인 증여재산과 상속재산 등에 대한 조사를 하는 동안 피고와 원고는 조사와는 별도로 준비서면의 제출이라는 절차를 통해서 서로 준비서면이라는 문서를 법원에 제출함으로써 각자의 주장을 하게 됩니다.

준비서면은 통상 원고는 피고 명의의 재산 중 일부가 피상속인으로부터 증여받은 재산이므로 유류분반환의 대상이 된다는 주장이 주를 이루고, 피고는 그 반대로 원고도 증여를 받았다거나 또는 원고가 피고가 증여받았다고 주장하는 재산은 증여받은 것이 아니라 피고가 스스로 노력하거나 다른 과정으로 취득한 재산이라는 주장을 하게 됩니다.

이 과정을 통해서 원고와 피고는 재판부에 어떤 재산이 증여재산이고 어떤 재산이 증여재산이 아닌지가 정리됩니다.

(8) 재판의 진행 중에 필요한 경우는 해당 증인을 꼭 불러서 질문할 필요성을 구체적으로 기재해서 증인을 신청합니다.

만일 법원은 증인신청이 정당하다고 판단되면 증인에게 증인신문기일에 출석할 것을 요구하는 증인출석명령으로 발송해서 재판기일에 증인을 신문하도록 조치를 취합니다.

그리고 증인신청이 허가되면 증인을 신청한 쪽은 증인에게 질문할 증인신문내용(주신문)을 증인신문일 1주일 전에 제출해서 상대방도 증인을 신문에 대비할 수 있도록 합니다.

이러한 주신문내용을 받은 상대방측은 증인신문일 당일에 증인에게 질문할 내용을 적어 3부를 출력한 후 법정에 출석해서 1부는 재판부에, 1부는 상대방측에 주고 나머지 1부를 보면서 증인에 대한 반대신문을 진행합니다.

(9) 앞의 절차를 통해서 증여재산과 상속재산이 파악되면 원고는 법원에 부동산에 대한 시가감정신청을 하게 되는데, 이때 감정하는 기준은 공시지가가 아니라 피상속인이 사망한 날의 시세를 기준으로 합니다.

시가감정서를 접수한 법원에서는 감정인을 지정한 다음에 감정인이 제출한 감정비용 내역서를 받아 원고에게 감정비를 내라는 납부명령을 합니다.

원고가 감정비를 납부한 후에 납부영수증을 법원에 제출하면 법원은 감정인에게 '감정료가 들어 왔으니 감정을 하라'는 명령을 하고 감정인은 그 명령에 따라 원고가 제출한 부동산에 대한 시가를 감정하고 감정이 다 마쳐지면 감정평가서를 법원에 제출합니다.

이것을 순서대로 표시하면 「원고가 법원으로 감정신청 ⇒ 법원이 감정인 지정 ⇒ 감정인이 법원에 감정비용 계산서 제출 ⇒ 법원이 원고에게 감정비용 납부명령 ⇒ 원고의 감정비용 납부와 영수증의 법원 제출 ⇒ 법원이 감정인이게 감정지시 ⇒ 감정인의 감정시작 ⇒ 감정인이 법원에 감정평가서 제출 ⇒ 법원이 원고에게 감정평가서 발송」입니다.

(10) 재판을 진행하다보면 어떠한 이유로 지정된 재판일에 출석할 수 없거나 재판준비가 되지 않은 경우가 발생할 수 있습니다. 이때는 법원에 재판을 진행할 수 없는 이유를 적어 상대방의 동의를 얻은 후에 재판기일의 변경을 신청할 수 있습니다.

(11) 모든 재산이 대한 조사와 감정이 끝났다면, 원고는 증여재산의 감정평가서 등을 참고해서 원고가 최종적으로 피고에게 받을 유류분을 정리한 서면을 제출하게 되는데 그 서면을 청구취지 및 청구원인변경신청서라고 합니다.

이때 처음에 제출한 소장에서 청구한 금액보다 더 많은 금액을 청구하게 되면 그 차액만큼에 해당하는 인지대를 추가로 납부해야 합니다. 만일 납부하지 않으면 청구취지변경을 하지 않은 것으로 봅니다.

(12) 청구취지변경이 끝나면 피고는 원고의 청구를 인정할 수 없다는 준비서면을 제출하게 되고, 법원은 마지막 재판기일을 지정합니다.

(13) 그러나 재판 일정이 끝났다고 해서 법원이 곧바로 판결을 하는 것이 아니라 당사자 간에 원만한 해결을 위해서 1번 정도 조정할 기회를 줍니다. 이것을 조정기일이라고 합니다.

그러면 원고와 피고는 법원이 지정한 조정기일에 법원에 출석해서 조정에 임하게 됩니다. 이때 조정에 합의하면 그대로 끝나지만 합의가 안 되면 판결을 받게 됩니다.

다만 주의할 것은 조정이 성립되면 이것을 번복할 수 없기 때문에 조정은 신중하게 해야 합니다.

(14) 원고와 피고 간에 조정기일에 조정이 되지 않으면 법원은 조정불성립을 선언하고 별도로 지정한 선고기일에 판결을 하게 됩니다.

법원이 판결을 하면 통상 4일 이내에 판결문을 받아볼 수 있는데 판결문을 받은 날로부터 14일이 지나면 해당 판결은 확정이 되어 다시는 그것에 대해서 다시 소송을 제기하거나 다툴 수가 없습니다.

만일 판결을 인정할 수 없다면, 판결문을 받은 날로부터 14일 안에 판결한 법원에 항소할 수 있습니다.

나. 유류분반환청구소송 절차도해

위에서 설명한 것을 간략히 도해로 표시하면 아래 표와 같습니다.

원고	법원	피고
유류분반환청구소송 제기 →		
	피고에게 소장 발송	
		← 30일 내에 답변서 제출
증여재산 조사 →	재판기일 지정	← 준비서면 제출
준비서면 제출 →		
	1차 재판	
준비서면 제출 →		← 준비서면 제출
부동산에 대한 시가감정신청 →		
	감정인 지정 및 감정료 납부 명령	
감정료 납부 →		
	감정서 제출 (감정평가사)	
청구취지변경 →		
		← 준비서면
	2차 재판	
준비서면 →		← 준비서면
	조정기일	
	조정성립 / 조정불성립	
	최종 재판	
	선고기일	
	확정 / 항소	

9. 유류분반환청구소송의 신청

9. 유류분반환청구소송의 신청

가. 원고

원고는 유류분을 청구하는 상속인 또는 사망한 상속인의 대습상속인(배우자, 자녀 등)입니다.

나. 피고

(1) 증여받은 당사자가 상속인인 경우

당연히 증여받은 상속인을 피고로 해서 신청합니다.

> **민법 제1114조**
> 증여는 상속개시전의 1년간에 행한 것에 한하여 제1113조의 규정에 의하여 그 가액을 산정한다. 당사자 쌍방이 유류분권리자에 손해를 가할 것을 알고 증여를 한 때에는 1년전에 한 것도 같다.
>
> **대법원 1996. 2. 9. 선고 95다17885 판결**
> 공동상속인 중에 피상속인으로부터 재산의 생전 증여에 의하여 특별수익을 한 자가 있는 경우에는 민법 제1114조의 규정은 그 적용이 배제되고, 따라서 그 증여는 상속개시 1년 이전의 것인지 여부, 당사자 쌍방이 손해를 가할 것을 알고서 하였는지 여부에 관계없이 유류분 산정을 위한 기초재산에 산입된다.

(2) 증여받은 당사자가 상속인과 상속인의 배우자 또는 자녀인 경우

(가) 피상속인 사망일 1년 이전에 상속인의 배우자 또는 자녀에 대한 증여

① 우리 민법 제1114조에서는 "증여는 상속개시전의 1년간에 행한 것에 한하여 제1113조의 규정에 의하여 그 가액을 산정한다. 당사자 쌍방이 유류분권리자에 손해를 가할 것을 알고 증여를 한 때에는 1년전에 한 것도 같다."라고 규정하고 있습니다.

따라서 원칙적으로 상속인이 아닌 상속인의 배우자와 자녀에 대한 증여를 상속인에 대한 증여가 아니라 제3자에 대한 증여라고 하더라도, 민법 제1114조의 단서조항에 따라 피상속인의 재산 중 1/2이상을 증여받은 상속인의 배우자와 자녀는 유류분을 침해할 것을 알고 증여를 받은 악의의 제3자에 해당하므로 유류분반환의무가 있습니다.

그러므로 상속인의 배우자나 자녀가 피상속인의 재산 중 1/2 이상을 증여받았다면, 증여받은 당사자를 피고로 합니다.

② 그러나 그렇지 않고 증여한 재산이 당시 피상속인의 전체 재산 중 1/2에 미달한다면, 선의의 수증자로 추정되기 때문에 대법원 2012. 5. 24. 선고 2010다50809 판결의 법리에 따라 원칙적으로 유류분반환대상에서 제외됩니다.

따라서 이때는 증여된 재산의 성격과 증여과정 등을 살펴서 해당되는 증여가 상속인에게 증여된 것과 다르지 않다면, 대법원 2007. 8. 28.자 2006스3,4 결정의 법리에 따라 상속인의 배우자나 자녀가 아닌 해당상속인을 피고로 신청할 수 있습니다.

> **대법원 2012. 5. 24. 선고 2010다50809 판결**
> 공동상속인이 아닌 제3자에 대한 증여는 원칙적으로 상속개시 전의 1년간에 행한 것에 한하여 유류분반환청구를 할 수 있고, 다만 당사자 쌍방이 증여 당시에 유류분권리자에 손해를 가할 것을 알고 증여를 한 때에는 상속개시 1년 전에 한 것에 대하여도 유류분반환청구가 허용된다. 증여 당시 법정상속분의 2분의 1을 유류분으로 갖는 직계비속들이 공동상속인으로서 유류분권리자가 되리라고 예상할 수 있는 경우에, 제3자에 대한 증여가 유류분권리자에게 손해를 가할 것을

알고 행해진 것이라고 보기 위해서는, 당사자 쌍방이 증여 당시 증여재산의 가액이 증여하고 남은 재산의 가액을 초과한다는 점을 알았던 사정뿐만 아니라, 장래 상속개시일에 이르기까지 피상속인의 재산이 증가하지 않으리라는 점까지 예견하고 증여를 행한 사정이 인정되어야 하고, 이러한 당사자 쌍방의 가해의 인식은 증여 당시를 기준으로 판단하여야 한다.

대법원 2007. 8. 28. 자 2006스3,4 결정
민법 제1008조는 '공동상속인 중에 피상속인으로부터 재산의 증여 또는 유증을 받은 자가 있는 경우에 그 수증재산이 자기의 상속분에 달하지 못한 때에는 그 부족한 부분의 한도에서 상속분이 있다.'고 규정하고 있는바, 이와 같이 상속분의 산정에서 증여 또는 유증을 참작하게 되는 것은 원칙적으로 상속인이 유증 또는 증여를 받은 경우에만 발생하고, 그 상속인의 직계비속, 배우자, 직계존속이 유증 또는 증여를 받은 경우에는 그 상속인이 반환의무를 지지 않는다고 할 것이나, 증여 또는 유증의 경위, 증여나 유증된 물건의 가치, 성질, 수증자와 관계된 상속인이 실제 받은 이익 등을 고려하여 실질적으로 피상속인으로부터 상속인에게 직접 증여된 것과 다르지 않다고 인정되는 경우에는 상속인의 직계비속, 배우자, 직계존속 등에게 이루어진 증여나 유증도 특별수익으로서 이를 고려할 수 있다고 함이 상당하다.

※ 상속인의 배우자, 직계비속에 대한 증여를 상속인의 특별수익으로 본 하급심 판결
▷ **서울중앙지방법원 2009가합31395 유류분**
피고의 아들인 □□□, ○○○, ◇◇◇ 명의로 증여받은 부분인 2,002,806,999원 (중략) 등이 직접 매수한 고유재산이거나 제3자에 대한 증여이므로 피고 상속인에 대한 증여재산에서 각 제외되어야 한다고 주장하나, 위 피고 상속인들의 아들들은 스스로의 재력이나 의사에 의하여 위와 같은 재산을 취득하였다기 보다는 아버지인 피고 상속인들의 의사에 기하여 위와 같이 매매나 증여를 원인으로 한 소유권이전등기를 마쳐진 것으로 보이고, 공동상속인들인 원고들에 대한 관계에서는 실질적으로 망인으로부터 위 피고들에게 직접 증여된 것과 다르지 않다고 인정되므로, 상속인의 직계비속에 대한 증여(매매 형식 포함)라 하더라도 상속인인 위 피고 상속인들의 증여재산으로 인정하여 유류분 등을 산정함이 상당하다.

▷ **서울동부지방법원 2011가합2249(본소), 2011가합9325(반소) 유류분**
피고 □□□이 피고 ○○○의 배우자로서 상속인이 아닌 점은 앞서 본 바와 같다 (중략) 달리 망인이 상속인이 아닌 피고 ㅁㅁ에게 이 사건 제1 부동산을 증여할 이유를 찾을 수 없는 점 등을 종합하면, 망인이 피고 ㅁㅁ에게 증여한 1/6지분은 실질적으로 망인이 상속인인 피고 ○○○에게 직접 증여한 것과 다르지 않다고 봄이 상당하므로, 피고 ㅁㅁ에게 한 증여가 상속개시 전의 1년간에 행해진 것인지 여부와 무관하게 이 사건 제1 부동산 전체의 상속개시 당시의 가액은 1,003,968,000원은 유류분 산정의 기초가 되는 증여재산에 포함하여야 한다.

※ **상속인의 배우자, 직계비속에 대한 증여를 상속인의 특별수익에서 배제한 하급심 판결**

▷ **울산지방법원 2016가합23027(본소), 2018가합24642(반소) 유류분반환청구의 반소**
최ㅁㅁ가 피고 한○○의 처인 사실, 망인의 계좌에서 최ㅁㅁ의 계좌로 원고 주장의 일자에 1억 6,000만 원이 입금된 사실은 앞서 본 바와 같다. 그러나 XX동 XX-X 토지의 매수자금을 망인이 대납하여 준 것이라고 인정할 수 없음은 앞서 본바와 같고, 망인의 계좌에서 출금된 돈이 최ㅁㅁ 명의의 계좌에 입금되었다는 사정만으로 단순히 망인이 41,629,505원을 피고 한○○에게 증여한 것이라고 단정하기 어렵다. 따라서 원고의 위 주장은 이유 없다.

▷ **서울고등법원 2018나2059930, 2018나2059947(병합) 유류분 반환청구**
피고 이XX, 이XX은, 이ㅁㅁ가 원고 이○○의 딸인 점, 망인이 다른 부동산을 원고 이○○에게 증여하지 않은 점 등에 비추어 볼 때, 망인이 2014. X. XX. 원고 이○○의 딸인 이ㅁㅁ에게 증여한 XX시 XX동 소재 과수원과 XX시 XX읍 XX리 소재 밭, 대지와 그 지상 건물은, ① 실질적으로 원고 이○○에게 증여한 것이거나, ② 망인과 이ㅁㅁ가 유류분권리자에게 손해를 가할 것을 알고 증여한 것이므로, 유류분산정 기초 재산에 포함된다고 주장한다.
앞서 본 법리에 비추어 살피건대, ① 위 피고들이 주장하는 사정들을 고려하더라도 을나 제1호증의 기재만으로는 망인이 이ㅁㅁ에게 위 부동산을 증여한 것이 실질적으로 원고 이○○에게 직접 증여된 것과 다르지 않다고 인정하기에 부족하고 달리 이를 인정할 증거가 없으며, ② 망인과 이ㅁㅁ가 위 증여 당시 유류분권리자에 손해를 가할 것을 알았다거나, 장래 상속개시일에 이르기까지 망인의 재산이 증가하지 않으리라는 점까지 예견하고 위 증여를 행하였다는 사실을 인정할 증거가 없다.

(나) 피상속인 사망일 1년 이내에 상속인의 배우자 또는 자녀에 대한 증여

피상속인이 상속인의 배우자와 자녀에게 증여한 날이 피상속인이 사망한 날로부터 1년이 되지 않았다면, 그대로 해당 상속인의 배우자와 자녀를 피고로 하면 됩니다.

다만 부연하면, 대법원 2007. 8. 28. 자 2006스3,4 결정의 판례에 따라 상속인의 배우자와 직계비속에 대한 증여가 해당 상속인에 대한 증여로 판단될 가능성이 있기 때문에 주위적 청구로 상속인을 피고로 하고, 예비적 청구로 상속인과 상속인의 배우자 또는 자녀를 피고로 할 수도 있습니다.

(3) 증여받은 당사자가 제3자인 경우
(가) 피상속인 사망일 1년 이전에 제3자에게 증여한 경우

민법 제1114조(산입될 증여)에서는 「증여는 상속개시전의 1년간에 행한 것에 한하여 제1113조의 규정에 의하여 그 가액을 산정한다.」라고 규정하고 있으며, 대법원 2012. 5. 24. 선고 2010다50809 판결은 「공동상속인이 아닌 제3자에 대한 증여는 원칙적으로 상속개시 전의 1년간에 행한 것에 한하여 유류분반환청구를 할 수 있고, 다만 당사자 쌍방이 증여 당시에 유류분권리자에 손해를 가할 것을 알고 증여를 한 때에는 상속개시 1년 전에 한 것에 대하여도 유류분반환청구가 허용된다. 증여 당시 법정상속분의 2분의 1을 유류분으로 갖는 직계비속들이 공동상속인으로서 유류분권리자가 되리라고 예상할 수 있는 경우에, 제3자에 대한 증여가 유류분권리자에게 손해를 가할 것을 알고 행해진 것이라고 보기 위해서는, 당사자 쌍방이 증여 당시 증여재산의 가액이 증여하고 남은 재산의 가액을 초과한다는 점을 알았던 사정뿐만 아니라, 장래 상속개시일에 이르기까지 피상속인의 재산이 증가하지 않으리라는 점까지 예견하고 증여를 행한 사정이 인정되어야 하고, 이러한 당사자 쌍방의 가해의 인식은 증여 당시를 기준으로 판단하여야 한다.」라고 규정하고 있습니다.

(나) 피상속인 사망일 1년 이전에 증여계약을 체결한 후 1년 이내에 증여등기 또는 실행을 한 경우

상속인에게 한 유류분반환의 여부는 대법원 2012. 12. 13. 선고 2010다78722 판결에서 「개정 민법 시행일 이후 개시된 상속에 관하여는 개정 민법이 적용되어야 하므로, 개정 민법 시행 이전에 증여계약이 체결되었더라도 이행이 완료되지 않은 상태에서 개정 민법이 시행되고 그 이후에 상속이 개시된 경우에는 상속 당시 시행되는 개정 민법에 따라 증여계약의 목적이 된 재산도 유류분 반환의 대상에 포함된다.」라고 하여 증여계약일이 아니라 이행의 완료시점을 기준으로 반환여부를 판단하고 있습니다.

그러나 상속인이 아닌 제3자에 대한 1년 이전과 이내의 증여에 관해서는 아직까지 정립된 판례가 없습니다.

그러나 ① 대법원 2012. 5. 24. 선고 2010다50809 판결에서는 「소외 1과 그의 상속인이 아닌 피고 2가 이 사건 토지의 2분의 1 지분에 관하여 증여계약을 체결한 것은 1998. 6. 8.로서 이는 소외 1이 사망한 2007. 11. 20.보다 1년 전에 행해진 것이기는 하지만, 원고는 2009. 1. 8.자 준비서면을 통하여 위 증여가 소외 1 및 피고 2가 유류분권리자인 원고에게 손해를 가할 것을 알고 체결된 것이라고 주장하였고, 위 준비서면은 2009. 1. 8. 제1심 제2차 변론기일에서 진술된 사실을 알 수 있다.」라고 하여 그 시기를 이행의 완료시가 아닌 증여계약을 체결한 1998. 6. 8.을 제시하고 있는 점, ② 증여계약일을 기준으로 하는 것이 다수설이라는 점, ③ 당사자 쌍방의 가해의 인식은 증여 당시를 기준으로 판단하는 점에 더하여 ④ 「피상속인이 자신을 피보험자로 하되 공동상속인이 아닌 제3자를 보험수익자로 지정한 생명보험계약을 체결하거나 중간에 제3자로 보험수익자를 변경하고 보험회사에 보험료를 납입하다 사망하여 그 제3자가 생명보험금을 수령하는 경우, 피상속인은 보험수익자인 제3자에게 유류분 산정의 기초재산에 포함되는 증여를 하였다고 봄이 타당하다. 또한 공동상속인이 아닌 제3자에 대한 증여이므로 민법 제1114조에 따라 보험수익자를 그 제3자로 지정 또는 변경한 것이 상속개시 전 1년간에 이루어졌거나 당사자 쌍방이 그 당시 유류분권리자에 손해를 가할 것을 알고 이루어졌어야 유류분 산정의 기초재산에 포함되는 증여가 있었다고 볼 수 있다(대법원 2022. 8. 11. 선고 2020다247428 판결).」라고 함으로써 보험금 수령일이 아니라 보험수익자를 변경한 시기를 기준으로 한다는 점에 비추어 본다면 제3자에 대한 상속개시 1년의 기준은 증여계약일을 기준으로 삼아야 한다고 사료됩니다.

(4) 유언으로 재산이 유증되었을 경우

유언으로 재산이 유증되었다면, 유증을 받은 사람이 상속인이든 그렇지 않든 유증을 받은 사람이나 법인을 피고로 하면 됩니다.

다. 관할

(1) 증여받은 부동산이 그대로 있는 경우

피고가 증여받은 부동산에 대하여 지분을 이전받는 방법으로 유류분을 청구하는 경우는 피고의 주소지나 부동산 주소지를 관할하는 법원에 소장을 제출하면 됩니다.

(2) 증여받은 부동산이 매매되거나 근저당권 등이 설정된 경우

피고가 부동산을 증여받은 후에 지목변경(예 전(田)을 대지로 등), 매각, 수용, 근저당권설정, 지상건축물 신축 등으로 형상을 변경했다면, 유류분으로 반환받을 부동산의 지분만큼을 돈으로 환산해서 금전으로 청구할 수도 있습니다. 이때는 원고나 피고의 주소지를 관할하는 법원에 소장을 제출하면 됩니다.

> **대법원 2005. 6. 23. 선고 2004다51887 판결**
> 우리 민법은 유류분제도를 인정하여 제1112조부터 제1118조까지 이에 관하여 규정하면서도 유류분의 반환방법에 관하여 별도의 규정을 두지 않고 있는바, 다만 제1115조 제1항이 '부족한 한도에서 그 재산의 반환을 청구할 수 있다.'고 규정한 점 등에 비추어 반환의무자는 통상적으로 증여 또는 유증대상 재산 그 자체를 반환하면 될 것이나 위 원물반환이 불가능한 경우에는 그 가액 상당액을 반환할 수밖에 없다.

(3) 금전청구

피고가 피상속인으로부터 부동산을 받는 이외에 계좌이체나 현금지급 등으로 현금도 함께 증여를 받은 경우에는 증여된 현금의 유류분에 해당하는 금전을 유류분으로 청구할 수 있습니다. 이때는 원고나 피고의 주소지를 관할하는 법원에 소장을 제출하면 됩니다.

라. 소장 작성 사례

(1) 증여받은 상대방에 대한 구분

(가) 상속인에 대한 증여만 있는 경우

① 증여받은 부동산이 그대로 있는 경우

부동산만을 유류분반환 대상으로 하는 경우에는 원칙적으로 증여된 부동산의 지분을 청구하면 됩니다.

서식) 소장 : 증여된 부동산에 대한 반환청구

소 장

원　　고　　자녀2 (630101-1000000)
　　　　　　서울 XX구 XX동 1번지

피　　고　　자녀1 (600101-1000001)
　　　　　　XXX도 XX시 XX동 1번지

소유권이전등기 등

청 구 취 지

1. 피고는 원고에게 별지 목록 기재 각 부동산 중 각 1/4지분에 관하여 유류분반환을 원인으로 하는 소유권이전등기절차를 각 이행하라.
2. 소송비용은 피고가 부담한다.

라는 판결을 구합니다.

청 구 원 인

1. 당사자의 관계 및 상속개시

가. 소외 망 홍XX(이하 '망인'이라고 합니다)는 망 월XX(2000.1.1. 사망)과 혼인하여 그 슬하에 자녀로 원고와 피고의 2남을 두었습니다. 그런데 망인은 2017. 1. 1. 사망하였습니다[갑 제1호증의 1 '망인의 기본증명서', 갑 제1호증의 2 '망인의 가족관계증명서' 참조].

따라서 우리 민법 제1000조의 규정에 따라 망인의 공동상속인으로는 자녀들인 원고와 피고가 있을 뿐이며, 같은 제1009조 법정상속분 규정과 같은 제1112조 유류분 규정에 의하면 원고의 유류분은 1/4 지분(= 1/2 × 1/2)이 됩니다

2. 망인의 피고에 대한 증여
망인은 생전에 소유하던 유일한 재산인 XXX XX시 XX동 1번지 부동산을 피고에게 증여하였습니다. 그리하여 망인의 사망으로 인한 상속절차에서 원고는 아무런 재산도 상속받지 못하였습니다[갑 제2호증의 1 'XX동1 토지등기부', 갑 제2호증의 2 'XX동1 건물등기부' 참조].

3. 피고의 유류분반환의무
앞서 본바와 같이 피고에 대한 증여로 인하여 원고의 유류분이 침해되었습니다. 그렇다면 피고는 아무런 재산도 증여받지 못한 원고에 대한 유류분반환의무의 이행으로써, 별지 목록 기재 각 부동산 중 원고의 유류분에 해당하는 각 1/4지분에 관한 소유권이전등기절차를 이행할 의무가 있습니다.

4. 사실조회 등의 신청 및 청구취지변경 예정
원고는 피고가 이외에도 망인으로부터 많은 재산을 증여받은 것으로 알고 있으나, 현재 이를 파악하지 못하고 있습니다.

이에 원고는 사실조회를 통하여 피고에 대한 증여의 범위를 확인한 후에 청구취지를 확장할 예정입니다.

5. 맺는 말
위와 같으므로 원고의 이 사건 청구를 전부 인용하여 주시기 바랍니다.

입 증 방 법

1. 갑 제1호증의 1   망인의 기본증명서
1. 갑 제1호증의 2   망인의 가족관계증명서
1. 갑 제2호증의 1   XX동1 토지등기부
1. 갑 제2호증의 2   XX동1 건물등기부

첨 부 서 류

1. 위 입증방법   각 1통
1. 위임장   1통
1. 납부서   1통

2017. 10. .

위 원고 자녀2 ㊞

XX지방법원 남원지원   귀중

별지 목록

1. XXX XX시 XX동 1 대 500㎡
2. XXX XX시 XX동 1

  [도로명주소] XXX XX시 XX로 1

  연와조 아스팔트지붕 단층 단독주택

  지1 90.08㎡

  1층 100.10㎡

② 증여받은 부동산이 변경되거나 금전이 증여된 경우

증여받은 부동산의 지목이 변경되었다거나 건물이 없는 토지를 증여받았는데 그 후 수증자가 지상에 건물을 신축하는 경우, 수증자가 증여를 받은 후에 해당 부동산에 근저당권을 설정한 경우에는 가액반환을 청구할 수 있습니다.

서식) 소장 : 증여받은 부동산이 변경되거나 금전이 증여된 경우

소 장

원　　고　　자녀2 (630101-1000000)
　　　　　　서울 XX구 XX동 1번지

피　　고　　자녀1 (600101-1000001)
　　　　　　XXX XX시 XX동 1번지

소유권이전등기 등

청 구 취 지

1. 피고는 원고에게 100,000,000원 및 위 금원에 대하여 이 사건 소장부본 송달일 다음날부터 선고일까지는 연 5%, 그 다음 날부터 다 갚는 날까지는 연 15%의 각 비율에 의한 금원을 각 지급하라.
2. 피고는 원고에게 별지 목록 기재 각 부동산 중 각 1/4지분에 관하여 유류분반환을 원인으로 하는 소유권이전등기절차를 각 이행하라.
3. 소송비용은 피고가 부담한다.
4. 제1항은 가집행할 수 있다.
라는 판결을 구합니다.

청 구 원 인

1. 당사자의 관계 및 상속개시

가. 소외 망 홍XX(이하 '망인'이라고 합니다)는 망 월XX(2000.1.1. 사망)와 혼인하여 그 슬하에 자녀로 원고와 피고의 2남을 두었습니다. 그런데 망인은 2017. 1. 1. 사망하였습니다[갑 제1호증의 1 '망인의 기본증명서', 갑 제1호증의 2 '망인의 가족관계증명서' 참조].

따라서 우리 민법 제1000조의 규정에 따라 망인의 공동상속인으로는 자녀들인 원고와 피고가 있을 뿐이며, 같은 제1009조 법정상속분 규정과 같은 제1112조 유류분 규정에 의하면 원고의 유류분은 1/4 지분(= 1/2 × 1/2)이 됩니다

2. 망인의 피고에 대한 증여

가. 현금 증여

망인은 생전에 피고에게 2010. 1. 1.에 200,000,000원을 증여해 주었습니다. 그리고 이외에도 망인은 피고에게 많은 현금을 증여한 것으로 알고 있습니다. 그렇다면 위 20,000,000원은 유류분반환의 대상이 되는 피고의 특별수익입니다 [갑 제2호증 '계좌내역' 참조].

나. 부동산 증여

(1) 망인은 생전에 피고에게 XXX XX시 XX동 1번지 부동산을 증여하였습니다 [갑 제3호증의 1 'XX동1 토지등기부', 갑 제3호증의 2 'XX동1 건물등기부' 참조].

(2) 그리고 이외에도 피고는 망인으로부터 XX시 XX동 2번지 부동산을 증여받았으나, 피고는 위 부동산을 임꺽정에게 매도하였습니다.

그런데 대법원 2005. 6. 23. 선고 2004다51887 판결에서는 「우리 민법은 유류분제도를 인정하여 제1112조부터 제1118조까지 이에 관하여 규정하면서도 유류분의 반환방법에 관하여 별도의 규정을 두지 않고 있는바, 다만 제1115조 제1

항이 '부족한 한도에서 그 재산의 반환을 청구할 수 있다.'고 규정한 점 등에 비추어 반환의무자는 통상적으로 증여 또는 유증대상 재산 그 자체를 반환하면 될 것이나 위 원물반환이 불가능한 경우에는 그 가액 상당액을 반환할 수밖에 없다.」라고 판결하고 있습니다.

그렇다면 대법원 2015. 11. 12. 선고 2010다104768 판결에서는 「증여받은 재산의 시가는 상속개시 당시를 기준으로 하여 산정하여야 한다.」라고 설시하고 있습니다.

그렇다면 위 원물반환의 불가능한 위 XX시 XX동 2번지 부동산의 특별수익은 상속개시 당시의 시가인 200,000,000원입니다.

3. 피고의 유류분반환의무

앞서 본바와 같이 피고에 대한 증여로 인하여 원고의 유류분이 침해되었습니다. 그렇다면 피고는 아무런 재산도 증여받지 못한 원고에 대한 유류분반환의무의 이행으로써, 현금으로 증여받은 200,000,000원과 원물반환이 불가능하여 가액반환의 방법으로 반환할 200,000,000원의 합계 400,000,000원에 대한 1/4지분인 100,000,000원을 지급할 의무가 있습니다.

또한 피고는 별지 목록 기재 각 부동산 중 원고의 유류분에 해당하는 각 1/4지분에 관한 소유권이전등기절차를 이행할 의무가 있습니다.

4. 사실조회 등의 신청 및 청구취지변경 예정

원고는 피고가 이외에도 망인으로부터 많은 재산을 증여받은 것으로 알고 있으나, 현재 이를 파악하지 못하고 있습니다.

이에 원고는 사실조회를 통하여 피고에 대한 증여의 범위를 확인한 후에 청구취지를 확장할 예정입니다.

5. 맺는 말

위와 같으므로 원고의 이 사건 청구를 전부 인용하여 주시기 바랍니다.

입 증 방 법

1. 갑 제1호증의 1   망인의 기본증명서
1. 갑 제1호증의 2   망인의 가족관계증명서
1. 갑 제2호증   계좌내역
1. 갑 제3호증의 1   XX동1 토지등기부
1. 갑 제3호증의 2   XX동1 건물등기부
1. 갑 제4호증   XX동2 토지등기부

첨 부 서 류

1. 위 입증방법   각 1통
1. 위임장   1통
1. 납부서   1통

2017. 10.　.

위 원고 자녀2 ㉮

서울중앙지방법원   귀중

> 별지 목록
>
> 1. XXX XX시 XX동 1 대 500㎡
> 2. XXX XX시 XX동 1
>   [도로명주소] XXX XX시 XX로 1
>   연와조 아스팔트지붕 단층 단독주택
>   지1 90.08㎡
>   1층 100.10㎡

(나) 상속인과 상속인의 배우자 또는 자녀에 대한 증여가 있는 경우

상속인의 배우자과 자녀는 상속인이 아닌 제3자이기 때문에 제3자에 대한 증여로 볼 수 있지만, 상속인의 가족이라는 특수성으로 상속인에 대한 증여로 볼 가능성도 있습니다.

따라서 이 증여의 과정, 증여재산의 규모 등을 잘 판단해서 소장을 작성하는 것이 좋으나, 그 모든 가능성을 염두에 두었다면, 1차적 청구(주위적 청구)는 상속인이 전부 반환하는 것으로 하고, 만일 1차적 청구가 인정이 안 될 경우를 대비해서 2차적 청구(예비적 청구)로 상속인과 배우자 또는 자녀에게 각각 청구할 수도 있습니다.

서식) 소장 : 상속인과 상속인의 배우자 또는 자녀에 대한 증여가 있는 경우

소 장

원　　고　자녀2 (630101-1000000)

　　　　　서울 XX구 XX동 1번지

피　　고　1. 자녀1 (600101-1000001)

　　　　　　XXX XX시 XX동 1번지

　　　　　2. 김XX (600101-2260715)

　　　　　　XXX XX시 XX동 1번지

소유권이전등기 등

주 위 적 청 구 취 지

1. 피고 변XX는 원고에게 5,000,000원 및 위 금원에 대하여 이 사건 소장부본 송달일 다음날부터 선고일까지는 연 5%, 그 다음 날부터 다 갚는 날까지는 연 15%의 각 비율에 의한 금원을 각 지급하라.
2. 피고 변XX는 원고에게 별지 목록 기재 각 부동산 중 각 1/4지분에 관하여 유류분반환을 원인으로 하는 소유권이전등기절차를 각 이행하라.
3. 소송비용은 피고 변XX가 부담한다.
4. 제1항은 가집행할 수 있다.

라는 판결을 구합니다.

예 비 적 청 구 취 지

1. 원고에게 피고 변XX는 5,000,000원 및 위 금원에 대하여 이 사건 소장부본 송달일 다음날부터 선고일까지는 연 5%, 그 다음 날부터 다 갚는 날까지는 연 15%의 각 비율에 의한 금원을 각 지급하라.

2. 원고에게 피고 변XX, 피고 김XX는 별지 목록 기재 각 부동산 중 각 1/8지분에 관하여 유류분반환을 원인으로 하는 소유권이전등기절차를 각 이행하라.
3. 소송비용은 피고들이 부담한다.
4. 제1항은 가집행할 수 있다.

라는 판결을 구합니다.

주 위 적 청 구 원 인

1. 당사자의 관계 및 상속개시

가. 소외 망 홍XX(이하 '망인'이라고 합니다)는 망 월XX(2000.1.1. 사망)과 혼인하여 그 슬하에 자녀로 원고와 피고 변XX의 2남을 두었습니다. 그리고 피고 변XX는 피고 김XX와 혼인하여 그 슬하에 자녀1을 두었습니다. 그런데 망인은 2017. 1. 1. 사망하였습니다[갑 제1호증의 1 '망인의 기본증명서', 갑 제1호증의 2 '망인의 가족관계증명서', 갑 제1호증의 3 '망인의 제적등본' 참조].

따라서 우리 민법 제1000조의 규정에 따라 망인의 공동상속인으로는 자녀들인 원고와 피고 변XX가 있을 뿐이며, 같은 제1009조 법정상속분 규정과 같은 제1112조 유류분 규정에 의하면 원고의 유류분은 1/4 지분(= 1/2 × 1/2)이 됩니다

2. 망인의 피고들에 대한 증여

가. 현금 증여

망인은 생전에 피고 변XX에게 2010. 1. 1. 2,000만원을 증여해 주었습니다. 그리고 이외에도 망인은 피고 변XX에게 많은 현금을 증여한 것으로 알고 있습니다. 그렇다면 위 2,000만원은 유류분반환의 대상이 되는 피고 변XX의 특별수익입니다[갑 제2호증 '계좌내역' 참조].

나. 부동산 증여

망인은 생전에 소유하던 유일한 재산인 XXX XX시 XX동 1번지 부동산을 피고 변XX와 그의 처인 김XX에게 각 1/2지분씩 증여하였습니다[갑 제3호증의 1 'XX동1 토지등기부', 갑 제3호증의 2 'XX동1 건물등기부' 참조].

그런데 우리 법원은 「민법 제1008조는 '공동상속인 중에 피상속인으로부터 재산의 증여 또는 유증을 받은 자가 있는 경우에 그 수증재산이 자기의 상속분에 달하지 못한 때에는 그 부족한 부분의 한도에서 상속분이 있다.'고 규정하고 있는바, 이와 같이 상속분의 산정에서 증여 또는 유증을 참작하게 되는 것은 원칙적으로 상속인이 유증 또는 증여를 받은 경우에만 발생하고, 그 상속인의 직계비속, 배우자, 직계존속이 유증 또는 증여를 받은 경우에는 그 상속인이 반환의무를 지지 않는다고 할 것이나, 증여 또는 유증의 경위, 증여나 유증된 물건의 가치, 성질, 수증자와 관계된 상속인이 실제 받은 이익 등을 고려하여 실질적으로 피상속인으로부터 상속인에게 직접 증여된 것과 다르지 않다고 인정되는 경우에는 상속인의 직계비속, 배우자, 직계존속 등에게 이루어진 증여나 유증도 특별수익으로서 이를 고려할 수 있다고 함이 상당하다(대법원 2007. 8. 28. 자 2006스 3,4 결정).」라고 판결하고 있습니다.

그렇다면 피고 변XX의 처인 피고 김XX에 대한 증여는 피고 변XX에 대한 증여로 보아야 할 것이므로, 피고 변XX는 별지 목록 기재 부동산에 관한 유류분반환의무를 부담합니다.

3. 피고의 유류분반환의무

앞서 본바와 같이 피고들에 대한 증여로 인하여 원고의 유류분이 침해되었습니다. 그렇다면 피고 변XX는 아무런 재산도 증여받지 못한 원고에 대한 유류분반환의무의 이행으로써, 현금으로 증여받은 2,000만원에 대한 1/4지분인 500만원을 지급할 의무가 있습니다.

또한 피고 변XX는 별지 목록 기재 각 부동산 중 원고의 유류분에 해당하는 각 1/4지분에 관한 소유권이전등기절차를 이행할 의무가 있습니다.

4. 사실조회 등의 신청 및 청구취지변경 예정
원고는 피고들이 이외에도 망인으로부터 많은 재산을 증여받은 것으로 알고 있으나, 현재 이를 파악하지 못하고 있습니다.

이에 원고는 사실조회를 통하여 피고들에 대한 증여의 범위를 확인한 후에 청구취지를 확장할 예정입니다.

5. 맺는 말
위와 같으므로 원고의 이 사건 청구를 전부 인용하여 주시기 바랍니다.

예 비 적 청 구 원 인

1. 망인의 피고들에 대한 증여
가. 피고 변XX에 대한 증여
(1) 현금 증여
망인은 생전에 피고 변XX에게 2010. 1. 1. 2,000만원을 증여해 주었습니다. 그리고 이외에도 망인은 피고 변XX에게 많은 현금을 증여한 것으로 알고 있습니다. 그렇다면 위 2,000만원은 유류분반환의 대상이 되는 피고 변XX의 특별수익입니다[갑 제2호증 '계좌내역' 참조].

(2) 부동산 증여

망인은 생전에 소유하던 유일한 재산인 XXX XX시 XX동 1번지 부동산 중 1/2 지분을 피고 변XX에게 증여하였습니다[갑 제3호증의 1 'XX동1 토지등기부', 갑 제3호증의 2 'XX동1 건물등기부' 참조].

나. 피고 김XX에 대한 증여

망인은 2016. 5. 1. 생전에 소유하던 유일한 재산인 XXX XX시 XX동 1번지 부동산 중 1/2지분을 피고 김XX에게 증여하였습니다[갑 제3호증의 1 'XX동1 토지등기부', 갑 제3호증의 2 'XX동1 건물등기부' 참조].

그리고 우리 민법 제1114조에서는 「증여는 상속개시전의 1년간에 행한 것에 한하여 제1113조의 규정에 의하여 그 가액을 산정한다.」라고 규정하고 있습니다.

그렇다면 피상속인이 2017. 1. 1. 사망하기 1년 이전엔 2016. 5. 1. 피고 김XX에 증여된 XXX XX시 XX동 1번지 부동산 중 1/2지분은 원고의 유류분반환의 대상입니다.

2. 피고들의 유류분반환의무

가. 앞서 본바와 같이 피고들에 대한 증여로 인하여 원고의 유류분이 침해되었습니다. 그렇다면 피고 변XX는 아무런 재산도 증여받지 못한 원고에 대한 유류분반환의무의 이행으로써, 현금으로 증여받은 2,000만원에 대한 1/4지분인 500만원을 지급할 의무가 있습니다.

또한 피고 변XX는 별지 목록 기재 각 부동산관하여 원고의 유류분에 해당하는 각 1/8지분(= 1/2 × 1/4)에 관한 소유권이전등기절차를 이행할 의무가 있습니다.

나. 또한 피고 김XX도 별지 목록 기재 각 부동산관하여 원고의 유류분에 해당하

는 각 1/8지분(= 1/2 × 1/4)에 관한 소유권이전등기절차를 이행할 의무가 있습니다.

3. 맺는 말

위와 같으므로 원고의 이 사건 청구를 전부 인용하여 주시기 바랍니다.

입 증 방 법

1. 갑 제1호증의 1	망인의 기본증명서
1. 갑 제1호증의 2	망인의 가족관계증명서
1. 갑 제1호증의 3	망인의 제적등본
1. 갑 제2호증	계좌내역
1. 갑 제3호증의 1	XX동1 토지등기부
1. 갑 제3호증의 2	XX동1 건물등기부

첨 부 서 류

1. 위 입증방법	각 1통
1. 위임장	1통
1. 납부서	1통

2017. 10.   .

위 원고 자녀2   ㊞

서울중앙지방법원   귀중

> **별지 목록**
> 1. XXX XX시 XX동 1 대 500㎡
> 2. XXX XX시 XX동 1
>   [도로명주소] XXX XX시 XX로 1
>   연와조 아스팔트지붕 단층 단독주택
>   지1 90.08㎡
>   1층 100.10㎡

(2) 증여와 유증이 있는 경우

(가) 유증 받은 상속인이 1인으로써 유증만으로 유류분이 충족되는 경우

예를 들어 전체 재산이 6억원인 피상속인이 자녀인 상속인 3명 중 자녀1에게 3억 5,000만원을 증여하고 자녀2에게 2억 5,000만원을 유언으로 남기고 이외에 남은 재산이 없다면, 자녀3은 아무런 재산도 증여나 유증(풀이: 유언으로 증여)이나 상속을 받지 못하게 됩니다. 이때 유류분 부족분의 산식에 의하면 자녀들의 유류분은 전체 재산인 6억원의 법정상속분액(1/3)인 2억원의 1/2인 1억원이기 때문에 자녀3은 유류분으로 1억원을 청구할 수 있습니다.

그런데 일부는 자녀3이 자녀1과 자녀2가 증여나 유증을 받은 비율에 따라 3억 5,000만원을 증여 받은 자녀1에게 3억 5,000만원/(3억 5,000만원 + 2억 5,000만원)의 비율, 2억 5,000만원을 유증 받은 자녀2에게 2억 5,000만원/(3억 5,000만원 + 2억 5,000만원)의 비율에 따라 유류분이 1억원을 자녀1에게 약 5,833만원{= 1억원 × 3억 5,000만원/(3억 5,000만원 + 2억 5,000만원)}을, 자녀2에게는 약 4,166만원{= 1억원 × 2억 5,000만원/(3억 5,000만원 + 2억 5,000만원)}씩 청구하는 것으로 알고 있습니다.

그러나 민법 제1116조(반환의 순서)에서는 「증여에 대하여는 유증을 반환받은 후가 아니면 이것을 청구할 수 없다.」라고 규정하고 있습니다. 따라서 이 경우 자녀3은 우선 유증을 받은 자녀2에게만 유류분 1억원을 청구할 수 있습니다.

그리고 유증으로 2억 5,000만원을 받은 자녀2는 자녀3에게 1억원을 반환하더라도 1억 5,000만원(= 유증 2억 5,000만원 - 유류분 반환금 1억)의 유증이 남아 자녀2도 유류분이 침해되지 않습니다.

따라서 유류분권리자가 유류분을 청구하는 경우에는 유증을 받은 재산으로부터 먼저 반환을 받게 되고, 유증으로 반환받은 재산이 유류분을 충족했을 때에는 그것으로 끝나는 것이지 증여를 받은 상속인이 더 많은 재산을 증여받았다고 해서 유증을 제쳐 두고 또는 유증 받은 상속인과 함께 증여 받은 상속인에게도 유류분반환을 청구할 수는 없습니다.

서식) 유증 받은 상속인만을 피고로 대상으로 하는 소장

소 장

원   고   자녀2 (630101-1000000)
            서울 XX구 XX동 1번지

피   고   자녀1 (600101-1000001)
            XXX XX시 XX동 1번지

소유권이전등기 등

청 구 취 지

1. 피고는 원고에게 100,000,000원 및 위 금원에 대하여 이 사건 소장부본 송달일 다음날부터 선고일까지는 연 5%, 그 다음 날부터 다 갚는 날까지는 연 15%의 각 비율에 의한 금원을 각 지급하라.
2. 소송비용은 피고가 부담한다.
3. 제1항은 가집행할 수 있다.

라는 판결을 구합니다.

청 구 원 인

1. 당사자의 관계 및 상속개시

가. 소외 망 홍XX(이하 '망인'이라고 합니다)는 망 월XX(2000.1.1. 사망)와 혼인하여 그 슬하에 자녀로 원고, 피고, 홍향단의 2남 자녀2를 두었습니다. 그런데 망인은 2017. 1. 1. 사망하였습니다[갑 제1호증의 1 '망인의 기본증명서', 갑 제1호증의 2 '망인의 가족관계증명서' 참조].

따라서 우리 민법 제1000조의 규정에 따라 망인의 공동상속인으로는 자녀들인 원고와 피고 및 홍향XX가 있을 뿐이며, 같은 제1009조 법정상속분 규정과 같은 제1112조 유류분 규정에 의하면 원고의 유류분은 1/6 지분(= 1/3 × 1/2)이 됩니다.

2. 피고에 대한 유증

망인은 2011. 5. 1. 유언공정증서를 통하여 피고에게 남은 정기예금 2억 5,000만원을 전부 유증하였습니다. 그렇다면 위 금액은 유류분반환의 대상이 되는 피고의 특별수익입니다.

3. 소외 향XX에 대한 증여

망인은 생전에 소외 향XX에게 3억 5,000만원을 증여하였습니다. 그렇다면 위 금액은 유류분산정을 위한 기초재산에 산입되는 소외 향XX의 특별수익입니다.

4. 침해된 원고의 유류분

남은 상속재산이 없고 소외 향XX의 특별수익이 3억 5,000만원이고, 피고의 특별수익이 2억 5,000만원이라면, 유류분산정을 위한 기초재산은 6억원입니다. 그렇다면 원고의 유류분은 1억원(= 6억원 × 1/6)입니다.

그런데 위와 같은 망인의 증여와 유증으로 인하여 원고는 아무런 재산도 증여받거나 상속받지 못했습니다. 그렇다면 원고의 침해된 유류분은 1억원입니다.

5. 피고의 유류분반환의무

특별수익자인 소외 향XX와 피고는 원고의 침해된 유류분을 반환할 의무가 있습니다. 그런데 우리 민법 제1116조에서는 「증여에 대하여는 유증을 반환받은 후가 아니면 이것을 청구할 수 없다.」라고 규정하고 있습니다.

그렇다면 피고는 침해된 원고의 유류분 1억원을 반환할 의무가 있습니다.

6. 맺는 말

위와 같으므로 원고의 이 사건 청구를 전부 인용하여 주시기 바랍니다.

입 증 방 법

1. 갑 제1호증의 1	망인의 기본증명서
1. 갑 제1호증의 2	망인의 가족관계증명서
1. 갑 제2호증	계좌내역

첨 부 서 류

1. 위 입증방법   각 1통
1. 위임장   1통
1. 납부서   1통

2017. 10. .

위 원고 자녀2 ㊞

서울중앙지방법원   귀중

(나) 유증만으로 유류분이 충족되지 않는 경우

이때는 유증 받은 사람과 증여받은 사람을 모두 피고로 합니다. 그리고 유류분반환의 비율은 각자 유증 받거나 증여받은 금액을 전부 더한 금액에서 자신의 유류분을 뺀 나머지를 더한 금액의 합계에 대한 비율에 따릅니다. 예를 들어 표시하면 이렇습니다.

사례

상속인	상속분	증여	유증	기초재산	유류분	유류분 초과금	반환비율	반환금
향XX	1/3	650,000,000		650,000,000	150,000,000	500,000,000	500,000,000 /600,000,000	125,000,000
변XX	1/3		250,000,000	250,000,000	150,000,000	100,000,000	100,000,000 /600,000,000	25,000,000
XX동	1/3	–		–	150,000,000			
계		650,000,000	250,000,000	900,000,000	450,000,000	600,000,000		150,000,000

주 1) 유류분 초과금 : 유류분에서 해당 상속인의 증여와 유증의 합계를 뺀 금액입니다. 즉, 해당 상속인이 자신의 유류분을 넘어 취득한 증여나 유증재산의 가액을 말합니다{유류분 초과금 = (기초재산 - 유류분)}.
주 2) 반환비율 : 해당 상속인의 유류분 초과금을 전체 상속인의 유류분 초과금의 합계로 나눈 금액을 의미합니다.
주 3) 반환금 : 유류분권자의 유류분 부족분에 반환비율을 곱한 금액입니다{반환금 = 유류분 부족분 × 반환비율}.

다만 실제 계산은 위 표와 같이 된다고 하더라도 추가적인 재산이 있는지, 증여부동산의 실제 가격은 얼마인지는 소송을 진행하면서 확인하는 것이므로, 최초에 소장 단계에서는 복잡하게 계산할 필요가 없이 아래의 사례처럼 유증과 증여에 대해서 유류분을 반환하라는 정도로 소장을 작성하기만 하면 됩니다.

서식) 유증재산 전부와 증여재산 일부에 대해서 유류분을 청구하는 경우

소 장

원   고   자녀2 (630101-1000000)
            서울 XX구 XX동 1번지

피   고   1. 자녀1 (600101-1000001)
            XXX XX시 XX동 1번지

            2. 변XX (620101-1000001)
            XXX XX시 XX동 2번지

소유권이전등기 등

청 구 취 지

1. 원고에게

가. 피고 변XX는 별지 목록 제1, 2항 기재 각 부동산 중 1/16지분에 관하여 유류분반환을 원인으로 한 소유권이전등기절차를,

나. 피고 변XX는 별지 목록 제3항 기재 부동산 중 1/16지분에 관하여 유류분반환을 원인으로 한 소유권이전등기절차를,

각 이행하라.

2. 소송비용은 피고들이 부담한다.
라는 판결을 구합니다.

청 구 원 인

1. 당사자의 관계 및 상속개시

가. 소외 망 홍XX(이하 '망인'이라고 합니다)는 망 월XX(2000.1.1. 사망)와 혼인하여 그 슬하에 자녀로 원고, 피고 변XX, 피고 변XX의 3남을 두었습니다. 그런데 망인은 2017. 1. 1. 사망하였습니다[갑 제1호증의 1 '망인의 기본증명서', 갑 제1호증의 2 '망인의 가족관계증명서' 참조].

따라서 우리 민법 제1000조의 규정에 따라 망인의 공동상속인으로는 자녀들인 원고와 피고들이 있을 뿐이며, 같은 제1009조 법정상속분 규정과 같은 제1112조 유류분 규정에 의하면 원고의 유류분은 1/6 지분(= 1/3 × 1/2)이 됩니다

2. 피고 변XX에 대한 유증

망인은 2011. 5. 1. 유언공정증서를 통하여 피고 변XX에게 별지 목록 제1, 2항 기재 부동산을 유증유증하였습니다. 그렇다면 위 부동산은 유류분산정을 위한 기초재산에 산입되는 피고 변XX의 특별수익입니다.

3. 피고 변XX에 대한 증여

망인은 생전에 피고 변XX에게 별지 목록 제3항 기재 부동산을 증여하였습니다. 그렇다면 위 부동산은 유류분산정을 위한 기초재산에 산입되는 피고 변XX의 특별수익입니다.

4. 피고들의 유류분반환의무

위와 같은 피고들에 대한 증여와 유증으로 인하여 원고의 유류분이 침해되었습니다. 그렇다면 피고들은 원고에 대한 유류분반환의무의 이행으로써, 피고 변XX는 별지 목록 제1, 2항 기재 각 부동산, 피고 변XX는 같은 목록 제3항 기재 부

동산 중 각 1/6지분에 관하여 유류분반환을 원인으로 하는 소유권이전등기절차를 이행할 의무가 있습니다.

5. 맺는 말
위와 같으므로 원고의 이 사건 청구를 전부 인용하여 주시기 바랍니다.

입 증 방 법

1. 갑 제1호증의 1	망인의 기본증명서
1. 갑 제1호증의 2	망인의 가족관계증명서
1. 갑 제2호증의 1	XX동1 토지등기부
1. 갑 제2호증의 2	XX동1 건물등기부
1. 갑 제3호증	XX동2 토지등기부

첨 부 서 류

1. 위 입증방법	각 1통
1. 위임장	1통
1. 납부서	1통

2017. 10.   .

위 원고 자녀2   ㊞

서울중앙지방법원   귀중

> **별지 목록**
>
> 1. XXX XX시 XX동 1 대 500㎡
>
> 2. XXX XX시 XX동 1
>   [도로명주소] XXX XX시 XX로 1
>   연와조 아스팔트지붕 단층 단독주택
>   지1 90.08㎡
>   1층 100.10㎡
>
> 3. XXX XX시 XX동 2 대 300㎡

마. 법원접수

소장이 전부 작성되면, 각 증거자료에는 우측에 빨간 색으로 '갑 제1호증' 등으로 각 서증의 번호를 기재해서 각 증거자료가 몇 호증인지를 알 수있도록 표기합니다.

그렇게 소장과 각 증거 자료의 작성이 끝나면, 피고의 수에 2부를 더하여 출력한 다음에 그 중 1부를 보관하고 나머지를 법원에 제출합니다.

그러면 법원에서는 1부를 보관하고 나머지 소장과 증거자료를 소장에 표시된 피고들의 주소로 발송합니다.

다만 이때 피고가 낮에는 직장이나 가게에 출근해서 집에 없다면, 주소와 별도로 피고가 소장을 받을 수 있는 주소와 피고의 전화번호를 별도로 기재해서 제출할 수 있습니다.

피 고	1. 자녀1 (600101-1000001)
	XXX XX시 XX동 1번지
	송달장소 : XXX XX시 XX동 2번지 동헌 (내)
	전화번호 : 010-1111-2222

법원에 소장을 접수하면 사건번호를 부여받게 되는데, 이후 해당 사건의 진행은 대법원 홈페이지에서 '나의 사건검색'을 조회하면 현재 제출된 서류, 발송여부 등에 대한 진행사항을 볼 수 있습니다.

10. 소장이 송달되지 않았을 때

10. 소장이 송달되지 않았을 때

소장이 피고에게 송달되었는데 피고가 해당하는 주소에 없어서 반송이 되면 법원은 피고가 소장을 받을 수 있는 주소를 제출하라는 주소보정명령을 내립니다.

그러면 원고는 법원으로부터 받은 주소보정명령서를 갖고 근처의 동사무소를 방문해서 법원에서 받은 주소보정명령서를 제시하면 동사무소에서는 피고의 주민등록초본을 발급해 줍니다.

만일 주민등록초본을 발급받았는데 기존에 제출한 주소와 동일하면 다시 그 주소로 보내 줄 것을 법원에 신청하면되고 주소가 바뀌었다면 바뀐 주소로 보내 줄 것을 요청하면 됩니다.

서식) 주소보정서

주 소 보 정 서

사　　건　　2014가합0000 유류분반환청구

원　　고　　자녀2

원　　고　　자녀1

위 사건에 관하여 원고는 피고에 대하여 아래와 같이 주소를 보정합니다.

아　래

1. 보정할 주소

　　피　고 : 자녀1

　　보정할 주소 : XXX XX시 XX동 1

첨 부 서 류

1. 주민등록표등초본　　　　　1통

2024. 12.　.

위 원고 자녀2　㊞

서울중앙지방법원　제0합의부(나)　　　귀중

주 1) 소장을 제출한 이후에 법원에 제출하는 서면은 해당 재판부와 주심을 기재해서 접수하는 것이 좋습니다.

11. 답변서

11. 답변서

원고(유류분권리자)로부터 소장을 받은 피고(유류분반환의무자)는 소장 부본을 받은 날로부터 30일 안에 답변서를 제출하게 됩니다.

이 경우 답변서는 구체적인 주장까지 함께 포함하는 답변서와 구체적인 주장은 후에 제출하면서 일단 원고의 청구에 대한 기각을 구하는 답변서(간단답변서)의 2종류로 나눌 수 있습니다. 일반적으로는 간단답변서를 제출하고 구체적인 반박은 준비서면의 형식으로 후에 제출하게 됩니다.

서식) 간단답변서

답 변 서

사　　건　　2014가합0000 유류분반환청구

원　　고　　자녀2

원　　고　　자녀1

위 사건에 관하여 피고는 다음과 같이 답변서를 제출하면서 변론을 준비합니다.

청구취지에 대한 답변

1. 원고의 청구를 전부 기각한다.
2. 소송비용은 원고가 부담한다.
라는 판결을 구합니다.

청구원인에 대한 답변

구체적인 답변을 위하여 증거 수집 중에 있으므로 충분한 심문 준비를 위해 추후 제출하겠습니다.

2024. 12.   .

위 원고　자녀2　㊞

서울중앙지방법원　제0합의부(나)　　　귀중

12. 준비서면 제출

12. 준비서면 제출

소송의 당사자는 상대방의 주장을 부인하고 자신의 주장을 법원으로부터 인정받기 위해서 자신의 주장을 기재한 준비서면을 제출할 수 있습니다. 만일 상대방의 주장에 대해서 반박하는 준비서면을 제출하지 않는 경우에는 상대방의 주장을 그대로 인정하는 것으로 보여지게 되므로 준비서면은 최대한 자신의 주장을 잘 표현할 수 있어야 하고, 자신이 주장하는 사실관계를 인정받을 수 있는 증거자료를 첨부해야 합니다.

이때 원고가 제출하는 증거자료는 '갑 제X호증' 또는 '갑 제X호증의 1'로, 피고는 '을 제X호증' '을 제X호증의 1'과 같이 서증번호를 붙여서 제출하게 됩니다.

다만 피고가 2명 이상이고 각각 준비서면을 제출하는 경우에는 피고1은 '을가 제1호증'으로, 피고2는 '을나 제1호증'과 같이 '을 제1호증'에 '가·나·다' 순서로 삽입해서 서증번호를 기재합니다.

서식) 피고의 준비서면

준 비 서 면

사　건　　2014가합0000 유류분반환청구

원　고　　자녀2

원　고　　자녀1

위 사건에 관하여 피고는 다음과 같이 준비서면을 제출하면서, 변론을 준비합니다.

다 음

1. 들어가면서

피고는 주장정리의 편리성을 위하여 원고의 2023. 10. 6.자 준비서면의 순서에 맞추어 진술하도록 하겠습니다.

입 증 자 료

1. 을 제1호증　　　　　　　　계좌내역

　　을 제2호증의 1　　　　　　건물등기부

　　을 제2호증의 2　　　　　　토지등기부

2024.　1.　　.

위 피고 자녀2　㊞

서울중앙지방법원 제XX부(나)　　　　　귀중

13. 증여된 재산의 파악

13. 증여된 재산의 파악

유류분반환청구소송은 피상속인이 생전에 상속인 또는 제3자에게 증여한 재산에 대하여 유류분권자가 침해된 유류분을 반환받는 소송절차입니다. 또한 유류분의 계산공식은 '(증여재산 + 유증재산 상속재산 + 상속채무) × (법정상속지분 × 유류분비율) = 유류분'이므로 증여재산의 규모에 따라 유류분이 달라지게 됩니다. 즉 증여재산이 많으면 많을수록 그에 비례하여 유류분도 증가하고 반대로 증여재산의 규모가 줄어 들수록 유류분도 감소됩니다. 따라서 증여재산과 유류분은 비례의 관계에 있다고 할 것입니다. 그러므로 유류분반환청구소송에서 증여재산을 확인하는 것은 소송절차를 원활하게 진행하고 유류분권자가 원하는 결과를 얻기 위한 첫 단계라고 할 것입니다. 그림 아래에서 증여된 부동산과 예금을 추적하고 확인하는 방법을 보도록 하겠습니다.

가. 부동산

(1) 소유하거나 매각한 부동산 확인

원고가 유류분반환청구소송을 하더라고 소장을 제출하는 단계에서 피상속인이 피고에게 증여한 재산의 일부를 알고 있을 뿐 증여한 재산 전부를 알고 있지 못한 경우가 있습니다. 더구나 피상속인이 피고가 어릴 때 피고 명의로 부동산을 매수하는 방법으로 부동산을 증여하게 되면 해당 부동산을 모두 알기는 더더욱 어렵습니다.

따라서 이때에는 법원에 피상속인과 피고 명의로 된 부동산에 대한 조회신청을 해서 피상속인과 피고 명의로 소유하고 있거나 또는 현재는 없더라도 과거에 소유했던 부동산 내역을 파악하는 방법을 통해서 피상속인과 피고 명의의 부동산을 확인하게 됩니다.

통상은 법원행정처에 신청하면 피상속인과 피고가 소유하거나 소유했던 전국 부동산이 모두 조회가 가능하지만, 법원행정처는 이름, 주소, 주민등록번호로 조회하기 때문에 일부 누락되는 경우가 있습니다. 이때에는 부동산이 있을 것으로 확인되는 지방자치단체에 사실조회를 하면 세부적인 내역을 보다 정확하게 확인할 수 있습니다.

이와 같이 피상속인과 피고 명의의 각 부동산이 조회되면 인터넷등기소(http://www.iros.go.kr/PMainJ.jsp)를 접속해서 해당 부동산등기부등본을 발급받아 피상속인 명의의 부동산이 피고 또는 피고의 가족들에게 증여되었는지 아니면 매각되었는지를 확인할 수 있습니다. 또한 피고 명의의 부동산 등기부를 확인함으로써 해당 부동산이 피상속인으로 부터 증여받은 것인지 아니면 피상속인의 부동산이 매각된 시점에 매수된 부동산인지의 여부를 확인할 수 있습니다.

서식) 피상속인과 피고의 부동산에 대한 사실조회신청서

사실조회 신청서

사　　건　　2017가합100000 유류분반환
원　　고　　자녀2
피　　고　　자녀1

위 사건에 관하여 원고는 그 주장사실을 입증하기 위하여 다음과 같이 사실조회명령을 신청합니다.

대상기관의 명칭 및 주소

명칭 : 법원행정처(참조:등기과)

주소 : 서울 XX구 서초로 219 (우 137-750)

명의인의 인적사항

망 홍XX(000000-1111111), 변XX(222222-3333333)

요구대상거래기간

1970. 1. 1. - 2017. 12. 31.

사실조회촉탁의목적

망 홍XX은 생전에 피고에게 많은 재산을 증여하였으나 원고는 이를 전부 알지 못합니다. 따라서 원고는 사실조회를 통하여 피상속인으로부터 피고에게 증여된 각 부동산의 내역을 확인한 후 이를 유류분산정의 대상이 되는 기초재산에 산입하고자 합니다.

사실조회할 사항

망 홍XX(000000-1111111), 변XX(222222-3333333)에 관하여, 조회가능일로 부터 조회일 현재까지 소유하고 있거나, 소유하고 있다가 소유권 이전된 부동산내역.

2024. 2. .

위 원고 자녀2 ㉑

서울중앙지방법원 제0합의부(나)   귀중

(2) 증여 또는 유증된 부동산이 무효일 것으로 예상되는 경우

피상속인이 중증도의 치매 등으로 유언 또는 증여를 할 수 없는 상태인 경우에는 등기일로부터 5년이 지나지 않은 경우 해당 부동산을 관할하는 등기소 또는 등기국에 해당 부동산의 등기신청서에 대한 등사와 열람신청을 통하여 증여계약서, 유언공정증서를 확인함으로써 언제 증여와 유언공증이 이루어졌는지 확인할 수 있습니다.

그리고 이후 증여 또는 유언이 이루어진 시기에 해당하는 피상속인의 의무기록을 해당 법원으로부터 발급을 받아 수증자에 대한 증여 또는 수유자에 대한 유언공증이 무효인 사실을 주장할 수 있습니다.

해당 등기소는 인터넷등기소 좌측에 있는 '가까운 등기소 지도로 찾기'를 클릭해서 아래와 같은 화면을 불러 낸 후 방문할 등기소를 확인할 수 있습니다.

이와 같이 화면이 조회된 후 해당 부동산의 동 또는 읍면을 입력하고 검색을 클릭하면 아래와 같은 화면을 통해서 아래와 같이 해당 부동산을 관할하는 등기소를 확인할 수 있습니다.

또는 직접 방문하지 않더라도 소송이 계속 중에 법원에 해당 관할등기소에 대한 문서송부촉탁을 신청하여 회신을 받은 후 전자소송을 통해서 다운로드받아 증여 또는 유증된 부동산이 소유권이전될 당시에 제출된 증여계약서, 유언공정증서 등 신청시 첨부된 서류 일체를 확인할 수 있습니다.

또한 이와 같은 확인을 통하여 피고 또는 그 가족들이 부동산을 매수한 시점과 계약금, 중도금, 잔금을 지급할 시기와 피상속인의 부동산 매각대금이 입금된 시기를 비교함으로써 피상속인의 부동산 매각대금에 대한 행방과 피상속인의 부동산 매각대금으로 피고 또는 그 가족들 명의의 부동산을 매수한 사실을 확인할 수 있습니다.

반면에 5년이 경과한 부동산의 경우에는 해당 지방자치단체에 사실조회를 통하여 매매계약 후 거래신고를 할 당시에 제출된 매매계약서를 확인할 수 있습니다.

그런데 만일 발급받은 부동산의 등기부에 등기원인을 증여로 하여 피고 명의로 소유권이전등기는 마쳤으나 그 이전의 기록이 없거나, 최상단의 소유권자가 피고 또는 그 가족들로 기재된 경우에는 해당 부동산등기부등본의 폐쇄등기부에 대한 신청을 통하여 이전의 기록에 대한 확인을 할 수 있습니다.

다만 이와 같은 폐쇄등기부는 인터넷등기소로 발급을 받을 수 없고 직접 등기소를 방문하여 신청하게 되는데, 이때 등기소는 해당 부동산의 관할등기소가 아닌 가까운 등기소를 방문해서 신청해도 됩니다.

서식) 문서송부촉탁신청서 : 증여 또는 유증된 부동산의 소유권이전등기신청서

문서송부촉탁신청서

사 건   2019가합105707 유류분반환청구소송
원 고   자녀 2
피 고   자녀 2

위 사건에 관하여 원고는 그 주장사실을 입증하기 위하여 다음과 같이 문서송부촉탁을 재신청을 합니다.

대상기관의 명칭 및 주소

명칭 : 의정부지방법원 고양지원 고양등기소
주소 : 경기도 고양시 일산동구 중앙로1275번길 38-30 (장항동 773)

명의인의 인적사항

망 피상속인 (주민등록번호)

요구대상거래기간

2020. 1. 1. - 2020. 4. 11.

사용목적

피상속인의 고양시 덕양구 OO동 000 답 100㎡가 2020. 2. 3.자 매매금액을 500,000,000원으로 하는 매매를 등기원인으로 2020. 3. 21. 소외 ㅁㅁㅁ 명의의 소유권이전등기를 마쳤습니다.

그런데 피고는 2020. 4. 20. 고양시 덕양구 OO동 001 답 200㎡에 관하여 피고 명의의 소유권이전등기를 마쳤습니다.

이에 원고는 피상속인 명의의 부동산에 대한 매매계약서에 대한 확인을 통하여 피상속인의 부동산 매각대금으로 피고 명의의 부동산을 매수한 사실, 피상속인의 매각대금이 피고에게 증여된 사실을 입증함으로써 이를 피고의 특별수익에 산입하고자 합니다.

제출할 문서의 표시

귀 등기소의 관내에 있는 고양시 덕양구 OO동 000 답 100㎡에 관하여 의정부지방법원 고양지원 고양등기소 2020년 3월 21일 접수번호 제000호의 등기신청시 제출된 서류 일체.

2023. 8. 20.

위 원고 △△△ (인)

수원지방법원 안양지원   귀중

(3) 피상속인의 매각된 부동산의 매매대금 확인

또한 피상속인이 매각한 부동산의 매매대금이 피상속인의 계좌에 입금되지 않은 경우에는 매각된 부동산을 관할하는 등기소 또는 등기국에 대한 문서제출명령신청 또는 직접 방문을 통하여 피상속인으로부터 매수자 명의로 소유권이전될 당시에 제출된 등기신청서를 확인함으로써 매매대금, 매매대금이 지급될 계좌 등을 확인할 수 있습니다.

나. 금전

(1) 피상속인의 계좌에서 수증자의 계좌로 직접 이체된 경우

피상속인이 어떤 금융기관을 거래했는지를 알기 위해서는 상속인의 주민등록증을 지참하신 후에 동사무소 또는 금융기관(예 국민은행, 신한은행, 농협은행 등)를 방문해서 안심상속원스톱서비스6)를 신청하시면 됩니다.

안심상속원스톱서비스를 신청하고 한달정도 지난 후 금융감독원홈페이지를 방문해서 상속인금융조회란을 클릭하면 피상속인이 생전에 거래하던 금융기관의 잔고나 부채를 알 수 있는데, 잔고나 부채가 0원으로 나오는 금융기관은 피상속인이 생전에 거래를 했으나 현재 잔고나 부채가 없는 것이므로 잔고나 부채가 0원인 금융기관도 피상속인이 생전에 거래한 금융기관입니다.

---

6) 인터넷신청은 "안심상속원스톱서비스"를 조회하면 나옵니다.

그렇게 금융기관을 확인하면, 피상속인의 기본증명서, 가족관계증명서, 상속인의 주민등록증을 들고 해당 금융기관의 아무 지점이나 방문해서 계좌의 폐쇄여부를 불문하고 피상속인이 생전에 개설했던 모든 계좌의 구체적인 거래내역을 출력해 달라고 하면 됩니다. 다만 출력할 때에는 상대방 금융기관, 계좌번호, 거래일시가 모두 나오도록 출력해야 피상속인의 계좌에서 출금된 금액이 누구에게 이체되었는지를 쉽게 알 수 있습니다.

(2) 피상속인의 계좌에서 출금되었으나 입금된 상대방을 알 수 없는 경우

피상속인의 계좌에서 출금되는 방식은 앞서 본 바와 같이 상대방의 이름이 기재된 계좌이체의 방법 이외에도 계좌이체되었지만 상대방을 알 수 없는 경우, 수표로 출금된 경우, 현금으로 출금된 경우가 있습니다. 이때는 아래와 같은 방법으로 금융정보제출명령을 신청할 수 있습니다. 다만 금융조회는 자금을 추적하는 것이기 때문에 1번만으로 확인되는 경우도 있지만, 몇 번을 반복해야 하는 경우도 있습니다.

아래의 서식은 피상속인의 계좌로부터 출금된 금액을 확인하는 1차 조회신청서의 서식입니다.

서식) 1차 금융정보제출명령신청서

금융정보제공명령신청서

사　건　　2017가합100000 유류분반환
원　고　　자녀2
피　고　　자녀1

위 사건에 관하여 피고의 소송대리인은 그 주장사실을 입증하기 위하여 다음과 같이 금융정보제공명령을 신청합니다.

대상기관의 명칭 및 주소

명칭 : KB국민은행

주소 : 서울 성북구 종암동 8-2번지 종암센터 2층 업무지원센터　(우 02800)

명의인의 인적사항

망 홍XX(000000-1111111), 변XX(222222-3333333)

요구대상거래기간

1970. 1. 1. - 2017. 12. 31.

사용목적

망 홍XX은 거액의 재산을 형성하였으나 망 홍XX의 사망 당시에 어떠한 상속예금도 남아 있지 않았습니다. 이에 원고는 망 홍XX의 계좌로부터 출금되었으나 망 홍XX의 다른 계좌에 입금되지 않은 금액에 대한 금융정보제출명령신청을 통하여 피고의 특별수익을 입증함으로써 이를 유류분반환의 대상이 되는 피고의 특별수익에 산입하고자 합니다.

요구하는 거래정보 등의 내용

1. 귀 은행의 고객 망 홍XX(000000-1111111)의 각 계좌로부터 아래와 같이 각 금액이 출금되었는바,

- 아 래 -

순번	거래일자	계좌번호	출금액	구분	취급점
1	2014-10-02	123-45-647890	100,000,000	해약	반포역
2	2015-03-12	223-45-647890	10,000,000	대체출금	반포역
3	2016-05-10	323-45-647890	20,000,000	대체출금	반포역

가. 각 출금전표 및 출금된 금액이 입금된 상대방 계정 입금전표.
나. 만일 무전표거래로 출금되어 다른 계좌로 입금되었다면, 입금된 계좌의 구체적 정보 및 내역(계좌번호, 명의자 등)과 입금 당시 작성된 전표 사본 일체.
다. 만일 수표로 출금되었다면, 해당 수표의 지급제시일, 보관점 등에 관한 구체적 내역서(만일 수표가 귀 은행에 제시되었다면, 수표 앞뒷면 사본 및 수표가 입금된 계좌의 구체적 내역).
라. 대체되어 다른 계좌로 입금되었다면, 입금된 계좌의 구체적 정보 및 내역(계좌번호, 명의자 등)과 입금 당시 작성된 전표 사본 일체.

2. 귀 은행의 고객 변XX(222222-3333333) 명의로 개설된 각 계좌(폐쇄여부를 불문하고 출자금, 보험, 정기예금 등)에 관한,

가. 개인별 총괄거래계좌목록(고객정보조회표 등 포함)
[폐쇄 또는 해지여부 및 과목명을 불문하고 출자금, 정기예탁금, 자립예탁금, 정기적금, 보험 등 일체]
　나. 위 각 계좌별 입출금 거래내역서.
[개설일로부터 조회일 현재까지의 거래일·시·분, 거래상대방 계좌의 금융기관, 예금주, 계좌번호가 기재되도록 출력해 주시기 바랍니다].

2024. 2.   .

위 원고 자녀2 ㉑

서울중앙지방법원　제0합의부(나)　　　　　귀중

(3) 수표로 출금된 사실이 확인된 경우

피상속인의 계좌에서 출금된 수표가 1차 조회를 한 은행에 제시되었다면 1차 조회만으로 해당 수표를 누가 배서했는지, 누구 명의의 계좌로 입금이 되었는지를 알 수 있기 때문에 추가적인 조회 없이 곧바로 피고가 해당 수표를 취득했는지의 여부를 알 수 있습니다.

그러나 출금된 수표가 다른 은행에 제시되었다면, 1차 조회신청된 은행의 회신만으로는 해당 수표의 사본과 어느 계좌에 입금되었는지를 알 수 없습니다. 그러나 1차 조회신청한 은행에서는 해당 수표가 어느 은행의 어느 지점에 언제 제시되었고, 현재 수표를 어디에서 보관하고 있지를 회신해 줍니다. 그러면 이러한 정보를 갖고 수표가 제시된 은행에 2차 조회를 해서 해당 수표를 추적하게 되는데, 2차 조회의 서식은 아래와 같습니다.

서식) 2차 금융정보제출명령신청서

금융정보제공명령신청서

사　　건　　2017가합100000 유류분반환

원　　고　　자녀2

피　　고　　자녀1

위 사건에 관하여 피고의 소송대리인은 그 주장사실을 입증하기 위하여 다음과 같이 금융정보신청합니다.

대상기관의 명칭 및 주소

명칭 : KDB산업은행

주소 : 서울 여등포구 은행로 14　(우 07242)

명의인의 인적사항

망 홍XX(000000-1111111), 변XX(222222-3333333)

요구대상거래기간

2021. 1. 1. - 2023. 12. 31.

사용목적

하나은행의 2024. 4. XX.자 회신에 의하면 망인의 하나은행 123-456789-01234 계좌로부터 2022. 7. 10. 출금된 금50,000,000원의 수표 1매(수표번호: 12345678)가 2022. 7. 12. 산업은행에 제시된 사실이 확인되었습니다.

이에 원고는 위 수표에 대한 금융정보제출명령을 통하여 피고가 위 수표를 취득한 사실을 확인함으로써 이를 피고의 특별수익에 산입하고자 합니다.

요구하는 거래정보 등의 내용

망 홍XX의 KB국민은행 계좌로부터 2023. 3. 12.에 10,000,000원이 수표 1매(수표번호 : 12345678)가 출금되어 2023. 3. 13. 귀 은행의 잠원지점에 지급제시되었는바,

1. 해당 수표의 수표 앞뒷면 사본.

2. 수표가 입금된 계좌의 구체적 내역(예금주, 계좌번호, 주민등록번호 등).

2024. 2.   .

위 원고 자녀2   ㊞

서울중앙지방법원   제0합의부(나)   귀중

다. 증여된 재산을 반환대상으로 인정받는 방법

(1) 부동산

(가) 증여를 원인으로 피고 명의로 부동산의 소유권이 이전된 경우

 증여된 부동산의 등기부등본을 제시하면 됩니다. 물론 이때에도 피고는 이런 저런 이유를 대면서 증여가 아니라고 주장할 수 있으나, 특별한 사정이 없다면 법원에서는 등기부의 기재대로 증여로 인정할 가능성이 높습니다.

다만 이때에도 피상속인 명의의 근저당권이 설정되어 있다거나 임대차보증금이 있다면 해당 대출금과 임대차보증금은 증여금액에서 공제됩니다.

그리고 그 내역은 10년 이내의 증여하면 관할세무서에 증여세자진신고서에 대한 과세정보제출명령을 통하여 당시 공제될 대출금과 임대차보증금을 확인할 수 있습니다.

(나) 제3자 명의에서 직접 피고 명의로 부동산의 소유권이 이전된 경우

ⅰ) 일부 피상속인은 증여세를 내지 않기 위해서 전소유자와 부동산매매계약을 하지만 잔금을 지급한 후에는 자녀의 명의로 등기하는 방법으로 부동산을 증여하기도 합니다.

실무에서는 이런 경우가 가장 문제가 되는데, 이때 소송을 당한 피고는 갖은 주장을 통해서 해당 부동산을 자신의 돈으로 매수했다고 주장하게 됩니다. 반면에 소송을 신청한 원고의 입장에서는 당시 피고가 부동산을 살만한 경제력이 없다고 주장합니다.

그런데 이와 같이 부동산을 증여해 주었는지 아니면 실제 피고가 매수했는지가 문제가 되는 경우에는 피고가 자신의 돈으로 매수한 것을 증명할 책임이 있는 것이 아니라 소송을 한 원고가 피상속인이 피고 명의로 부동산을 증여해 주었다는 사실을 증명해야 합니다.

특히 우리 법원은 등기에 관하여 「부동산에 관한 등기부상 소유권이전등기가 경료되어 있는 이상 일응 그 절차 및 원인이 정당한 것이라는 추정을 받게 되고 그 절차 및 원인의 부당을 주장하는 당사자에게 이를 입증할 책임이 있다(대법원 2008. 3. 27. 선고 2007다91756 판결 등 다수).」라고 함으로써, 등기는 그 자체만으로도 기재된 사실과 실체사실이 동일하다는 등기의 추정력을 인정합니다.

따라서 피고가 매매를 원인으로 제3자로부터 취득한 부동산에 관하여 등기의 추정력을 부인하고 이것을 피상속인이 증여한 것으로 인정받고자 한다면, 등기의 추정력을 부인할 정도의 입증을 해야 합니다.

그런데 또한 우리 법원은 등기의 추정력을 번복하는 것에 관하여 「등기절차가 적법하게 진행되지 아니한 것으로 볼만한 의심스러운 사정이 있음이 입증되는 경우에는 그 추정력은 깨어진다(대법원 2008. 3. 27. 선고 2007다91756 판결 등 다수).」라고 판결하고 있습니다.

그러므로 등기의 추정력이 있다고 하더라도 그것은 절대적인 것이 아니라 깨질 수 있는 추정력입니다.

그럼 아래에서는 어떠한 방법으로 등기의 추정력을 깰 수 있는지 살펴 보도록 하겠습니다.

ii) 통상 피상속인이 자녀에게 부동산을 사 주는 경우는 ① 피상속인의 계좌로부터 매매대금을 출금해서 직접 지급하는 방법과 ② 소유하던 부동산을 팔아 그 매매대금으로 자녀 명의의 부동산 매수대금을 지급하는 방법, ③ 비교적 피고가 어린 나이에 부동산을 매수해서 증여하는 방법 등이 있습니다.

이때에는 피상속인의 계좌내역을 조회하여 피고 명의로 부동산을 취득할 당시에 피상속인의 계좌로부터 거액의 금액이 출금된 사실을 증명한 후에 피고에게 당시 매수대금을 입증할 것을 요구함으로써 피고가 매수대금을 지급하지 않은 사실을 증명할 수 있습니다. 또한 세무서에 피고에 대한 소득세나 근로소득세 등에 대한 과세정보제출명령을 통하여 피고가 부동산을 취득하기 이전에 얻은 소득이 부동산을 매수하기에 턱없이 부족하다는 사실을 증명할 수 있습니다. 또한 피상속인의 부동산 매도시기와 피고 명의로 부동산을 취득한 시기가 일치한다는 사실을 증명해서 피상속인 명의의 부동산이 처분된 대금으로 피고 명의의 부동산을 매수한 사실을 증명할 수 있습니다. 그리고 이외에도 각각의 개별적 사정에 따라 여러 가지 다양한 방법으로 증여사실을 증명할 수 있습니다.

실제 사례를 들어보면 수원지방법원에서 2024. 1. 17. 선고된 2020가합29586 사건에서는 "앞서 든 증거들 및 변론 전체의 취지에 의하여 인정되는 다음과 같은 사정, 즉 김XX은 1983. 3. 17. 위 각 부동산에 대하여 소유권이전등기를 마친 후 얼마 지나지 않은 1983. 5. 17. 목XX과 혼인신고를 마친 점, 김XX은 위 각 부동산을 취득하기 약 1개월 전에 대학을 졸업하여 위 각 부동산을 취득할 당시 위 각 부동산을 매수할 자력이 있었다고 보기 어려운 점 등에 비추어 보면, 망인이 김XX에게 위 각 부동산을 증여하였다고 봄이 타당하다."라고 판결하였고, 2017. 1. 11. 판결이 선고된 인천지방법원 부천지원 2014가합3572 유류분반환 사건에서도 "ㅇㅇ아파트의 매수 시기 및 당시 피고의 나이와 직업, 부동산 매수자금의 흐름 (중략) 등 앞서 본 여러 사정을 종합하여 보면 망인이 피고에게 ㅇㅇ아파트를 증여하였다고 인정된다."고 판결하였습니다.

그리고 이외에도 2017. 4. 12. 판결이 선고된 청주지방법원 2016가합20548 소유권이전등기 사건에서도 "이 법원의 동청주세무서에 대한 2016. 1. 26.자 과세정보제출명령결과 및 변론 전체의 취지를 종합하여 알 수 있는 다음과 같은 사정들, 즉 ㉮ 앞서 본 바와 같이 피고는 위 각 부동산의 소유권 취득 시점에 가까운 1986. 7. 31. ㅇㅇㅇ로부터 별지 목록 제1항 기재 부동산을 증여받은 점, ㉯ 피고는 □□□대학교 대학원에 1982. 3. 4. 입학하여 1987. 2. 23. 졸업한 대학원생이었을 뿐만 아니라, 1982. 1. 1.부터 1989. 12. 31.까지 관할세무서에 종합소득세의 신고 및 근로(사업)소득의 연말정산과 관련하여 제출한 자료가 없는바, 피고는 위 각 부동산을 취득한 시점에 속하는 위와 같은 기간에 부동산을 취득할 만한 경제적 자력이 있었다고 보기 어려운 점 등에 비추어 보면, 위 각 부동산은 피고가 ㅇㅇㅇ로부터 증여받은 것이라고 봄이 상당하므로, 이를 유류분 산정의 기초가 되는 증여재산에 포함하여야 한다."라고 판결하고, 위 사건은 대전고등법원 2017나5649 소유권이전등기 사건으로 항소되었으나 2017. 11. 14. 항소기각이 선고되어 확정되었습니다.

ⅲ) 그러므로 피상속인이 부동산을 매수해서 명의를 피고로 하는 방법으로 증여한 경우에는 위와 같은 몇 가지 기본적인 방법과 개별적 사정에 따른 몇 가지의 추가적인 입증을 통해서 부동산을 증여한 사실을 증명할 수 있습니다.

서식) 과세정보제출명령신청서 : 증여내역과 상속재산에 대해서

과세정보제출명령신청서

사 건   2017가단0000 소유권이전등기
원 고   XXX
피 고   XXX

위 사건에 관하여 원고는 그 주장사실을 입증하기 위하여 다음과 같이 과세정보 제출을 신청합니다.

대상기관의 명칭 및 주소

명칭 : XXX세무서
주소 : 충북 XX시 XX구 1

명의인의 인적사항

XXX(601213-1234567)

요구대상거래기간

2000. 1. 1. ~ 2023. 12. 31.

사용목적

XXX은 피상속인을 망 XXX로 하는 증여세 과세내역과 상속세결정결의서에 대한 과세정보제출명령을 통하여 XXX의 특별수익 입증과 상속재산의 범위를 확정하고자 합니다.

과세정보제출명령할 사항

망 XXX(361213-1234567)는 2023. 5. 1. 사망하였고, 상속인으로는 배우자인 XXX과 자녀들인 XXX, XXX가 있는바 그 기간을 2000. 1. 1.부터 2023. 12. 31.까지로 하여,

1. 피상속인을 망 XXX로 하여
 가. 귀 세무서가 과세고지한 증여·상속세결정결의서, 증여·상속세과세통지서 및 그 관련 부속서류 일체 (예 상속세과세가액계산명세서, 상속인별 증여·상속재산 및 평가명세서 등).
 나. 상속세의 구체적 납부 현황(예 납부일, 납부금액, 납부당사자 등)

2. 증여자를 망 XXX로 하는 증여세자진신고서, 증여세결정결의서, 증여세과세통지서 및 부속서류 일체.

3. 수증자를 XXX, XXX, XXX로 하는 증여세자진신고서, 증여세결정결의서, 증여세과세통지서 및 부속서류 일체.
[※ 증여재산의 구체적 내역의 확인을 통하여 피상속인의 사망 당시를 기준으로

시가를 산정할 수 있으므로, 증여재산에 대한 개별적 확인이 가능하도록 증여세 과세가액계산명세서, 증여재산 및 평가명세서, 과세예고통지서, 확인서 등을 반드시 첨부하여 주시기 바랍니다.]

2024. 3.   .

위 원고 XXX   (인)

서울중앙지방법원   귀중

서식) 과세정보제출명령신청서 : 소득에 대해서

과세정보제출명령신청서

사   건   2017가단0000 소유권이전등기
원   고   자녀2
피   고   자녀1

위 사건에 관하여 원고는 그 주장사실을 입증하기 위하여 다음과 같이 과세정보 제출을 신청합니다.

대상기관의 명칭 및 주소

명칭 : 동청주세무서
주소 : 충북 청주시 청원구 1순환로 44(율량동)   (우 363-210)

명의인의 인적사항

변XX(601201-1234567)

요구대상거래기간

1990. 1. 1. ~ 2023. 12. 31.

사용목적

원고는 동청주세무서에 대한 과세정보제출명령을 통하여, 피고 명의로 □□□의 소유권이전등기가 마쳐질 당시까지 피고에게 어떠한 소득도 없다는 사실을 입증함으로써, 위 각 부동산을 피고의 특별수익에 산입하고자 합니다.

과세정보제출명령할 사항

변XX(601201-1234567)에 관하여, 1990. 1. 1.부터 2023. 12. 31.까지의 기간동안에 과세처분되거나 납부된 급여소득, 사업소득, 부가가치세 등의 내역.

2024. 2.   .

위 원고 자녀2 ㊞

서울중앙지방법원   제0합의부(나)   귀중

서식) 사실조회신청서 : 서울출입국관리사무소

사실조회 신청서

사 건   2023가합XXX 유류분반환

원 고   XXX

피 고   XXX

1. 신청취지

위 사건에 관하여 원고들의 소송대리인은 주장사실의 입증을 위하여 서울출입국관리사무소에 대한 사실조회를 신청합니다.

2. 사실조회촉탁의목적

피고는 XX대학교를 졸업하고 미국 XX대학 XX대학원을 수료하였습니다.

그런데 피고(19XX년생)는 197X. XX. XX. 당시 24살의 나이로 아래와 같은 부동산에 관하여 매매를 등기원인으로 피고 명의의 소유권이전등기를 마쳤습니다.

순번	피고의 나이	소유권 이전등기일	부동산의 표시
1	24살	197X.XX.XX	서울 XX구 XX동1가 XX-X 대 302㎡
2	24살	197X.XX.XX	서울 XX구 XX동1가 XX-XX 대 102㎡
3	25살	198X.XX.XX	XX시 XX동 XX-X 대 108㎡
4	29살	198X.XX.XX	XX시 X구 XX동1가 X-XX 대 215㎡
5	29살	198X.XX.XX	XX시 X구 XXX1가 X-X 대 250㎡

따라서 피고는 불과 29살의 나이에 매매를 등기원인으로 XX억원을 초과하는 재산을 취득하였고, 이후 피고가 유학으로 인하여 해외에 거주할 당시에도 거액의 재산을 취득하였습니다.

그런데 우리 법원은 등기의 추정력에 관하여 「부동산등기부에 소유권이전등기를 하면 그 절차와 원인이 정당한 것이라고 추정되고 절차와 원인이 부당하다고 주장하는 당사자에게 이를 증명할 책임이 있다. 그러나 등기 절차나 원인이 부당한 것으로 볼 만한 의심스러운 사정이 있음이 증명되면 그 추정력은 깨어진다(대법원 2017. 10. 31. 선고 2016다27825 판결).」라고 판단하고 있습니다.

그런데 29세의 나이인 피고가 거액의 부동산을 매수할 정도의 경제적 능력이 없다는 사실, 해외에서 유학 중이던 피고가 건물을 신축하거나 각 부동산을 매수할 경제적 능력이 없는 사실은 명백하므로, 위 각 부동산에 대한 등기의 추정력은 이미 깨어졌다고 할 것입니다.

이에 원고들은 피고가 해외로 출국하여 대학원을 다닌 사실을 입증함으로써, 위 각 부동산은 피상속인이 대학교를 졸업하고 해외에 유학을 하던 피고를 위하여 이 사건 각 부동산은 피상속인이 매수한 후 단지 피고 명의의 소유권이전등기를 하는 중간생략형 등기를 통하여 피고에게 증여한 피고의 특별수익인 사실을 입증하고자 합니다.

3. 대상기관의 명칭 및 주소
명칭 : 서울출입국관리사무소
주소 : 서울 양천구 목동동로 151 (신정동, 서울출입국관리사무소)

4. 사실조회 사항

 XXX(511315-1234567)에 대하여,

1. 1975. 1. 1.부터 2020. 12. 31.까지의 출국 및 입국내역
2. 만일 입출국 내역이 있다면 입국할 당시의 출국지 및 출국할 당시의 입국지의 구체적인 내역

2024. 1.   .

위 원고 XXX   (인)

서울중앙지방법원   귀중

서식) 사실조회신청서 : XX대학교

사실조회 신청서

사   건   2023가합XXX 유류분반환

원   고   XXX

피   고   XXX

1. 신청취지

위 사건에 관하여 원고들의 소송대리인은 주장사실의 입증을 위하여 서울출입국관리사무소에 대한 사실조회를 신청합니다.

2. 사실조회촉탁의 목적

피고는 XX대학교를 졸업하였습니다. 그런데 피고(19XX년생)는 197X. XX. XX. 당시 24살의 나이로 아래와 같은 부동산에 관하여 매매를 등기원인으로 피고 명의의 소유권이전등기를 마쳤습니다.

순번	피고의 나이	소유권 이전등기일	부동산의 표시
1	24살	197X.XX.XX	서울 XX구 XX동1가 XX-X 대 302㎡
2			서울 XX구 XX동1가 XX-XX 대 102㎡
3	25살	198X.XX.XX	XX시 XX동 XX-X 대 108㎡

따라서 피고는 불과 29살의 나이에 매매를 등기원인으로 XX억원을 초과하는 재산을 취득하였고, 이후 피고가 유학으로 인하여 해외에 거주할 당시에도 거액의 재산을 취득하였습니다.

그런데 우리 법원은 등기의 추정력에 관하여 「부동산등기부에 소유권이전등기를 하면 그 절차와 원인이 정당한 것이라고 추정되고 절차와 원인이 부당하다고 주장하는 당사자에게 이를 증명할 책임이 있다. 그러나 등기 절차나 원인이 부당한 것으로 볼 만한 의심스러운 사정이 있음이 증명되면 그 추정력은 깨어진다(대법원 2017. 10. 31. 선고 2016다27825 판결).」라고 판단하고 있습니다.

그리고 당시 대학교를 다닐 24살의 나이인 피고가 거액의 부동산을 매수할 정도의 경제적 능력이 없다는 사실은 명백하므로, 위 각 부동산에 대한 등기의 추정력은 이미 깨어졌다고 할 것입니다.

이에 원고들은 피고가 다닌 서울대학교에 대한 피고의 입학과 졸업시기에 대한 사실조회를 통하여 피고가 위 각 부동산을 매수할 당시 대학생인 사실을 입증함으로써 위 각 부동산은 피고가 매수한 것이 아니라 이 사건의 피상속인이 매수한 후 단지 피고 명의의 소유권이전등기를 하는 중간생략형 등기를 통하여 피고에게 증여한 특별수익인 사실을 입증하고자 합니다.

3. 대상기관의 명칭 및 주소
명칭 : XX대학교
주소 : 서울특별시 XX구 XX로 X 총무과

4. 사실조회 사항
귀 대학의 졸업생인 XXX(511315-1234567)에 대하여, 입학, 졸업의 각 연월일

2024. 1. 18.
위 원고 XXX (인)

서울중앙지방법원 귀중

(2) 금전

금전이 증여된 것에 대한 입증은 위 '증여재산의 파악'에서 이미 살펴보았으므로 생략합니다.

14. 피고의 대응

14. 피고의 대응

가. 기여분 주장

(1) 기여분 주장에 대한 법원 입장

상속인 또는 상속인의 배우자(예 며느리, 사위 등)와 자녀(예 손자, 외손자 등)에 대한 증여로 인하여 유류분반환청구소송이 제기되면 해당 상속인 또는 해당 상속인의 배우자는 피상속인의 증여가 상속분의 증여 내지는 아무런 대가 없이 무상으로 증여한 것이 아니라 증여를 받은 상속인 부부의 재산형성에 대한 기여와 부양 및 간병의 기여에 대한 보답의 의미 또는 손자의 효도나 애정의 의미로 증여한 것이므로 유류분반환의 대상이 아니라는 주장을 하고는 합니다.

그러나 이러한 기여분의 항변에 대해서 대법원은 대법원 2015. 10. 29. 선고 2013다60753 판결을 통해서 "기여분은 유류분과는 서로 관계가 없으므로, 공동상속인의 협의 또는 가정법원의 심판으로 기여분이 결정되더라도 유류분반환청구소송에서 기여분을 주장할 수 없다"라고 판단하고 있습니다. 따라서 피상속인의 증여를 받은 상속인과 그 배우자나 자녀가 다른 상속인들의 유류반환청구소송에 대응해서 기여분의 항변을 하는 것은 인정될 수 없습니다.

대법원 2015. 10. 29. 선고 2013다60753 판결

민법 제1008조의2, 제1112조, 제1113조 제1항, 제1118조에 비추어 보면, 기여분은 상속재산분할의 전제 문제로서의 성격을 가지는 것으로서, 상속인들의 상속분을 일정 부분 보장하기 위하여 피상속인의 재산처분의 자유를 제한하는 유류분과는 서로 관계가 없다. 따라서 공동상속인 중에 상당한 기간 동거·간호 그 밖의 방법으로 피상속인을 특별히 부양하거나 피상속인의 재산의 유지 또는 증가에 특별히 기여한 사람이 있을지라도 공동상속인의 협의 또는 가정법원의 심판으로 기여분이 결정되지 않은 이상 유류분반환청구소송에서 기여분을 주장할 수 없음은 물론이거니와, 설령 공동상속인의 협의 또는 가정법원의 심판으로 기여분이 결정되었다고 하더라도 유류분을 산정함에 있어 기여분을 공제할 수 없고, 기여분으로 유류분에 부족이 생겼다고 하여 기여분에 대하여 반환을 청구할 수도 없다.

민법

제1008조의2(기여분)

① 공동상속인 중에 상당한 기간 동거·간호 그 밖의 방법으로 피상속인을 특별히 부양하거나 피상속인의 재산의 유지 또는 증가에 특별히 기여한 자가 있을 때에는 상속개시 당시의 피상속인의 재산가액에서 공동상속인의 협의로 정한 그 자의 기여분을 공제한 것을 상속재산으로 보고 제1009조 및 제1010조에 의하여 산정한 상속분에 기여분을 가산한 액으로써 그 자의 상속분으로 한다.

② 제1항의 협의가 되지 아니하거나 협의할 수 없는 때에는 가정법원은 제1항에 규정된 기여자의 청구에 의하여 기여의 시기·방법 및 정도와 상속재산의 액 기타의 사정을 참작하여 기여분을 정한다.

③ 기여분은 상속이 개시된 때의 피상속인의 재산가액에서 유증의 가액을 공제한 액을 넘지 못한다.

④ 제2항의 규정에 의한 청구는 제1013조제2항의 규정에 의한 청구가 있을 경우 또는 제1014조에 규정하는 경우에 할 수 있다.

제1112조(유류분의 권리자와 유류분)

상속인의 유류분은 다음 각호에 의한다.

1. 피상속인의 직계비속은 그 법정상속분의 2분의 1
2. 피상속인의 배우자는 그 법정상속분의 2분의 1

3. 피상속인의 직계존속은 그 법정상속분의 3분의 1
4. 피상속인의 형제자매는 그 법정상속분의 3분의 1

제1113조(유류분의 산정)
① 유류분은 피상속인의 상속개시시에 있어서 가진 재산의 가액에 증여재산의 가액을 가산하고 채무의 전액을 공제하여 이를 산정한다.
② 조건부의 권리 또는 존속기간이 불확정한 권리는 가정법원이 선임한 감정인의 평가에 의하여 그 가격을 정한다.

제1118조(준용규정)
제1001조, 제1008조, 제1010조의 규정은 유류분에 이를 준용한다.

(2) 기여를 통한 특별수익의 배제

대법원이 유류분반환청구소송에서 기여분의 항변을 인정하지 않는다는 점은 변함이 없습니다. 그러나 한편으로 대법원은 2021다230083 판결을 통해서 "피상속인으로부터 생전 증여를 받은 상속인이 피상속인을 특별히 부양하였거나 피상속인의 재산의 유지 또는 증가에 특별히 기여하였고, 피상속인의 생전 증여에 상속인의 위와 같은 특별한 부양 내지 기여에 대한 대가의 의미가 포함되어 있는 경우와 같이 상속인이 증여받은 재산을 상속분의 선급으로 취급한다면 오히려 공동상속인들 사이의 실질적인 형평을 해치는 결과가 초래되는 경우에는 그러한 한도 내에서 생전 증여를 특별수익에서 제외할 수 있다."라고 판단하고 있습니다.

그렇다면 기여분의 항변을 인정할 수 없다고 한 대법원 2013다60753 판결과 특별수익으로 부터 배제한 대법원 2021다230083 판결이 서로 상충될 것처럼 보입니다.

그러나 앞의 판결은 증여를 받은 유류분반환의무자가 기여를 이유로 유류분 자체에 대한 항변을 하는 것이고, 후의 판결은 증여자인 피상속인의 내심의 의사와 수증자의 기여행위에 초점을 맞춰서 증여가액에서 일부 또는 전부를 특별수익으로 부터 배제하는 방법으로 유류분반환청구를 방어하는 것입니다.

그렇다고 해서 유류분반환청구소송이 제기되더라도 기여분 주장을 해서 항상 유류분반환을 거부하거나 반환할 금액을 감액할 수 있는 것은 아닙니다.

기여를 인정해서 피상속인의 증여를 유류분반환의 대상이 되는 증여를 특별수익에서 배제함으로써 결과적으로 유류분반환청구를 거부한 위 대법원 2021다230083 판결의 사례는 5남매를 둔 어머니가 자신의 토지를 피고에게 증여하고 사망하자 나머지 자녀4명 중 3명이 유류분반환청구를 한 사안에서 피고인 자녀가 어머니인 피상속인을 34년간 동거하면서 부양을 하였고 피상속인의 남편인 원고들과 피고의 아버지가 생전에 보증채무로 인하여 피상속인과 갈등이 심화되자 피고가 직장생활을 하면서 저축한 돈으로 아버지인 피상속인의 남편의 보증채무를 변제해 주었으며, 이로 인하여 피상속인이 생전에 피고에게 보증채무를 갚아 준 돈을 돌려주지 못해서 평생의 한이 되고 그 대가로 토지를 증여한다는 점을 자녀들 중 일부에게 말하였다는 점을 들어서 해당 토지를 피고의 특별한 기여나 부양에 대한 대가의 의미로 보고 상속분의 선급으로 취급하지 않았습니다.

따라서 증여로 인하여 유류분반환청구소송이 제기된 경우 기여분 자체의 항변을 통해서 유류분반환을 거부하는 것은 허용되지 않으나, 특정한 증여에 대해서 해당 증여의 의미가 상속분의 선급이 아닌 피고의 특별한 기여나 부양에 대한 대가의 의미라는 사실을 주장함으로써 유류분반환청구에 대한 기각 또는 감액을 구할 수 있습니다

다만 위의 판례는 '피상속인의 생전 증여를 만연히 특별수익에서 제외하여 유류분제도를 형해화시키지 않도록 신중하게 판단하여야 한다.'고 하면서 '상속인이 증여받은 재

산을 상속분의 선급으로 취급한다면 오히려 공동상속인들 사이의 실질적인 형평을 해치는 결과가 초래되는 경우에는 그러한 한도 내에서 생전 증여를 특별수익에서 제외할 수 있다.'라고 하여, 어떠한 증여가 상속분의 선급이 아닌 기여의 대가의 의미로 인정된다고 하더라도 그 사실자체 만으로 해당 증여를 유류분반환의 대상에서 배제할 것이 아니라 기여로 인정되는 한도 내에서만 특별수익에서 배제해야 한다고 판단하고 있습니다.

그러므로 유류분반환청구소송에서 어떠한 증여를 반환의 대상에서 배제하고자 한다면, 자신의 기여 내용과 증여재산의 내역과 가액 등을 감안하여 어떠한 증여가 기여의 대가로 인정될 수 있는지를 판단해서 주장하고 입증해야 할 것입니다.

> **대법원 2022. 3. 17. 선고 2021다230083, 230090 판결**
>
> 유류분에 관한 민법 제1118조에 따라 준용되는 민법 제1008조는 '특별수익자의 상속분'에 관하여 "공동상속인 중에 피상속인으로부터 재산의 증여 또는 유증을 받은 자가 있는 경우에 그 수증재산이 자기의 상속분에 달하지 못한 때에는 그 부족한 부분의 한도에서 상속분이 있다."라고 정하고 있다. 이는 공동상속인 중에 피상속인으로부터 재산의 증여 또는 유증을 받은 특별수익자가 있는 경우에 공동상속인들 사이의 공평을 기하기 위하여 그 수증재산을 상속분의 선급으로 다루어 구체적인 상속분을 산정하는 데 참작하도록 하기 위한 것이다. 여기서 어떠한 생전 증여가 특별수익에 해당하는지는 피상속인의 생전의 자산, 수입, 생활수준, 가정상황 등을 참작하고 공동상속인들 사이의 형평을 고려하여 당해 생전 증여가 장차 상속인으로 될 자에게 돌아갈 상속재산 중 그의 몫의 일부를 미리 주는 것이라고 볼 수 있는지에 의하여 결정하여야 한다.
>
> 따라서 피상속인으로부터 생전 증여를 받은 상속인이 피상속인을 특별히 부양하였거나 피상속인의 재산의 유지 또는 증가에 특별히 기여하였고, 피상속인의 생전 증여에 상속인의 위와 같은 특별한 부양 내지 기여에 대한 대가의 의미가 포함되어 있는 경우와 같이 상속인이 증여받은 재산을 상속분의 선급으로 취급한다면 오히려 공동상속인들 사이의 실질적인 형평을 해치는 결과가 초래되는 경우에는 그러한 한도 내에서 생전 증여를 특별수익에서 제외할 수 있다. 여기서 피상속인이 한 생전 증여에 상속인의 특별한 부양 내지 기여에 대한 대가의 의미가 포함되어 있는지 여부는 당사자들의 의사에 따라 판단하되, 당사자들의 의사가 명확하지 않은 경우에는 피

> 상속인과 상속인 사이의 개인적 유대관계, 상속인의 특별한 부양 내지 기여의 구체적 내용과 정도, 생전 증여 목적물의 종류 및 가액과 상속재산에서 차지하는 비율, 생전 증여 당시의 피상속인과 상속인의 자산, 수입, 생활수준 등을 종합적으로 고려하여 형평의 이념에 맞도록 사회일반의 상식과 사회통념에 따라 판단하여야 한다. 다만 유류분제도가 피상속인의 재산처분행위로부터 유족의 생존권을 보호하고 법정상속분의 일정비율에 해당하는 부분을 유류분으로 산정하여 상속인의 상속재산 형성에 대한 기여와 상속재산에 대한 기대를 보장하는 데 그 목적이 있는 점을 고려할 때, 피상속인의 생전 증여를 만연히 특별수익에서 제외하여 유류분제도를 형해화시키지 않도록 신중하게 판단하여야 한다.

사례

증여를 기여의 대가로 인정한 사례 : 특별수익 배제

▷ **수원지방법원 안양지원 2022.8.31.선고 2021가단116260 소유권이전 등**

1. 기초사실

가. 원고들과 피고는 망 D(2021. 7. 29. 사망)의 아들들로서 D의 공동상속인들이다.

나. D는 1994. 1. 8. 의왕시 E다세대주택 F호(이하 '이 사건 부동산')에 관하여 1993. 11. 30. 매매를 원인으로 한 소유권이전등기를 마쳤다.

피고는 2019. 1. 28. 이 사건 부동산에 관하여 증여를 원인으로 한 소유권이전등기를 마쳤다.

2. 판단

가. 이 사건 부동산이 유류분 산정의 기초재산에 해당하는지

갑 제8호증, 을 제5 내지 10, 15, 17호증의 각 기재와 변론 전체의 취지에 의하여 인정되는 다음 사실들을 종합하면, D가 피고에게 이 사건 부동산을 증여한 것은 피고의 특별한 기여나 부양에 대한 대가의 의미로 봄이 타당하다. 이러한 경우 피고가 증여받은 이 사건 부동산을 상속분의 선급으로 취급한다면 오히려 공동상속인들 사이의 실질적인 형평을 해치는 결과가 초래되므로, 이 사건 부동산은 피고의 특별수익이라고 보기 어렵다.

① 피고는 1993. 9.경부터 D 사망 무렵까지 약 28년 동안 이 사건 부동산에서 D와 함께 거주하였고, 2004년경까지는 D의 모친도 함께 부양하였다.

D는 2017년경부터 걸으면 아프다고 호소하였고, 2019년경부터는 집에서 병상생활을 하며 바

퀴 달린 의자에 앉아 화장실만 가는 정도로 거동이 불편하게 되어, 곁에서 일상생활을 도와줄 사람의 존재가 필요한 상태였다. D가 투석 필요성에도 불구하고 입원생활을 거부하였고(을 제8호증 의무기록), 건강보험공단에서 제공하는 장기요양급여 중 방문요양(주 5회), 방문목욕(월 4회), 방문간호(월 2회)만 받은 것으로 미루어 보면 일상생활을 돌보는 역할을 피고와 그 가족들이 주로 하였던 것으로 보인다.

② D는 2011. 12.경부터 2021. 7.경까지 고혈압, 요추 및 추간판장애, 치주염, 무릎관절등, 심부전 등으로 1,000회 가까이 외래 진료, 입원치료를 받거나 약을 처방받았고, 2017년경부터 2021. 7. 사망할 때까지 H병원 척추센터, 신장내과에서 척추관협착증, 투석 등으로 수시로 외래 진료 및 입퇴원을 반복하였는데, 피고와 그의 처가 보호자로 동반하였고, 치료비를 부담하였다. 한편 원고 B은 2017. 3. 15. 15만 원, 같은 해 2. 13. 50만 원, 원고 A은 2017. 11. 21. 747,000원, 2017. 12. 9. 500,000원, 2017. 12. 13. 472,430원, 2018. 5. 1. 401,000원을 치료비 또는 용돈 명목으로 송금하였다.

③ D는 이 사건 부동산 외에는 자산이 없고, 기초연금 등 사회보장혜택 외에는 소득이 없었다. 치료비와 생활비를 동거하던 피고와 그의 처의 수입에 상당 부분 의존하였을 것으로 보인다. ②항에서 본 치료비 및 용돈 송금 내역 외에 원고들이 D의 부양비용을 분담하였다는 자료는 보이지 않는다.

④ 앞서 보았듯이 피고는 이 사건 부동산 매매대금 중 3차 중도금(1,300만원)과 잔금(1,000만 원)을 부담하였고, 매매대금 지급을 위해 이 사건 부동산을 담보로 대출받은 700만 원의 원리금을 변제하였다. D에게 특별한 수입이 없었던 점에 비추어 보면 이 사건 부동산의 재산세 등 공과금도 피고가 납부하였을 것으로 보인다. 이 사건 부동산 취득과 유지에 피고가 기여하였다고 인정할 수 있다.

⑤ 피고의 처는 2021. 5. 25.부터 5. 27.까지 원고 A에게 D의 병원비 자부담 비율을 낮추기 위해 기초생활수급 신청이 필요하니 금융정보제공동의서에 서명해달라는 문자메시지를 여러 차례 보냈으나 원고 A이 아무런 답을 하지 않아 결국 가족관계해체확인서를 대신 제출하고 기초생활수급 신청을 하였다. 기초생활수급 신청의 당부를 떠나서, D 부양과 관련한 일에 무관심한 태도를 보였다는 정황에 해당한다. 원고 A은 기초생활수급자 신청이 D를 이 사건 부동산에서 내쫓는 일이었으므로 협조하지 않았다고 주장하나, 피고 또는 그의 처에게 그러한 이유로 D의 기초생활수급자 신청에 반대한다거나 대안을 의논한다거나 어떤 식으로든 D 부양 또는 병원비 문제에 관여하였다는 자료는 없어 위 주장을 선뜻 믿기 어렵다.

나. 따라서 이 사건 부동산이 피고의 특별수익으로서 유류분 산정의 기초 재산에 포함됨을 전제로

하는 원고의 유류분반환청구는 받아들이지 않는다.

▷ **서울중앙지방법원 2022.8.17.선고 2020가단5014614 유류분**

1. 기초사실

가. 망 H(이하 '망인'이라 한다)는 1997. 10. 22. 피고와 혼인하였는데, 2020. 1. 5. 사망하였다. 망인의 상속인으로는 처인 피고 G, 자녀들인 원고 A, B, 망 C, I, J이 있다.

나. 망 C이 이 사건 소송계속 중인 2021. 10. 16. 사망하였고, 그 상속인인 원고 D, E, F이 이 사건 소송절차를 수계하였다.

2. 청구원인에 관한 판단

피고가 망인으로부터 이 사건 아파트 지분을 증여받았다고 하더라도, 앞서 든 증거들, 을 제1 내지 6호증의 각 기재 및 변론 전체의 취지에 의하여 인정되는 다음과 같은 사정들, 즉 ① 피고는 망인과 20년이 넘는 기간 동안 혼인생활을 유지하며 망인과 생활을 함께 하여온 점, ② 망인은 2001년 하반기부터 이 사건 토지에 건물을 신축하고자 하였는데, 피고가 2002. 1.경 피고 소유의 서울 강남구 O맨션을 매도하여 그 매도대금을 이 사건 아파트 신축을 위한 계약금 등으로 사용하도록 하였을 뿐만 아니라 이후에도 이 사건 아파트 신축공사의 공사비 지급을 위하여 피고의 지분을 포함한 이 사건 대지 및 아파트 각 호실에 공동담보를 설정하여 대출을 받기도 하는 등 망인이 이 사건 토지 및 아파트의 신축·유지함에 있어 피고가 기여한 부분이 상당하다고 보이는 점(원고들은 위 O맨션은 망인이 피고에게 명의신탁한 부동산이라고 주장하나 이를 인정할 아무런 증거가 없다), ③ 망인은 사망 당시 만 90세의 고령이었는바, 사망하기 몇 해 전인 2015년경부터는 건강상태가 눈에 띄게 나빠지기 시작하면서 피고가 병원 내원 및 치료비 부담 등 망인에 대한 부양의무를 부담하여 온 것으로 보이는 점, ④ 원고 A, B은 1985년경부터 현재까지 미국에서 계속 거주하고 있어 망인이 한국으로 귀국한 이후에는 오로지 피고가 망인과 함께 생활하며 망인을 부양하였다고 보이는 점 등을 종합하여 보면, 피고에 대한 증여는 배우자인 피고의 기여나 노력에 대한 보상 내지 평가, 실질적 공동재산의 청산, 피고의 여생에 대한 부양의무의 이행 등의 의미도 함께 담겨있다고 봄이 상당하므로, 이를 특별수익에서 제외하더라도 원고들을 비롯한 망인의 다른 자녀들인 공동상속인들과의 관계에서 공평을 해친다고 볼 수 없다. 따라서 피고에 대한 위 금원의 증여를 특별수익으로 보아 유류분 산정의 기초가 되는 재산액에 포함시키는 것을 전제로 한 원고들의 청구는 이유 없다.

▷ 같은 취지 : 서울동부지방법원 2023.1.13.선고 2021가단154654 유류분반환청구, 서울동부지방법원 2023.7.20.선고 2022가합109436 유류분반환청구

> **사례**
> **증여를 기여의 대가로 보지 않은 사례 : 특별수익 산입**
>
> ▷ 서울중앙지방법원 2022.6.9.선고 2021가합577459 유류분 반환청구
> **1. 기초사실**
> 가. 당사자 등의 지위
> 1) 망 E(이하 '망인'이라 한다)와 망 F(이하 'F'라고만 한다)는 1951. 11. 12. 혼인하여 슬하에 자녀로 원고들, 피고, G, 망 H(이하 'H'이라고만 한다) 5명을 두었다.
> 2) F는 2008. 1. 13. 사망하였고, 망인은 2020. 3. 8. 사망하였다.
>
> 나. 유류분 산정의 기초가 되는 재산액(A)
>
> **2. 이 사건의 경우**
> 피고가 망인을 부양하였다고 주장하는 기간 중 적어도 상당한 기간 동안에는 F에게 소득이 있었던 것으로 보이는 점, 피고(그 배우자를 통하여 한 것도 포함하여)의 망인에 대한 동거·간호가 통상 기대되는 정도를 넘는다고 뚜렷하게 볼 수 있는 정도의 증거는 보이지 않는 점 등에 비추어 볼 때, 피고가 제출한 증거들만으로는 피고가 망인으로부터 D 토지의 1/2 지분을 증여받은 것이 피고가 망인에 대하여 통상의 부양 수준을 넘는 특별한 부양을 한 데에 대한 대가로 받은 것이라고 인정하기에는 부족하고 달리 이를 인정할 증거가 없다. 결국 망인이 피고에게 증여한 망인 명의의 D 토지 중 1/2 지분은 특별수익으로서 유류분 산정의 기초가 되는 재산에 포함된다 할 것이다.
>
> ▷ 같은 취지 : 서울중앙지방법원 2022.9.1.선고 2020가합568441 상속회복 청구의 소, 서울고등법원 2022.5.13.선고 2021나2026794 유류분반환청구의 소)

나. 배우자가 증여받은 경우

이 문제는 배우자가 어떠한 재산을 증여받았는지, 배우자가 피상속인으로부터 증여받은 재산 이외에 피상속인과 혼인 중에 취득한 재산이 있는지에 따라 배우자가 받은 증여재산이 유류분반환의 대상이 되기도 하고 그렇지 않기도 합니다.

민법 제1008조는 "공동상속인 중에 피상속인으로부터 재산의 증여 또는 유증을 받은 자가 있는 경우에 그 수증재산이 자기의 상속분에 달하지 못한 때에는 그 부족한 부분의 한도에서 상속분이 있다."라고 규정하고 있는데, 이는 공동상속인 중에 피상속인에게서 재산의 증여 또는 유증을 받은 특별수익자가 있는 경우에 공동상속인들 사이의 공평을 기하기 위하여 수증재산을 상속분의 선급으로 다루어 구체적인 상속분을 산정할 때 이를 참작하도록 하려는 데 그 취지가 있습니다. 여기서 어떠한 생전 증여가 특별수익에 해당하는지는 피상속인의 생전의 자산, 수입, 생활수준, 가정상황 등을 참작하고 공동상속인들 사이의 형평을 고려하여 당해 생전 증여가 장차 상속인으로 될 자에게 돌아갈 상속재산 중 그의 몫의 일부를 미리 주는 것이라고 볼 수 있는지에 의하여 결정하여야 하는데, 생전 증여를 받은 상속인이 배우자로서 일생 동안 피상속인의 반려가 되어 그와 함께 가정공동체를 형성하고 이를 토대로 서로 헌신하며 가족의 경제적 기반인 재산을 획득·유지하고 자녀들에게 양육과 지원을 계속해 온 경우, 생전 증여에는 위와 같은 배우자의 기여나 노력에 대한 보상 내지 평가, 실질적 공동재산의 청산, 배우자 여생에 대한 부양의무 이행 등의 의미도 함께 담겨 있다고 봄이 타당하므로 그러한 한도 내에서는 생전 증여를 특별수익에서 제외하더라도 자녀인 공동상속인들과의 관계에서 공평을 해친다고 말할 수 없습니다(대법원 2011. 12. 8. 선고 2010다66644 판결 참조).

따라서 피상속인이 배우자에게 거주하는 주택이나 노후를 위한 자금을 증여해 주었다면 유류분반환대상에서 배제될 가능성이 있습니다.

그러나 만일 배우자가 증여받은 이외에 혼인기간 중 별도의 상당한 재산을 취득해서 소유 중이라면, 이미 혼인을 통하여 상당한 재산을 취득한 배우자에게 또다시 증여받은 재산을 유류분반환대상에서 배제하는 것은 공동상속인 간의 형평을 해하므로, 이 경우는 유류분반환의 대상에 포함될 가능성이 있습니다.

> **사례**
> ▷ 진주지방법원 군산지원 2022.6.15.선고 2021가단50954 유류분 청구의 소
>
> **1. 기초사실**
> 가. 원고들 및 피고 B은 2020. 8. 10.에 사망한 H(이하 '망인'이라 한다)의 자녀들로서 망인의 상속인들이다. 피고 C은 피고 B의 배우자로서 망인의 며느리이고, 피고 D, E은 피고 B의 자녀로서 망인의 손자 또는 손녀이다.
>
> **2. 구체적 판단**
> 피고 B가 상당한 기간 동안 간호 그 밖의 방법으로 망인을 특별히 부양하였으므로 그 기여분이 고려되어야 한다는 취지의 주장으로 선해하여 보더라도, 민법 제1008조의2, 제1112조, 제1113조 제1항, 제1118조에 비추어 보면, 기여분은 상속재산분할의 전제 문제로서의 성격을 가지는 것으로서, 상속인들의 상속분을 일정 부분 보장하기 위하여 피상속인의 재산처분의 자유를 제한하는 유류분과는 서로 관계가 없으므로, 공동상속인 중에 상당한 기간 동거·간호 그 밖의 방법으로 피상속인을 특별히 부양하거나 피상속인의 재산의 유지 또는 증가에 특별히 기여한 사람이 있을지라도 공동상속인의 협의 또는 가정법원의 심판으로 기여분이 결정되지 않은 이상 유류분반환청구소송에서 기여분을 주장할 수 없음은 물론이거니와, 설령 공동상속인의 협의 또는 가정법원의 심판으로 기여분이 결정되었다고 하더라도 유류분을 산정함에 있어 기여분을 공제할 수 없고, 기여분으로 유류분에 부족이 생겼다고 하여 기여분에 대하여 반환을 청구할 수도 없는 것인바(대법원 2015. 10. 29. 선고 2013다60753 판결 참조), 기여분 공제 취지의 위 주장 역시 받아들일 수 없다.

다. 피상속인의 며느리나 손자들이 증여받은 경우

(1) 피상속인이 사망일로부터 1년 이내에 한 증여

민법 제1114조에서는 "증여는 상속개시전의 1년간에 행한 것에 한하여 제1113조의 규정에 의하여 그 가액을 산정한다. 당사자 쌍방이 유류분권리자에 손해를 가할 것을 알고 증여를 한 때에는 1년 전에 한 것도 같다."라고 규정하고 있습니다.

그러므로 피상속인이 사망하기 1년 이내에 며느리나 손자들에게 한 증여재산과 유언에 의한 유증재산은 대부분 유류분반환청구의 대상이 됩니다.

(2) 피상속인이 사망일로부터 1년 이전에 한 증여

 피상속인이 사망하기 1년 이전에 며느리나 손자들에게 증여한 재산은 며느리와 손자들은 공동상속인이 아니기 때문에 민법 제1114조의 규정에 따라 유류분반환의 대상에서 배제됩니다.

그러나 예외적으로 증여 또는 유증의 경위, 증여나 유증된 물건의 가치, 성질, 수증자와 관계된 상속인이 실제 받은 이익 등을 고려하여 실질적으로 피상속인으로부터 상속인에게 직접 증여된 것과 다르지 않다고 인정되는 경우에는 상속인의 직계비속, 배우자, 직계존속 등에게 이루어진 증여나 유증도 특별수익으로서 이를 고려할 수 있습니다(대법원 2007. 8. 28. 자 2006스3,4 결정 참조).

따라서 피상속인이 공동상속인과 그의 배우자에게 각 1/2지분으로 주택을 증여하거나, 며느리의 채무를 대신 변제해 주거나, 사업자금을 증여해 준 경우, 통상의 금액을 넘는 학자금을 손자에게 준 경우 등은 이를 공동상속인의 특별수익으로 산입할 수 있습니다.

사례

상속인에 대한 증여로 본 사례 : 특별수익 산입

▷ **서울고등법원 2021.10.21.선고 2020나2037643 기타(금전)**
2) 박XX에 대한 증여를 피고 김선규의 특별수익으로 볼 수 있는지 여부
다툼 없는 사실, 갑 제1 내지 14, 37호증, 을 제69호증(각 가지번호 포함, 이하 같다)의 각 기재, 제1심법원의 XX세무서장에 대한 과세정보제출명령결과 및 변론 전체 의 취지에 의하여 알 수 있는 다음과 같은 사정들을 앞서 본 법리에 비추어 보면, 망인의 박XX에 대한 증여는 실질적으로 상속인인 피고 김XX에게 직접 증여한 것과 다르지 않다고 판단된다. 따라서 원고의 이 부분 주장은 이유 있다.
- 피고 김XX와 그 배우자인 박XX은 부부공동생활을 영위하며 경제적 공동체를 이루고 있으므로, 망인의 박XX에 대한 증여로 인한 이익은 피고 김XX에게도 사실상 귀속된 것으로 볼 수 있다.

- XX기업 주식회사는 주주 현황, 임원 구성 등에 비추어 당 김XX와 망인의 가족들이 소유·운영해 온 가족회사이다. 망인이 2011년에 박XX에게 증여한 XX기업 주식 6,200주는 XX기업의 총 주식 수 48,000주의 약 12.9%에 해당하고, 상속개시 당시 가액은 1,435,643,800원(= 6,200주 × 231,554원)에 달한다. 박XX이 피고 김XX의 배우자라는 사실 외에 기록상 망인이 박XX에게 경제적 가치가 상당한 XX기업 주식을 증여할 별다른 사정을 발견할 수 없다.
- 피고들은, 박XX이 2010년부터 XX기업의 사내이사로서 XX기업을 운영하는 망인을 보좌하였고, 사내이사 취임 전에도 XX기업에 근무하면서 회사 운영에 기여하였으므로, 망인이 그 공로를 인정하여 주식을 증여하였다는 취지로 주장한다. 그러나 박XX은 망인이 대표이사에서 사임하고 피고 김XX가 대표이사에 취임한 날인 2010. XX. XX. 비로소 사내이사로 취임하였는데, 망인은 그 이후로 XX기업에서 어떠한 직위도 맡지 아니 하였으며(갑 제12호증의 3), 사내이사 취임 전 박XX은 1994. XX. XX. XX기업에 입사하였다가 2000. XX. XX. 퇴사한 것에 불과하다(을 제69호증). 따라서 피고들의 주장과 같이 망인이 6,200주를 증여할 정도로 박XX이 망인의 XX기업 운영을 보좌하였다거나 그에 기여하였다고 보기 부족하다.
- 박XX이 2002. XX. XX. 망인으로부터 증여받은 XX시 XX면 XX리 산 1-1 외 4필지 각 부동산 지분의 경우 상속개시 당시 가액이 2,021,541,979원에 달하고, 증여시점도 박XX이 XX기업의 사내이사로 취임한 때로부터 8년 전이다. 박XX이 피고 김XX의 배우자라는 사실 외에 기록상 망인이 박XX에게 경제적 가치가 상당한 토지와 현금 등을 증여할 별다른 사정을 발견할 수 없다.

사례

상속인에 대한 증여에서 배제한 사례 : 특별수익 제외

▷ **수원지방법원 안양지원 2015.1.23.선고 2014가합100950 유류분반환청구의 소**

원고는 피고 김XX의 처인 피고 오XX 명의로 소유권이전등기가 마쳐진 위 각 부동산은 망인이 실질적으로 피고 김XX에게 증여한 것과 동일시할 수 있으므로 위 부동산은 유류분 산정의 기초재산에 포함되어야 함을 전제로, 피고 김XX은 원고에게 위 각 부동산의 상속개시 당시 시가를 기준으로 산정한 유류분액을 지급할 의무가 있다고 주장하므로 살피건대, 위 주장을 인정할 만한 증거는 없고, 오히려 갑 제1호증의 1, 갑 제2호증의 2, 을 제3호증의 1, 2. 을 제10호증의 1 내지 13의 각 기재에 의하면, 피고 오각-은 시어머니인 망인의 처 이XX가 뇌경색으로 쓰러진 2002. XX. XX.경부터 그가 사망한 2007. XX. XX.까지 이XX를 돌보면서 입원 및 통원 치료를 도운 사실을 인정할 수 있고, 위 인정사실에 비추어 망인은 며느리인 피고 오XX의 위와 같은 노력을 감안하여 위 각 부동산을 증여한 것으로 보일 뿐이므로, 원고의 위 주장은 이유 없다.

(3) 과도한 재산의 증여

피상속인이 사망일로부터 1년 이전에 며느리나 손자들에게 한 증여는 원칙적으로 유류분반환의 대상에서 배제되지만, 민법 제1114조 단서에서는 "당사자 쌍방이 유류분권리자에 손해를 가할 것을 알고 증여를 한 때에는 1년 전에 한 것도 같다."라고 규정하고 있습니다.

따라서 증여할 당시에 당사자 쌍방이 증여 당시 증여재산의 가액이 증여하고 남은 재산의 가액을 초과한다는 점을 알았을 뿐만 아니라, 장래 상속개시일에 이르기까지 피상속인의 재산이 증가하지 않으리라는 점까지 예견하고 증여를 했다면 상속일로부터 1년 이전의 증여라고 하더라도 유류분반환의 대상이 됩니다(대법원 2012. 5. 24. 선고 2010다50809 판결 참조).

그러므로 1년 이전의 증여가 유류분반환의 대상이 되기 위해서는 「증여당시 기준 + (증여가액 〉 남은재산가액) + 장래 재산증가가 없을 것이라는 인식 + 증여 당시 당사자 쌍방의 가해 인식」을 모두 충족하여야 할 것입니다. 그리고 이러한 조건은 'or'가 아닌 'and'이므로 이 중 하나라도 빠질 경우에는 유류분반환의 대상에서 배제됩니다.

다만 이에 대한 입증책임은 이를 주장하는 유류분권자에게 있습니다(대전지방법원 2020. 2. 19. 선고 2016가합106500 판결).

> **대법원 2012.05.24. 선고 2010다50809 판결**
> 공동상속인이 아닌 제3자에 대한 증여는 원칙적으로 상속개시 전의 1년간에 행한 것에 한하여 유류분반환청구를 할 수 있고, 다만 당사자 쌍방이 증여 당시에 유류분권리자에 손해를 가할 것을 알고 증여를 한 때에는 상속개시 1년 전에 한 것에 대하여도 유류분반환청구가 허용된다. 증여 당시 법정상속분의 2분의 1을 유류분으로 갖는 직계비속들이 공동상속인으로서 유류분권리자가 되리라고 예상할 수 있는 경우에, 제3자에 대한 증여가 유류분권리자에게 손해를 가할 것을

> 알고 행해진 것이라고 보기 위해서는, 당사자 쌍방이 증여 당시 증여재산의 가액이 증여하고 남은 재산의 가액을 초과한다는 점을 알았던 사정뿐만 아니라, 장래 상속개시일에 이르기까지 피상속인의 재산이 증가하지 않으리라는 점까지 예견하고 증여를 행한 사정이 인정되어야 하고, 이러한 당사자 쌍방의 가해의 인식은 증여 당시를 기준으로 판단하여야 한다.
>
> **대전지방법원 2020. 2. 19. 선고 2016가합106500 판결**
> 원고들의 주장과 같이 제1의 나.항 기재 재산 전부를 망인이 소외 3에게 증여하였다고 보더라도, 망인과 소외 3 사이의 마지막 증여는 2011. 2. 9.로서 상속개시일 2015. 10. 29.로부터 1년 전에 이루어졌다. 소외 3 또는 대습상속인인 피고들은 공동상속인이 아니므로, 위 증여재산이 유류분 산정의 기초가 되는 재산에 산입되기 위해서는 증여의 당사자 쌍방인 망인과 소외 3이 그 증여 당시 유류분권리자에 손해를 가할 것을 알고 증여를 한 때에 해당한다는 점(민법 제1114조 후문)이 주장·증명되어야 하나, 원고들은 그와 같은 주장·입증을 하고 있지 않다.
> 원고들의 청구를 받아들일 수 없다.

라. 임대보증금

부동산을 증여받은 경우에 임차인이 있었다면, 주택의 임차인이 제3자에 대한 대항력을 갖춘 후 임차주택의 소유권이 양도되어 그 양수인이 임대인의 지위를 승계하는 경우에는, 임대차보증금의 반환채무도 부동산의 소유권과 결합하여 일체로서 이전하는 것이므로 증여받은 부동산의 가액에서 임대차보증금을 공제한 나머지 금액이 특별수익이 됩니다(대법원 2009. 5. 28. 선고 2009다15794 판결 참조).

마. 원고가 받은 1979년 1월 1일 이전의 증여

유류분제도가 시행된 1979년 1월 1일 이전에 받은 증여재산은 유류분반환의 대상이 아닙니다.

그러나 그 반대로 원고가 1979년 1월 1일 이전에 증여를 받았다면 해당 증여는 원고의 유류분반환청구금액에서 공제될 수 있습니다.

예를 들어 A가 1978년 10월 1일 이전에 1억원을 증여받았고, B가 2000년 2월 5일에 4억원의 증여를 받았는데 상속재산과 채무가 없고 A의 유류분이 1/4지분이라면, A가 받은 증여재산은 유류분산정을 위한 기초재산에 산입되지 않으므로 A의 유류분은 B가 받은 4억원을 기준으로 하는 1억원이 됩니다.

그러나 비록 A가 받은 증여재산이 유류분 산정을 위한 기초재산에 들어가지 않는다고 하더라고 A가 1억원을 증여받은 사실은 부인할 수 없으므로 이미 유류분액에 해당하는 1억원을 받은 A는 유류분부족액이 없다 할 것이므로 유류분을 청구할 수 없습니다.

이것을 유류분산식으로 표현하면 A의 유류분 부족분은 "0원 = [(B의 4억원 - 상속재산 0원 - 상속채무 0원) × 유류분 1/4] - A의 증여 1억원 - A의 순상속분 0원"입니다.

바. 소멸시효

(1) 민법 규정

민법 제1117조에서는 "반환의 청구권은 유류분권리자가 상속의 개시와 반환하여야 할 증여 또는 유증을 한 사실을 안 때로부터 1년내에 하지 아니하면 시효에 의하여 소멸한다. 상속이 개시한 때로부터 10년을 경과한 때도 같다."라고 규정함으로써, 유류분반환청구권의 소멸시효로 1년과 10년을 규정하고 있습니다.

그런데 이 두 기간은 선택적으로 주장할 수 있는 것이 아닙니다. 즉 피상속인이 사망하고 증여사실을 안 날로부터 1년이 지났더라도 피상속인이 사망한 날로부터 10년이 지나지 않았다고 주장하면서 유류분반환청구소송을 할 수 있는 것이 아닙니다.

유류분반환청구권에 대한 소멸시효의 규정인 1년과 10년은 어느 하나에 해당하기만 하면 소멸시효가 완성된 것이므로 통상 피상속인이 사망하고 증여사실을 안 날로부터

1년이 경과하면 유류분반환청구권은 소멸했다고 보는 것이 합당합니다.

(가) 1년

민법에서는 "반환의 청구권은 유류분권리자가 상속의 개시와 반환하여야 할 증여 또는 유증을 한 사실을 안 때로부터 1년"이라고 규정하고 있습니다. 따라서 증여하는 사실이 발생했다고 하더라도 상속의 개시(즉, 피상속인의 사망)가 되지 않았다면 유류분반환청구권의 소멸시효는 진행하지 않습니다.

예를 들어 2017년 1월 5일에 피상속인이 증여를 하고 2017년 2월 10일에 그 사실을 알았는데, 2018년 3월 20일에 피상속인이 사망했다면, 유류분반환청구권의 소멸시효는 증여가 있었던 2017년 1월 5일부터 1년을 계산해서 2018년 1월 5일이나 증여사실을 안 2017년 2월 10일이 아니라 피상속인이 사망한 2018년 3월 20일로부터 1년이 되는 2019년 3월 20일까지 유류분반환청구를 하면 됩니다.

따라서 유류분반환청구소송은 "증여사실을 안 날 + 피상속인의 사망"이라는 두 가지 사실이 모두 갖춰진 때로부터 1년 안에 법원에 접수하면 됩니다.

(나) 10년

민법에서는 "상속이 개시한 때로부터 10년을 경과한 때도 같다."라고 규정하고 있습니다.

따라서 피상속인이 사망한 날로부터 10년이 경과하면 증여사실을 몰랐다고 하더라도 유류분반환청구소송을 제기할 수 없습니다.

다만 최근 대법원 판결에서는 피상속인이 사망하기 1개월 전에 유언을 받은 후에 이를 행사하지 않다가 10년이 지나 유증등기를 한 후 다른 상속인이 유류분반환청구를 하자 10년에 대한 소멸시효를 주장한 사안에 대해서 「피고들이 원고의 권리행사를 방해할 의도로 일부러 이 사건 유증 사실을 원고에게 알리지 않은 채, 피고 B이 유언집행자로서의 임무를 해태하면서, 상속개시일로부터 10년이 지나서 유증으로 인한 소유권이전등기를 마쳤다면, 이는 채무자가 시효완성 전에 채권자의 권리행사나 시효중단을 불가능 또는 현저히 곤란하게 하였거나, 그러한 조치가 불필요하다고 믿게 하는 행동을 한 경우라고 보기에 충분하다. 나아가 이러한 사정은 객관적으로 원고가 권리를 행사할 수 없는 장애사유에도 해당한다.」라고 함으로써, 소멸시효의 항변을 배척하였습니다(대법원 2023.6.1.선고 2022다294367 유류분반환청구의 소).

(2) 소멸시효에 관한 입증책임과 입증의 방법

피상속인이 사망한 날로부터 1년이 지나서 유류분반환청구소송이 제기된 경우에 피고는 원고의 청구에 대하여 소멸시효가 경과된 이후에 청구된 것이라는 주장을 통해서 법원에 대해서 기각(원고 패소)을 선고해 줄 것을 요구합니다.

그러나 유류분반환청구권의 소멸시효에 관한 주장은 항변사유이기 때문에, 만일 피고가 원고의 청구가 소멸시효가 경과된 이후에 청구된 것이라고 주장하고자 한다면, 원고가 소송이 제기되기 1년 이전에 이미 증여사실을 알고 있었다는 사실을 피고가 증명해야 합니다.

즉 피상속인이 사망한 날로부터 1년이 지났다고 하더라도 원고는 유류분반환청구소송을 제기하기만 하면 되고, 피고는 원고가 증여사실을 알았다는 사실에 대한 입증책임을 부담하는 것입니다.

그러나 유류분반환청구소송의 대상이 되는 증여가 가족 간에 있었던 일이기 때문에 실무상 원고가 소제기 1년 이전에 증여사실을 알았다는 사실을 객관적 자료에 의하여 증명하기란 쉽지 않습니다.

그러다보니 원고와 피고가 주고받은 e-mail, 휴대폰 문자 등이 없다면 결국 증여 당시의 가정환경, 증여 재산의 성질과 규모, 피상속인의 사망 후의 사정 등을 고려한 간접증거로 증명할 수밖에 없습니다.

따라서 피상속인이 사망한 후 1년이 지나 청구된 사건에서는 간접증거를 얼마나 수집하고 정리해서 제출할 수 있는지에 따라 소송의 결과가 달라지므로, 이 부분에 대해서는 세심한 주의가 필요합니다.

15. 특별수익의 산정

15. 특별수익의 산정

가. 특별수익의 원칙

피상속인이 생전에 증여한 재산은 증여의 시기가 전부 다릅니다. 따라서 유류분반환청구소송에서는 증여재산이 가치를 한 시점에 맞춰서 판단하게 되는데 그 시점은 피상속인이 사망한 날입니다.

따라서 모든 증여재산은 언제 증여했는지를 불문하고 피상속인이 사망한 날에 얼마인지를 확인해서 그 금액을 증여금액으로 보게 됩니다.

나. 특별수익에 산입되는 재산

증여는 누군가에게 무상으로 경제적 이익을 누리게 하는 것을 의미합니다. 그리고 유류분반환청구소송에서는 이러한 증여재산을 반환대상으로 하고 있습니다. 그러나 모든 증여재산이 유류분반환대상이 되는 것이 아니라 상속분을 미리 주는 것 즉 상속분의 선급에 해당하는 증여만을 특별수익으로 인정하고 있습니다. 따라서 가령 아버지가 자녀에게 명절에 세뱃돈을 주었을 경우에 해당 금액이 사회적인 통념상 인용할 수 있을 정도의 금액이라면 해당 금액을 유류분반환대상인 특별수익이라고 할 수 없습니다.

그리하여 서울고등법원 2011. 10. 31. 자 2010브61 결정에서는 「청구인 1은 1996. 1.이후 매월 200만 원씩 피상속인으로부터 합계 3,000만 원을 유학비용으로 지급받았다고 인정하고 있다. 살피건대, 어떠한 생전 증여가 특별수익에 해당하는지는 피상속인의 생전의 자산, 수입, 생활수준, 가정상황 등을 참작하고 공동상속인들 사이의 형평을 고려하여 당해 생전 증여가 장차 상속인으로 될 자에게 돌아갈 상속재산 중의 그의 몫의 일부를 미리 주는 것이라고 볼 수 있는지의 여부에 의하여 결정하여야 할 것인바(대법원 1998. 12. 8. 선고 97므513,520, 97스12 판결 등 참조), 위 돈의 액수, 지급시기, 지급경위 등에 비추어 이는 상속분의 선급이 아니라 당시 부모의 이혼으로 심적 고통을 겪던 자녀에 대한 배려에서 특별히 지원한 학비라고 봄이 상당하므로, 위 돈을 특별수익이라고 주장하는 상대방의 주장은 이유 없다.」라고 함으로써 유학비용 3,000만원은 상속분의 선급이 아닌 자녀에 대핸 배려로 인정하여 특별수익으로부터 배제하였습니다.

> **대법원 2011. 12. 8. 선고 2010다66644 판결**
>
> 민법 제1008조는 "공동상속인 중에 피상속인으로부터 재산의 증여 또는 유증을 받은 자가 있는 경우에 그 수증재산이 자기의 상속분에 달하지 못한 때에는 그 부족한 부분의 한도에서 상속분이 있다."라고 규정하고 있는데, 이는 공동상속인 중에 피상속인에게서 재산의 증여 또는 유증을 받은 특별수익자가 있는 경우에 공동상속인들 사이의 공평을 기하기 위하여 수증재산을 상속분의 선급으로 다루어 구체적인 상속분을 산정할 때 이를 참작하도록 하려는 데 그 취지가 있다. 여기서 어떠한 생전 증여가 특별수익에 해당하는지는 피상속인의 생전의 자산, 수입, 생활수준, 가정 상황 등을 참작하고 공동상속인들 사이의 형평을 고려하여 당해 생전 증여가 장차 상속인으로 될 자에게 돌아갈 상속재산 중 그의 몫의 일부를 미리 주는 것이라고 볼 수 있는지에 의하여 결정하여야 한다.

다. 부동산

(1) 증여방법에 따른 증여재산의 구분

피상속인이 상속인에게 부동산을 증여하는 방법은 ⑴ 피상속인이 소유하고 있던 부동산 자체를 증여를 등기원인으로 해서 소유권을 이전해 주는 방법, ⑵ 피상속인이 어떤 부동산을 매수하면서 소유권이전등기를 상속인의 명의로 하는 방법으로 증여하는 방법, ⑶ 피상속인이 상속인에게 부동산 매수대금을 지급해서 그 상속인이 부동산 매수자금을 전소유자에게 지급하고 소유권을 이전받는 방법, ⑷ 피상속인의 상속인 명의로 부동산을 신축하고는 상속인 명의의 소유권보존등기를 마치는 방법으로 증여하는 방법 등이 있습니다.

이 경우 대부분 해당 상속인의 특별수익이 되나 인정되는 특별수익이 다소 차이를 보이게 됩니다. 먼저 ⑴의 경우라면 부동산 자체의 증여로 보게 됩니다.

그러나 ⑵의 경우라면 부동산 자체의 증여인지 아니면 부동산 매수대금의 증여인지를 고민하게 됩니다. 실무에서는 대부분 '전소유자 ⇒ 피상속인 ⇒ 상속인'의 순서로 소유권이전등기가 마쳐질 것을 '전소유자 ⇒ 피상속인 ⇒ 상속인'으로 하는 중간생략등기 방식에 의한 증여로 봐서 부동산 자체의 증여로 볼 가능성이 매수대금의 증여로 볼 가능성보다 높습니다.

그리고 ⑶의 경우는 대부분 부동산 매수자금 특히 이 중 피상속인으로 부터 상속인 명의의 계좌에 입금된 금액을 증여대상으로 봅니다. 따라서 이 경우는 부동산 매수자금의 증여로 보기보다는 현금증여로 보는 것이 이해가 빠를 수 있습니다.

그리고 ⑷의 경우는 현실적으로 현금증여를 입증하기 어려운 부분이 있습니다. 피상속인이 건물의 신축을 위한 자재대금, 공사대금 등을 지급했다고 하더라도 신축자금 전부를 입증하는 것은 어려울 뿐만 아니라 피상속인의 계좌에게 이체된 상대방이 건물의 신축을 담당하는 공사업자라거나 자재를 납부하는 업체라는 사실을 입증하기도 어렵습니다. 따라서 정황 등에 의하여 해당 부동산을 피상속인이 상속인 명의로 신축하는 방법으로 증여한 사실이 인정되면 대부분은 건물 그 자체를 증여대상으로 보게 됩니다.

(2) 부담부 증여

부담부 증여는 증여자가 어떤 재산을 증여하면서 함께 부담도 승계하는 것을 의미합니다. 이러한 부담부 증여의 형태는 일반적으로 임차인이 있는 부동산을 증여하거나 근저당권이 설정된 부동산을 증여하는 경우로 구분 될 수 있습니다.

(가) 임대보증금이 있는 부동산의 증여

임대보증금이 있는 부동산의 경우 임대차보증금반환의무는 부동산의 소유권에 따라 움직이게 되므로 해당 부동산을 증여받은 수증자가 해당 부동산의 임차인에 대한 임대차보증금반환의무를 부담하게 됩니다. 따라서 이 경우 증여가액은 해당 부동산의 가액에서 임대차보증금을 공제한 금액이 됩니다.

가령 가액이 10억원인 아파트를 아버지가 자녀1에게 증여를 했으나 당시 해당 아파트를 보증금 6억원에 임대 중이었다면 자녀1에 대한 증여가액은 아파트의 가액 10억원에서 임대보증금 6억원을 공제한 4억원이 됩니다.

다만 이는 증여 당시를 기준으로 하는 것으로 유류분반환청구소송에서는 특별수익이 상속개시 당시로 환산됩니다. 따라서 증여받을 당시에 10억원이었던 아파트의 가격이 상속개시 당시 15억원으로 증가했다면 이때 자녀1의 특별수익을 어떻게 계산해야 하는지가 문제가 됩니다.

가장 손쉬운 방법으로는 자녀1이 인수한 임대보증금반환채무가 6억원이었으므로 상속개시 당시 증여받은 아파트의 시가 15억원에서 6억원을 차감한 9억원을 특별수익으로 할 수 있습니다. 그런데 여기서 문제점은 증여받은 아파트의 시가는 상속개시 당시의 시가를 반영하는데 공제될 부담인 임대보증금은 증여 당시를 기준으로 한다는 문제가 있습니다. 이에 대법원의 판결은 아니나 일부 하급심에서는 임대보증금 6억원에 물가상승율을 반영하여 특별수익으로부터 공제될 부담부인 임대보증금을 '공제액 = 임대보증금 × 상속개시 당시 물가지수 / 증여 당시 물가지수'로 계산하기도 합니다. 만일 상속개시 당시의 물가지수가 105이고 증여당시가 90이라면 공제될 임대보증금은 '6억원 × 105/90 = 7억원'이 됩니다. 그러므로 이 경우 자녀1의 특별수익은 증여받은 아파트에 대한 상속개시 당시의 시가 15억원에서 상속개시 당시로 환산한 임대보증금 7억원을 공제한 8억원이 됩니다.

> **주의** 증여받은 후에 얼마 지나지 않아 피상속인이 사망한 경우에는 과세관청에 증여세신고를 할 당시 임대보증금을 공제하고 신고한 내역이 있으므로 이에 대한 과세정보제출명령을 통하여 공제할 임대보증금이 내역을 확인할 수 있습니다. 또흔 임대차계약서를 그대로 갖고 있는 경우도 있습니다. 그러나 증여한 날로부터 10년 이상이 지나고 임차인들이 바뀐 경우에는 증여 당시 임대차계약서를 보관하고 있지 않은 경우도 있고 과세관청에서도 증여세신고내역을 폐기했을 가능성이 있습니다. 이 경우 부담부 증여라는 사실을 증명하는데 어려움이 있습니다. 그러므로 수증자의 입장에서는 반드시 증여받을 당시의 임대차계약서나 증여세신고내역을 보관하고 있어야 할 것입니다.

(나) 근저당권채무가 있는 부동산 증여

증여자는 자신의 소유인 부동산을 담보로 제공하고 대출을 받을 수 있습니다. 이 경우 해당 부동산의 등기부등본에는 채무자를 증여자로 하는 근저당권이 설정됩니다. 이러한 상태에서 증여하는 것은 부담부 증여가 아닙니다. 이 경우에는 해당 부동산의 소유권자가 자녀1로 변경된다고 하더라도 해당 부동산에 설정된 근저당권채무자는 여전히 증여자이고 대출금반환의무도 증여자이기 때문입니다.

물론 통상은 이러한 경우 해당 부동산을 증여받은 자녀1이 대출금을 변제하게 되나, 이는 내부적인 합의일 뿐 이를 외부적으로 증명할 방법이 없습니다. 여전히 채무자는 증여자이기 때문입니다.

또한 증여자로 설정된 근저당권이 또는 대출자를 증여자로 하는 대출채무가 변제되고 근저당권이 말소되었다면 그 채무는 대출자인 증여자가 변제한 것으로 추정될 수 있습니다. 따라서 등기부의 기재에 의하면 아버지가 자녀1에게 자신이 채무자로 된 근저당권이 설정된 부동산을 증여하게 되면 일단 자녀1의 증여가액은 부동산 자체의 시가가 되는 것이지 근저당권이 설정된 채권최고액이나 실제 대출금을 공제한 나머지가 되지 않습니다.

그러므로 만일 증여자를 채무자로 하는 근저당권이 설정된 부동산을 증여하는 경우에 해당 증여가 부담부 증여가 되고자 한다면 채무자를 자녀1의 이름으로 변경하거나 자녀1이 새로운 대출을 일으켜 새로운 근저당권을 설정한 후 증여자가 채무자인 근저당권을 말소해야 합니다.

또한 증여를 받으면서 채무자인 증여자의 대출금을 자녀1이 변제하고 말소했다면 자녀1은 대출을 변제한 당시 자녀1이 변제라는 기록을 남길 수 있도록 자녀1의 계좌에서 증여자인 부친의 대출금 계좌로 이체를 함으로써 자녀1이 증여자의 대출금을 변제한 사실을 기록으로 남겨야 합니다.

그리고 이와 같은 부담부 증여의 경우에도 하급심에서는 부담부 증여로 인정된 대출금에 대해서도 부담한 대출금에 물가지수를 반영해서 공제합니다. 일부 수증자들은 대출금에 자신이 부담한 이자를 더한 금액의 공제를 주장하나 실무에서는 이러한 주장이 인정되기 어렵습니다.

따라서 대출금을 부담으로 하는 부담부 증여의 경우 특별수익은 '상속개시 당시 해당 부동산의 시가 – (대출금 × 상속개시 당시 물가지수 / 증여당시 물가지수) = 특별수익'으로 계산할 수 있습니다.

(다) 부양과 간병을 부담으로 하는 부담부 증여의 인정 여부

일부 당사자들이 해당 부동산의 증여를 피상속인인 부모의 부양과 간병 및 노후의 봉양을 부담으로 하는 부담부 증여이고 해당 수증자는 부담을 모두 이행했으므로 특별수익이 아니라는 주장을 하고는 합니다.

그러나 위에서 본 수원지방법원 안양지원 2022.8.31.선고 2021가단116260 사건, 서울중앙지방법원 2022.8.17.선고 2020가단5014614 사건, 서울동부지방법원 2023.1.13.선고 2021가단154654 사건, 서울동부지방법원 2023.7.20.선고 2022가합109436 사건 등과 같이 특별한 사정이 없는 경우 일반적인 부양과 간병 등을 부담으로 하는 부담부 증여의 주장은 실무에서 인정될 가능성이 별로 없습니다.

(3) 증여받은 부동산의 변동에 따른 증여금액의 산정

(가) 증여당시 상태로 상속개시 당시까지 소유하고 있는 경우

증여받은 부동산을 증여받을 당시의 상태로 피상속인이 사망할 때(상속개시 당시)까지 소유하고 있는 경우에는 해당 부동산의 상속개시 당시의 시가를 증여금액으로 합니다.

(나) 증여받은 부동산이 아파트인 경우

토지나 단독주택 또는 오피스텔이나 빌라 등과 달리 아파트는 대략 시가가 어느 정도 정해져 있습니다. 따라서 실무에서는 일방 당사자가 아파트의 시가를 별도로 감정신청하지 않고 KB국민은행의 일반시세로 감정가를 대신합니다.

이때 상대방 당사자가 이의를 제기하게 되면 부득이하게 시가감정을 신청하게 되나,

대부분의 실무에서는 KB국민은행의 일반평균가를 기준으로 하고 있습니다.

(다) 증여받은 토지의 지목 또는 성상을 변경한 경우

가령 논을 증여받은 후에 상속인이 자신의 노력으로 지목을 대지로 변경하거나 지목은 논인 상태를 유지하더라도 사실상 대지로 사용하는 경우에는 지목의 변경 또는 대지로의 성상의 변경은 수증자의 노력에 의한 것이므로 수증자의 노력 부분을 제외하고 증여당시의 상태인 논으로 가정하여 상속개시 당시의 시가를 증여금액으로 합니다.

또한 증여받을 당시에는 건축물이 없는 나대지(裸垈地)를 증여받았으나 이후 수증자 또는 제3자가 그 지상에 건물을 신축하여 증여받은 토지가 건부지로 전환된 경우에는 상속개시 당시의 상태인 건부지가 아닌 증여당시를 기준으로 하는 나대지로 가정하여 상속개시 당시의 시가를 증여금액으로 산정하게 됩니다. 그러나 건축물이 있는 토지를 증여받았으나 이후 수증자가 기존의 건물을 철거하고 해당 토지의 지상에 새로운 건축물을 신축한 경우에는 증여 당시에 건부지(建敷地)였으므로 여전히 건부지로 보아야 할 것입니다.

(라) 매각한 경우

수증자가 부동산을 증여받은 후에 상속개시 전에 해당 부동산을 매각한 경우에는 해당 부동산의 증여금액을 산정하는 방법에 관하여 대법원 2009. 7. 23. 선고 2006다28126 판결에서는 「피고들이 타에 처분한 것을 포함하여 망인으로부터 증여받은 각 부동산의 가액을 상속개시 당시를 기준으로 산정한다.」라고 하여, 수증자가 해당 부동산을 매각했다고 하더라도 매각하지 않은 것으로 보고 해당 부동산에 대한 상속개시 당시의 시가를 증여금액으로 계산했습니다(같은 취지 : 대법원 2011. 4. 28. 선고 2010다29409 판결).

반면에 대법원 2023. 5. 18. 선고 2019다222867 판결에서는 「민법 문언의 해석과 유류분 제도의 입법 취지 등을 종합할 때 피상속인이 상속개시 전에 재산을 증여하여 그 재산이 유류분반환청구의 대상이 된 경우, 수증자가 증여받은 재산을 상속개시 전에 처분하였거나 증여재산이 수용되었다면 민법 제1113조 제1항에 따라 유류분을 산정함에 있어서 그 증여재산의 가액은 증여재산의 현실 가치인 처분 당시의 가액을 기준으로 상속개시까지 사이의 물가변동률을 반영하는 방법으로 산정하여야 한다.」라고 판단하였습니다. 따라서 이 판례에 의하면 수증자가 부동산을 증여받은 후에 매각하면 그 매각대금을 증여받은 것으로 보게 됩니다.

결국 수증자가 증여받은 후 매각한 부동산을 대상으로 유류분반환을 청구한 경우에 2009. 7. 23. 선고된 대법원 2006다28126 판례는 부동산 자체를 증여대상으로 보는 반면에 2023. 5. 18. 선고된 대법원 2019다222867 판례는 매각대금을 증여받은 것으로 보고 있습니다.
따라서 증여받은 부동산을 매각한 경우에 증여대상을 무엇으로 볼 것인지에 대해서 서로 상반된 판결이 존재합니다.

통상 이와 같이 대법원의 판단이 서로 상반된 경우에는 전의 판결이 변경된 것으로 기재되나 이 사건의 경우 판례 변경이라는 어떠한 근거도 없습니다. 또한 판례변경은 전원합의체에 의하여 가능하나 증여된 부동산을 매각한 경우 매각대금을 증여받은 것으로 본 2023. 5. 18. 선고 2019다222867 판결은 전원합의체 판결이 아니므로 이를 판례변경이라고 볼 수 없습니다.

그럼에도 불구하고 실무에서는 최근의 판례를 따르는 경향이 있으므로 증여받은 부동산이 매각된 경우에는 해당 매매대금을 증여한 것으로 보아 '매매금액 × (상속재시 당시의 GDP디플레이터 / 매각당시의 GDP디플레이터) = 특별수익'의 방법에 따라 특별수익을 산정해야 할 것입니다.

> **대법원 2011. 4. 28. 선고 2010다29409 판결**
> 피고들이 타에 처분한 것을 포함하여 망인으로부터 증여받은 각 부동산의 가액을 상속개시 당시를 기준으로 산정하고, 피고들이 나대지로 증여받은 후 그 지상에 건물을 축조한 부동산에 대하여는 나대지임을 상정하여 상속개시 당시의 가액을 산정하고, 상속개시 당시에 이미 건물이 축조되어 있던 부동산에 대하여는 그 상태 그대로의 가액을 그 재산가액으로 인정하였다.
> 앞서 본 법리 및 기록에 비추어 보면, 위와 같은 원심의 판단은 정당하고, 거기에 상고이유로 주장하는 바와 같은 법리오해 또는 판례위반 등의 위법이 없다.
>
> **대법원 2023.5.18.선고 2019다222867 유류분반환청구**
> 민법 문언의 해석과 유류분 제도의 입법취지 등을 종합할 때 피상속인이 상속개시 전에 재산을 증여하여 그 재산이 유류분반환청구의 대상이 된 경우, 수증자가 증여받은 재산을 상속개시 전에 처분하였거나 수용되었다면 민법 제1113조 제1항에 따라 유류분을 산정함에 있어서 그 증여재산의 가액은 증여재산의 현실 가치인 처분 당시의 가액을 기준으로 상속개시까지 사이의 물가변동률을 반영하는 방법으로 산정하여야 한다.
>
> **서울고등법원 1991. 1. 18. 선고 89르2400 제1특별부판결 : 상고기각**
> 청구인 1은 현물을 증여받았다가 그들이 수용됨에 따라 보상금을 받았음은 앞서 본 바와 같으나 보상금 수령일시에 현금을 증여받은 것으로 보아 평가환하기로 한다.

(마) 수용된 경우

증여받은 부동산이 도로로 편입 또는 택지개발 등으로 수용되어 수용보상금을 지급받은 경우에는 수용보상금을 증여받은 것으로 봐서 현금증여에 대한 특별수익의 산정방식을 적용하여 '증여금액 = 수용보상금 × 상속개시 당시의 물가지수 / 수용보상금 수령 당시의 물가지수'의 방식으로 증여금액을 산정하게 됩니다.

(바) 택지개발 등으로 다른 토지로 환지가 된 경우

어떤 부동산을 증여받았으나 해당 부동산이 토지개발 등의 이유로 다른 필지로 전환되었을 경우에는 기존의 토지가 동일성을 유지한 채 다른 토지로 전환된 것으로 봐서 환지 받은 토지를 증여 받은 것으로 보게 됩니다. 따라서 이 경우 증여금액은 환지된 토지의 상속개시 당시의 시가입니다.

만일 환지되면서 청산금을 일부 지급받은 경우에는 해당 청산금을 증여받은 것으로 봐서 현금을 증여받은 경우에 적용하는 계산식을 적용해서 해당 상속인의 특별수익을 결정하게 됩니다.

(사) 재건축 또는 재개발로 신규 아파트를 취득한 경우

재건축 또는 재개발을 하게 되면 기존의 증여받은 부동산을 없어지고 그 대신에 새로운 부동산(예 아파트 등)을 취득하게 됩니다. 이때 대부분은 새롭게 취득하는 부동산의 분양가가 기존에 증여받은 부동산의 가격을 초과하게 되어 추가분담금을 납부하게 됩니다. 이러한 경우에 증여금액은 '증여금액 = 상속개시 당시 분양된 아파트의 시가 × 권리가 / 분양가'의 계산식에 따라 증여금액을 계산하게 됩니다.

반대로 권리가가 분양가액을 초과하여 아파트를 분양받고 청산금을 지급받게 되면 해당 아파트의 상속개시 당시의 시가에 청산금을 현금증여와 같은 방법에 따라 '증여금액 = 청산금 × 상속개시 당시의 물가지수 / 청산금 수령 당시의 물가지수'의 방식으로 산정한 금액을 더하여 증여금액을 계산하게 됩니다.

> **판례** 서울중앙지방법원 2011.11.29.선고 2009가합126958 유류분반환
> 이 사건 아파트의 재건축 당시 분양가는 891,300,000원이었는데 원고 XXX은 추가 분담금 233,038,000원을 지출한 사실, 재건축 아파트의 망인 사망 당시의 시가는 1,635,000,000원인 사실이 인정된다. 이에 의하면 재건축된 아파트가 망인의 증여에 의하여 형성된 지분은 73,854/100,000 {658,262,000원(891,300,000원-233,038,000원)/891,300,000원}이므로 이 사건 아파트의 상속개시 당시가액은 1,207,512,900원(=1,635,000,000원 × 73,854/100,000)이다.

대법원 1997. 3. 21. 자 96스62 결정

공동상속인 중에 피상속인으로부터 재산의 증여 또는 유증 등의 특별수익을 받은 자가 있는 경우에는 이러한 특별수익을 고려하여 상속인별로 고유의 법정상속분을 수정하여 구체적인 상속분을 산정하게 되는데, 이러한 구체적 상속분을 산정함에 있어서는 상속개시시를 기준으로 상속재산과 특별수익재산을 평가하여 이를 기초로 하여야 할 것이다.

대법원 2015. 11. 12. 선고 2010다104768 판결

증여 이후 수증자나 수증자에게서 증여재산을 양수한 사람이 자기 비용으로 증여재산의 성상(性狀) 등을 변경하여 상속개시 당시 가액이 증가되어 있는 경우, 변경된 성상 등을 기준으로 상속개시 당시의 가액을 산정하면 유류분권리자에게 부당한 이익을 주게 되므로, 이러한 경우에는 그와 같은 변경을 고려하지 않고 증여 당시의 성상 등을 기준으로 상속개시 당시의 가액을 산정하여야 한다.

서식) 부동산 감정신청서 : 원물반환

시가감정촉탁신청

사　　건　　2023가합XXX 유류분반환

원　　고　　김XX

피　　고　　김XX

위 사건에 관하여 원고는 아래와 같이 시가감정촉탁을 신청합니다.

1. 신청취지

유류분 산정을 위한 기초재산에 산입될 별지 목록 기재 각 부동산에 관하여 상속개시 당시의 시가에 대한 감정을 신청합니다.

2. 감정의 목적

법원은 특별수익 가액의 산정에 관하여「유류분반환의 범위는 상속개시 당시 피상속인의 순재산과 문제 된 증여재산을 합한 재산을 평가하여 그 재산액에 유류분청구권자의 유류분비율을 곱하여 얻은 유류분액을 기준으로 산정하는데, 증여받은 재산의 시가는 상속개시 당시를 기준으로 하여 산정하여야 한다(대법원 2015. 11. 12. 선고 2010다104768 판결).」라고 판단하고 있습니다.

따라서 원고는 유류분의 산정을 위하여 상속개시 당시를 기준으로 하는 시가를 확인함으로써 원고의 유류분액과 반환가액을 산정하고자 합니다.

3. 감정의 목적물

별지 목록에 기재하였습니다.

4. 감정사항

별지 목록 기재 각 부동산에 대하여 망 김XX의 사망일인 2024. X. X. 당시의 시가

2024. X. XX.

위 원고 김XX   (인)

서울중앙지방법원   귀중

별지 목록

부동산의 표시

1. 서울시 XX구 XX동 1-234 제1층 제101호
2. 충청북도 XX군 XX면 XX리 산1 임야 1234㎡
3. 경기도 XX시 XX구 XX동 1-2 대 123㎡

서식) 부동산 감정신청서 : 가액반환

시가감정촉탁신청

사　　건　2023가합XXX 유류분반환
원　　고　김XX
피　　고　김XX

위 사건에 관하여 원고는 아래와 같이 시가감정촉탁을 신청합니다.

1. 신청취지
유류분 산정을 위한 기초재산에 산입될 별지 목록 기재 각 부동산에 관하여 상속개시 당시의 시가에 및 사실심 변론종결 당시의 시가에 대한 감정을 신청합니다.

2. 감정의 목적
법원은 특별수익 가액의 산정에 관하여 「유류분반환의 범위는 상속개시 당시 피상속인의 순재산과 문제 된 증여재산을 합한 재산을 평가하여 그 재산액에 유류분청구권자의 유류분비율을 곱하여 얻은 유류분액을 기준으로 산정하는데, 증여받은 재산의 시가는 상속개시 당시를 기준으로 하여 산정하여야 한다(대법원 2015. 11. 12. 선고 2010다104768 판결).」라고 판단하면서도, 「가액반환을 명하는 경우 가액은 사실심 변론종결 시를 기준으로 산정하여야 한다(대법원 2022. 9. 29. 선고 2022다203583 판결).」라고 판단하고 있습니다.

따라서 원고의 유류분 산정을 위하여 상속개시 당시를 기준으로 하는 시가를, 가액반환을 위한 사실심 변론종결 당시를 기준으로 하는 시가를 확인함으로써 원고의 유류분액과 반환가액을 산정하고자 합니다.

3. 감정의 목적물

 별지 목록에 기재하였습니다.

4. 감정사항

 별지 목록 기재 각 부동산에 대하여 망 김XX의 사망일인 2024. 01. 23. 당시의 시가 및 현재의 시가

2024. X. XX.

위 원고 김XX   (인)

서울중앙지방법원   귀중

라. 현금

피상속인이 2015년 1월 5일에 사망했는데 자녀1에게 1990년 10월 10일에 100,000,000원을 증여했다면, 1990년경의 100,0000,000원과 2015년경의 100,0000,000원의 가치가 같을 수가 없기 때문에 1990년경의 100,0000,000원이 피상속인이 사망한 날에 얼마의 가치를 갖는지를 판단하게 되는데 이때는 물가상승률을 반영하게 됩니다.

그리고 그 물가상승률은 한국은행경제통계시스템(http://ecos.bok.or.kr/)에 있는 100대 통계지표 중 GDP디플레이터를 적용하게 됩니다.

> **사례** 피상속인이 자녀1에게 1990년에 100,000,000원을 증여하고 2015년에 사망했는데 1990년의 GDP디플레이터가 90.5이고, 2015년의 GDP디플레이터가 105.2라면, 자녀1의 증여금액은 "100,000,000원 × 105.2/90.5"로 계산한 116,243,093원이 됩니다.

> **사례**
>
> **서울고등법원 2014. 6. 2. 자 2013브127 결정**
>
> 증여받은 재산이 금전일 경우에는 그 증여받은 금액을 상속개시 당시의 화폐가치로 환산하여 이를 특별수익한 가액으로 봄이 상당하고, 그러한 화폐가치의 환산은 특별수익 당시부터 상속개시 당시까지 사이의 물가변동률을 반영하는 방법으로 산정하는 것이 합리적이라고 할 것인데, 물가변동률로는 경제 전체의 물가수준 변동을 잘 반영하는 것으로 보이는 별지3 기재 한국은행의 GDP 디플레이터를 사용하는 것이 타당하다.
>
> 결국 특별수익한 현금의 상속개시 당시의 화폐가치는 "특별수익액 × 사망 당시의 GDP 디플레이터 수치 ÷ 특별수익 당시의 GDP 디플레이터 수치"의 공식에 따라 산정한다.

마. 상장주식

피상속인이 사망한 날의 종가로 계산하면 됩니다.

바. 비상장주식

비상장주식은 법원의 감정명령에 의하여 법원이 지정하는 회계사가 1주당의 가격을 정하게 되는데 이때 주의할 점은 비상장법인이 소유하고 있는 부동산은 장부가가 아닌 시가로 계산해서 비상장주식의 자산가격을 정해야 합니다.

따라서 비상장법인이 부동산을 소유하고 있다면 비상장법인이 소유하고 있는 부동산에 대한 시가감정을 한 후에 비상장주식을 감정해야 합니다.

서식) 비상장주식 감정신청서

시 가 감 정 촉 탁 신 청

사　　건　　2024가합XXX 유류분반환

원　　고　　XXX

피　　고　　XXX 외 3

위 원고는 주장사실을 입증하기 위하여 아래와 같이 주식시가감정촉탁을 신청합니다.

다 음

1. 시가감정목적

망 XXX이 피고 XXX에게 생전 증여한 XXXX 주식회사에 대한 상속개시 시점인 2023. X. X. 당시의 시가를 확인하여, 증여재산을 입증함으로써 원고의 구체적 상속분을 산정하기 위한 기초재산의 범위를 산정하고자 합니다.

2. 감정목적물

비상장주식 : XXXX 주식회사 1,000주

3. 감정사항

상속개시 당시인 2023. X. X.자 XXX 주식회사 1,000주의 시가

4. 감정의견

가. 주가산정의 기준

(1) 주가 산정의 기준 시점은 상속개시일인 2023. X. X.을 기준으로 산정하여 주시기 바랍니다.

(2) 주가 산정의 기준이 되는 부동산의 가액은 상속세및증여세법 제60조 1항에서 기재된「이 법에 따라 상속세나 증여세가 부과되는 재산의 가액은 상속개시일 또는 증여일(이하 "평가기준일"이라 한다) 현재의 시가(시가)에 따른다. 이 경우 제63조제1항제1호가목 및 나목에 규정된 평가방법으로 평가한 가액(제63조제2항에 해당하는 경우는 제외한다)을 시가로 본다.」는 규정에 따라 소정의 상속개시일 현재의 가액인 별지 목록 기재의 각 감정가액에 의하여 산정하여 주시기 바랍니다(특히 '취득가액' 등을 기준으로 감정하여서는 아니 됩니다).

부동산 중 별지 목록 기재의 각 감정가액을 제외한 나머지 자산과 부채 등의 항목과 그 가액은 XXXX 주식회사가 작성한 2021.(23기) 2022.(24기) 감사보고서를 근거로 산정하시기 바랍니다.

즉, 주가 산정시 다른 항목은 모두 위 감사보고서에 기재된 항목과 금액을 기준으로 산정하되, 별지 목록 기재의 각 부동산의 시가는 당심감정인이 감정한 감정가액을 기준으로 산정하여 주시기 바랍니다.

(3) 위 감사보고서에는 XXXX 주식회사가 보유한 부동산이 '유형자산'에 기재되어 있습니다.

(4) 위 감사보고서에는 '토지'라고만 기재되어 있는바, 개개의 구체적인 내역과 가액은 별지 목록 기재의 감정가액으로 산정하여 주시기 바랍니다.

나. 유의사항

XXXX 주식회사가 상증법 시행령 제54조 소정의 '부동산과다보유법인'인지의 여부를 확인하여, 상증법 제63조 1항 제1호 및 제2항 등의 해당여부를 확인한 후 주가 평가를 하여 주시기 바랍니다.

5. 감정기관

감정의 공정성을 확보하기 위하여 귀 법원의 판단에 일임하겠습니다.

[※ 다만, 본 감정은 주가에 관한 감정이므로, 회계법인 소속 감정인으로 하여금 감정하게 하는 것이 바람직할 것으로 보입니다.]

첨부

1. 법인등기부등본					1부.
2. 감사보고서					1부.
3. 감정평가서					1부.

2024. 1. .

위 원고 XXX

서울중앙지방법원   귀중

별지		
순번	부동산의 표시	평가액 (2023.1.X. 기준)
1	서울 XX구 XX동 123-1 대 XXm²	1,234,567,000원
2	서울 XX구 XX동 123-2 대 231.1m²	1,234,678,000원
3	서울 XX구 XX동 123-3 대 62.5m²	1,345,678,000원
계		3,814,923,000원

사. 사망보험금

(1) 상속재산분할대상인 사망보험금

생명보험 또는 손해보험에 있어서 보험계약자가 피보험자 중의 1인인 자신을 보험수익자로 지정한 경우 즉 '피상속인가 보험계약자 = 피보험자 = 보험수익자'인 경우에 피보험자인 피상속인으로 사망으로 사망보험금이 지급되면 해당 보험금은 상속재산이 됩니다(대법원 2002. 2. 8. 선고 2000다64502 판결).

(2) 사인증여가 아닌 사전증여에 해당하는 사망보험금

상해의 결과로 사망한 때에 사망보험금이 지급되는 상해보험에 있어서 보험수익자가 지정되어 있지 않아 위 법률규정에 의하여 피보험자의 상속인이 보험수익자가 되는 경우에도 보험수익자인 상속인의 보험금청구권은 상속재산이 아니라 상속인의 고유재산으로 보아야 합니다(대법원 2004. 7. 9. 선고 2003다29463 판결).

그러나 공동상속인의 형평과 공평을 추구하는 민법 제1008조의 취지에 의할 때 사망보험금은 사인증여에 의한 해당 수익자의 특별수익으로 볼 수 있습니다[7]. 그리고 서울중앙지방법원 2020. 9. 23. 선고 2017가합578196 사건에서도 「피상속인이 자신

---

[7] 유류분에 관한 판례 정리, 조성필, 재판실무연구(권호: 2013(2014.1), 광주지방법원 67면 피상속인이 보험료를 납부하며 의도한 것은 결국 보험금을 보험수익자에게 귀속시키는 것이라 할 것이고 이는 사인증여와 유사한 것으로 볼 수 있다.

을 피보험자로 한 생명보험계약에서 보험수익자를 공동상속인들 중 특정인으로 지정한 경우나 추상적으로 상속인이라고만 지정한 경우, 보험수익자를 지정하지 않고 사망한 경우 등은 보험금지급청구권은 상속재산에 속하지 않는다. 그러나 이 경우에도 피상속인의 사인처분에 기한 것이므로 사인증여에 준하여 취급하여 특별수익에 포함되고, 당사자들은 모두 원고 및 피고들이 수령한 사망보험금을 사인증여로 인정하는 데에 다툼이 없으므로, 이를 사인증여로 인정하기로 한다.」라고 함으로써 상속인의 고유재산인 보험금을 사인증여에 의한 특별수익에 산입하였습니다.

따라서 보험계약자인 피상속인이 수익자를 상속인으로 지정하거나 지정해 놓지 않았다면 피상속인의 사망으로 지급되는 사망보험금은 사인증여에 의한 상속인의 특별수익으로 보는 것이 그동안의 실무였습니다.

그런데 대법원 2022. 8. 11. 선고 2020다247428 판결에서는 「피상속인이 자신을 피보험자로 하되 공동상속인이 아닌 제3자를 보험수익자로 지정한 생명보험계약을 체결하거나 중간에 제3자로 보험수익자를 변경하고 보험회사에 보험료를 납입하다 사망하여 그 제3자가 생명보험금을 수령하는 경우, 피상속인은 보험수익자인 제3자에게 유류분 산정의 기초재산에 포함되는 증여를 하였다고 봄이 타당하다. 또한 공동상속인이 아닌 제3자에 대한 증여이므로 민법 제1114조에 따라 보험수익자를 그 제3자로 지정 또는 변경한 것이 상속개시 전 1년간에 이루어졌거나 당사자 쌍방이 그 당시 유류분권리자에 손해를 가할 것을 알고 이루어졌어야 유류분 산정의 기초재산에 포함되는 증여가 있었다고 볼 수 있다.」라고 판시하고 있습니다.

따라서 위 판례는 보험금 수령일이 아니라 보험수익자를 변경한 시기를 기준으로 기초재산의 여부를 구분하고 있으므로, 사인증여가 아닌 사전증여로 보고 있습니다.

이 문제는 수익자가 상속인이 아닌 제3자인 경우에는 민법 제1114조의 규정에 따른 기초재산의 산입 여부를 결정하는 기준이 되고, 수익자가 상속인인 경우에는 민법 제1116조이 규정에 따른 반환순서를 결정하는 것이므로 보험금의 수령으로 인정되는 특별수익을 사인증여로 볼 것인지 아니면 사전증여로 볼 것인지의 여부에 대한 판단이 필요합니다.

그런데 대법원 2022. 8. 11. 선고 2020다247428 판결의 취지에 비추어 보면, 사인증여가 아니라 사전증여로 보아야 할 것으로 보입니다.

아. 상속분 양도 및 구체적 상속분의 양도

상속인 중 일부가 다른 상속인에게 자신의 상속분을 양도한 후 양도상속인이 사망한 경우 양도상속인을 피상속인으로 하는 상속절차에서 양도상속인의 상속인들이 상속분을 양도받은 상속인을 상대로 유류분반환청구소송을 신청할 수 있는지의 문제가 있습니다. 이것은 양도한 상속분이 특별수익인지의 여부에 따라 결정됩니다. 이에 대해서 최근 대법원은 양도한 상속분을 특별수익으로 보고 있습니다.

따라서 아버지가 사망한 후 어머니가 자신의 상속분을 장남에게 양도함으로써 장남이 상속재산분할심판청구소를 통하여 자신의 고유 상속분과 어머니로부터 양도받은 상속분을 기준으로 상속재산을 분할 받은 후 어머니가 사망하게 되면 장남을 제외한 나머지 상속인들이 장남을 상대로 어머니로부터 양수한 상속분을 특별수익으로 하는 상속재산분할심판청구 또는 유류분반환청구소송을 신청할 수 있습니다.

> **대법원 2021. 7. 15. 선고 2016다210498**
> 공동상속인이 다른 공동상속인에게 무상으로 자신의 상속분을 양도하는 것은 특별한 사정이 없는 한 유류분에 관한 민법 제1008조의 증여에 해당하므로, 그 상속분은 양도인의 사망으로 인한 상속에서 유류분 산정을 위한 기초재산에 산입된다고 보아야 한다.

그런데 이와 같은 상속분 양도는 상속재산분할 전에 적극재산과 소극재산을 모두 포함한 상속재산 전부에 관하여 공동상속인이 가지는 포괄적 상속분, 즉 상속인 지위의 양도를 뜻합니다(대법원 2021. 7. 15. 선고 2016다210498 판결).

따라서 상속인이 자신의 상속분 중 일부만을 상속받고 나머지 상속분에 해당하는 상속재산을 다른 상속인으로 하여금 상속을 받도록 하는 것도 특별수익이 되는지가 문제가 됩니다.

이에 대해서 법원은 「공동상속인 사이에 이루어진 상속재산 분할협의의 내용이 어느 공동상속인만 상속재산을 전부 취득하고 다른 공동상속인은 상속재산을 전혀 취득하지 않는 것이라면, 상속재산을 전혀 취득하지 못한 공동상속인은 원래 가지고 있었던 구체적 상속분에 해당하는 재산적 이익을 취득하지 못하고, 상속재산을 전부 취득한 공동상속인은 원래 가지고 있었던 구체적 상속분을 넘는 재산적 이익을 취득하게 된다. 이러한 결과는 실질적인 관점에서 볼 때 공동상속인의 합의에 따라 상속분을 무상으로 양도한 것과 마찬가지이다(대법원 2021. 8. 19. 선고 2017다230338 판결).」라고 판단하고 있습니다.

이러한 판례에 의하면 상속재산분할 또는 유류분반환청구에 반영될 상속분의 양도는 상속인 지위의 양도만이 아니라 상속분의 일부 양도도 포함한다고 해석될 여지가 있습니다.

그런데 위 대법원 2021. 8. 19. 선고 2017다230338 판결에서는 한편으로「유류분 산정의 기초재산에 포함되는 증여에 해당하는지 여부를 판단할 때에는 피상속인의 재산처분행위의 법적 성질을 형식적·추상적으로 파악하는 데 그쳐서는 안 되고, 재산처분행위가 실질적인 관점에서 피상속인의 재산을 감소시키는 무상처분에 해당하는지 여부에 따라 판단해야 한다.」라고 판단함으로써 '피상속인의 재산을 감소시키는 무상처분에 해당하는지 여부'에 따라 특별수익을 판단해야 한다는 취지의 기재를 하고 있습니다.

그렇다면 이와 같은 설시에 의할 때, 해당 상속분의 양도만이 아닌 구체적 상속분과 실제 취득한 상속분의 차액을 유류분 산정을 위한 기초재산에 산입할 수 있다고 볼 여지가 있습니다.

그런데 구체적 상속분은 피상속인이 사망할 당시를 기준으로 당시 상속인들에 대한 특별수익을 반영하여 산정하도록 하고 있고, 그 사전증여와 상속재산이 모두 상속개시 당시를 기준으로 산정하도록 하고 있습니다.

따라서 이 경우 아버지가 사망하면서 어머니가 당초의 상속분보다 적은 금액을 상속받아 그 부분을 취득한 상속인에 대하여 사전증여를 주장하고자 한다면, 아버지가 사망할 당시를 기준으로 아버지의 상속재산의 시가를 산정하고, 아버지로부터 특별수익을 받은 금액과 수증자를 확정한 후 아버지의 사망 당시의 금액으로 환산하여 아버지를 피상속인으로 하는 상속절차에 대한 각각의 구체적 상속분을 확인한 후 어머니로부터 자신의 구체적 상속분을 초과해서 취득한 상속인과 초과하는 금액을 산정한 후 이를 다시 어머니의 사망 당시를 기준으로 산정해서 어머니를 피상속인으로 하는 상속절차에 산입해야 합니다.

> **사례** 집안에서 가장인 아버지가 사망하고 상속인으로 배우자와 자녀들이 남게 되는 경우가 있습니다. 이러한 경우에 일반적으로는 배우자와 자녀들이 협의분할을 통해서 피상속인인 아버지 명의의 재산을 분할하게 됩니다. 그리고 민법은 원칙적으로 배우자는 1.5지분, 자녀들은 각 1의 지분을 인정하고 있습니다. 따라서 상속인으로 어머니와 2남 2녀인 경우에 어머니가 1.5지분이고 자녀들이 각 1의 지분이므로 어머니의 상속분은 3/11지분이고, 자녀들은 각 2/11지분이 됩니다. 그러므로 상속재산이 7억원의 주택, 3억원의 상가, 1억원의 현금이 있다면 전

15. 특별수익의 산정

> 체 재산의 합계가 11억원이므로 이러한 모든 재산을 어머니 3/11지분, 자녀들이 각 2/11지분으로 공유하는 것이 원칙입니다. 즉 주택도 어머니 3/11지분, 자녀들이 각 2/11지분씩 취득하게 됩니다. 따라서 이러한 이유로 상속인 중 누구라도 위와 같은 비율에 따른 상속등기를 할 수 있습니다. 결국 아버지의 모든 상속재산인 7억원의 주택, 3억원의 상가, 1억원의 현금을 누가 상가를 갖고 누가 주택을 갖는 것이 아니라 위와 같은 지분에 따라 공유하게 됩니다.

그런데 상속인들 간에 협의분할을 하는 경우에는 실제 이와 같은 비율에 따른 등기를 하거나 예금을 취득하기보다 주택은 누가 취득하고, 상가는 누가 취득하고 예금 1억원은 어떻게 나누는 것으로 하는 합의를 하게 됩니다.

그런데 피상속인이 사망하는 경우 대부분은 고령이므로 아들 또는 장남 선호가 강하고 어머니의 입장도 그리 다르지 않습니다. 그리고 이와 같은 부모님으로 부터 양육을 받다보니 자녀들도 어느 정도의 한도에서는 이러한 부모님의 생각을 존중해서 장남 또는 아들에게 보다 많은 상속분을 인정하기도 합니다. 그러다보니 위와 같은 경우에 장남이 주택을 상속받아 어머니와 함께 거주하고 차남이 상가를 상속받고 2명의 딸들은 예금 1억원은 나누어 취득하기도 합니다. 또한 이러한 분할협의는 최종적 합의이므로 일반적으로 여기서 아버지를 모든 상속문제는 끝나는 것으로 알고 있습니다.

그런데 이와 같이 분할협의를 마친 후 어머니가 사망하게 되면 그때 다시 어머니를 피상속인으로 하는 상속재산분할이 이루어지게 됩니다. 이때 상속인들은 자녀들만이 남게 되므로 아들들과 딸들은 각 1/4지분의 법정상속분을 취득하게 됩니다. 그런데 어머니의 재산으로 5억원의 아파트와 3억원의 현금이 있다면 전체 상속재산의 합계는 8억원이므로 자녀들은 각 1/4씩 공유하면 될 것입니다. 그런데 장남이 다시 5억원의 아파트에 대한 권리를 주장하면서 자신의 아파트를 단독을 상속받지 않으면 분할협의에 동의를 해 주지 않겠다고 하기도 합니다. 그러나 차남과 딸들의 입장에서는 아버지가 사망할 때 어머니가 계셔서 7억원의 주택을 장남이 단독으로 상속하게 하였으나, 어머니의 아파트마저 단독으로 취득하겠다고 하는 것은 받아들이기 어렵습니다.

결국 2명의 딸들이 상속재산분할심판청구를 하게 되면 이 경우 어머니의 재산은 아파트 5억원, 예금 3억원으로 계산되는 것이 아니라 과거 아버지가 사망할 당시 장남이 7억원의 주택을 상속받은 것이 문제가 됩니다.

앞서 보았듯이 아버지를 피상속인으로 하는 상속절차에서 장남과 차남은 11억원인 아버지의 상속재산에서 각 2억원만을 취득하는 것이 원칙이었으나, 어머니와 딸들의 양보로 장남은 5억원을 초과하는 7억원을, 차남은 1억원을 초과하는 3억원을 취득하는 반면에 어머니는 아무 재산도 상속받지 못했습니다. 만일 그때 어머니가 상속을 받았다면 어머니의 재산은 당초 보유하고 있는 아파트 5억원에, 예금 3억원만이 아니라 아버지의 상속재산에서 받은 3억원을 더한 11억원이 되었을 것입니다. 이에 대해서 법원은 대법원 2021. 7. 15. 선고 2016다210498 사건을 통해서 "공동상속인이 다른 공동상속인에게 무상으로 자신의 상속분을 양도하는 것은 특별한 사정이 없는 한 유류분에 관한 민법 제1008조의 증여에 해당하므로, 그 상속분은 양도인의 사망으로 인한 상속에서 유류분 산정을 위한 기초재산에 산입된다고 보아야 한다."라고 판단함으로 어머니의 상속분을 취득한 다른 상속인에 대한 특별수익을 인정하였습니다.

따라서 피상속인을 어머니로 하는 상속재산분할심판청구사건에서는 간주상속재산을 어머니가 장남과 차남에게 양도한 상속분인 3억원을 더한 11억원으로 계산하여 각자의 상속분을 구하게 됩니다.

이때 각자의 구체적 상속분을 알기 위해서는 아버지를 피상속인으로 하는 상속재산분할절차에서 어머니의 상속분을 받은 상속인과 그 금액을 확인할 필요성이 있습니다. 인정된만큼 해당 상속인의 상속분에서 공제되기 때문입니다.

아버지를 피상속인으로 하는 상속절차에서 장남은 법정상속분이 2억원인데 7억원의 주택을 상속받아 5억원을 초과해서 취득하였고, 차남은 3억원의 상가를 취득해서 1억원을 초과해서 취득했습니다. 그리고 2명의 딸들은 1억원의 예금을 1/2씩 받아 5,000만원씩 상속을 받았으므로 오히려 1억 5,000만원을 적게 상속받았습니다. 따라서 자신의 당초 법정상속분을 초과해서 취득한 장남과 차남의 초과분을 더하면 장남 5억원 차남 1억원의 합계인 6억원이 됩니다. 따라서 어머니 법정상속분이 3억원이므로 어머니의 3억원에서 장남은 2억 5,000만원(= 어머니의 법정상속분액 3억원 × 장남의 초과취득분 5억원 / 전체 초과분 6억원)을, 차남은 5,000만원(= 어머니의 법정상속분액 3억원 × 차남의 초과취득분 1억원 / 전체 초과분 6억원)을 각 증여받은 것으로 간주됩니다.

따라서 어머니를 피상속인으로 하는 상속절차에서 간주상속재산이 11억원이므로 자녀들의 법정상속분은 각 2억 7,500만원(= 11억원 × 1/4지분)이 됩니다. 여기에서 장남은 어머니로 부터 아버지의 상속재산에 대한 2억 5,000만원을 증여받았으므로 법정상속분 2억 7,500만원에서 사전증여 2억 5,000만원을 공제하면 결국 장남의 상속분은 2,500만원(= 2억 7,500만원 − 2억 5,000만원)이 되고, 차남도 마찬가지로 2억 2,500만원(= 2억 7,500만원 − 5,000만원)이 됩니다. 딸들은 오히려 적게 받았으므로 공제할 금액이 없으므로 원래의 법정상속분 2억 7,500만원을 그대로 구체적 상속분으로 인정받게 됩니다.

그리하여 이와 같은 계산에 따라 어머니의 남은 상속재산 8억원은 장남 2,500만원, 차남 2억 2,500만원, 2명의 딸들이 각 2억 7,500만원으로 취득하게 됩니다.

- 수식표 -

※ 피상속인으로 아버지로 하는 상속분과 어머니가 양도한 상속분액

상속인	법정상속분	법정상속분액	실제 상속액	초과상속액	어머니가 양도한 상속분
어머니	3/11	300,000,000			
장남	2/11	200,000,000	700,000,000	500,000,000	250,000,000
차남	2/11	200,000,000	300,000,000	100,000,000	50,000,000
장녀	2/11	200,000,000	50,000,000		
차녀	2/11	200,000,000	50,000,000		
계		1,100,000,000		600,000,000	

※ 피상속인을 어머니로 하는 상속재산분할절차

상속인	법정상속분	법정상속분액	어머니가 양도한 상속분	최종상속분
장남	1/4	275,000,000	250,000,000	25,000,000
차남	1/4	275,000,000	50,000,000	225,000,000
장녀	1/4	275,000,000		275,000,000
차녀	1/4	275,000,000		275,000,000
계		1,100,000,000	300,000,000	800,000,000

자. 유언대용신탁

(1) 판례로 보는 유언대용신탁

유언대용신탁은 신탁자인 피상속인이 생전에 자신의 재산을 수탁자에게 신탁한 후 신탁계약에 따라 이익을 향유하다가 신탁자가 사망하게 되면 신탁된 재산을 수익자에게 이전하는 방식의 신탁을 의미합니다.

이때 신탁재산은 신탁자가 수탁자에게 신탁재산의 명의를 이전함으로써 신탁재산의

소유권이 수탁자에게 이전됩니다. 따라서 유언대용신탁방식은 신탁자가 자신의 재산을 수탁자에게 소유권을 이전하고 신탁자가 사망하게 되면 신탁재산의 소유권이 수익자에게 이전되는 방식입니다.

따라서 이러한 유언대용신탁의 경우를 사례로 보면, 피상속인인 아버지가 생전에 XX은행을 수탁자로 하여 자신의 금융재산을 신탁하고 수익자를 아들로 지정하는 신탁계약을 체결하게 되면, 신탁자인 아버지가 생전에 신탁된 금융재산의 이자 등을 지급받다가 신탁자인 아버지가 사망하게 되면 신탁된 금융재산은 수익자인 아들에게 상속됩니다.

이에 대해서 아래 수원지방법원 성남지원 2020. 1. 10. 선고 2017가합408489 사건에서는 신탁은 무상으로 수탁자에게 소유권이 이전된 것이므로 이를 증여로 보고 신탁자가 사망하기 1년 이전에 증여된 것으로 보아 민법 제1114조를 적용함으로써 해당 신탁재산을 유류분산정을 위한 기초재산에서 배제하였습니다. 그리고 이러한 판단에 대하여 일부에서는 유언대용신탁을 통해서 일부 상속인들의 유류분반환청구소송을 방어할 수 있는 방법으로 제시하고 있습니다.

> **사례**
> **유언대용신탁을 수탁자에 대한 사전증여로 보아 민법 제1114조를 적용한 사례**
> ▷ 수원지방법원 성남지원 2020. 1. 10. 선고 2017가합408489 유류분반환 청구의 소
> 이 사건 신탁재산은 망인의 사후에 비로소 피고의 소유로 귀속된 사실은 앞서 본바와 같으므로, 망인이 피고에게 이 사건 신탁재산을 생전증여하였다고 보기는 어렵다. 또한, 망인의 사망 당시 이 사건 신탁재산은 수탁인인 L에 이전되어 대내외적인 소유권이 수탁자인 L에게 있었으므로, 이 사건 신탁재산이 망인의 적극적 상속재산에 포함된다고 보기도 어렵다. 그런데, 신탁재산의 수탁자로의 이전은 수탁자가 위탁자에게 신탁재산에 대한 대가를 지급한 바 없다는 점에서 성질상 무상이전에 해당하고, 민법 제1114, 1113조에 의해 유류분 산정의 기초로 산입되는 증여는 본래적 의미의 증여계약에 한정되는 것이 아니라 무상처분을 포함하는 의미로 폭넓게 해석되므로, 민법 제1114조에

> 해당하는 경우나 상속인을 수탁자로 하는 경우에는 민법 제1118조, 제1008조에 따라 유류분 산정의 기초가 되는 증여재산에 포함될 수 있다. 이 사건 신탁계약의 수탁자는 상속인이 아니므로, 이 사건 신탁재산이 민법 제1114조에 의하여 증여재산에 산입될 수 있는지 보건대, 이 사건 신탁계약 및 그에 따른 소유권의 이전은 상속이 개시된 2017. 11. 11.보다 1년 전에 이루어졌으며, 이 사건 기록에 의할 때 수탁자인 L이 이 사건 신탁계약으로 인하여 유류분 부족액이 발생하리라는 점을 알았다고 볼 증거가 없으므로, 이 사건 신탁재산은 민법 제1114조에 따라 산입될 증여에 해당하지 않아 유류분 산정의 기초가 될 수 없다.

그러나 대부분의 법원에서는 유언대용신탁은 신탁자인 피상속인의 사망으로 신탁된 재산이 수익자에게 소유권이 이전된다는 점에서 유언자가 사망함으로써 효력이 발생하는 유언과 유사하다고 보고 있습니다. 다만 유증재산과 유언대용신탁된 재산을 특별수익으로 인정한 서울중앙지방법원 2022. 12. 6. 선고 2022가합522692 사건에서는 유언대용신탁된 재산을 증여재산으로 하여 반환순서에서 유증재산을 우선순위에 둠으로써 유언대용신탁재산을 유언 또는 사인증여와 달리 보고 있습니다.

따라서 위 사건에서는 유류분반환의 대상이 되는 기초재산의 산입 여부를 판단함에 있어서, 수익자를 배제하고 신탁자와 수탁자 간의 증여만을 기준으로 판단하고 있습니다. 그리고 이러한 증여관계를 놓고 민법 제1114조의 적용 여부를 판단하게 됩니다. 이때 수탁자가 상속인이 아닌 제3자라면 민법 제114조를 적용해서 신탁자가 사망하기 1년 이내에 한 증여이거나 1년 이전이라고 하더라도 유류분권자를 해할 것을 알고 한 증여라면 기초재산에 산입하지만, 그렇지 않다면 유류분반환대상에서 배제합니다.

그런데 민법 제1114조의 규정에 의해서 신탁재산이 유류분반환의 대상이 되는 경우에 수탁자는 신탁재산에 대한 유류분반환의무를 부담하게 되는데, 정작 신탁재산은 신탁자의 사망으로 인하여 수익자에게 귀속되므로 수탁자의 입장에서는 취득했다가 다시 수익자에게 소유권을 이전했음에도 유류분반환의무를 부담하게 되는 부당함이 있습니다. 그러나 판례는 유류분반환의 대상이 되는 재산의 전득자가 해당 재산이 유류분반환대상이 되는 재산인 사실을 알고 취득한 경우에는 전득자에게도 유류분반환 의무를 부담하게 하므로, 수익자에게 곧바로 유류분을 청구할 여지는 있습니다.

사례

유언대용신탁을 수익자에 대한 유언 또는 사인증여로 본 사례

▷ 수원지방법원 2020.10.29.선고 2020나72157 유류분반환 등 청구의 소
망인은 2018. 3. 11. 피고 B과의 사이에서 자신의 소유인 별지 목록 기재 각 부동산에 관하여, 망인이 위탁자로서 수탁인인 피고 B에게 신탁하고, 위탁인 망인이 사망할 경우 수익자인 피고 C에게 그 소유권이 귀속하는 것을 내용으로 하는 유언대용신탁계약을 체결하고, 2018. 3. 14. 피고 B 명의의 소유권이전등기를 마쳐 주었다.

망인이 2018. 3. 11. 피고 B과의 사이에 별지 목록 기재 각 부동산에 관하여 유언대용신탁계약을 체결함으로써 피고 C에게 위 각 부동산을 유증한 사실은 앞서 본 바와 같고, 제1심 법원의 감정인 L에 대한 2019. 6. 20.자 감정촉탁결과에 의하면, 상속개시 당시 별지 목록 제1항 기재 부동산의 가액이 176,001,000원, 별지 목록 제2항 기재 부동산의 가액이 649,077,000원인 사실이 인정되므로 유증재산 가액의 합계는 825,078,000원(176,001,000원 + 649,077,000원)이다.

▷ 창원지방법원 마산지원 2022.5.4. 선고 2020가합100994 유류분반환 청구의 소
망인의 사망 당시 이 사건 신탁재산은 L증권에 신탁되어 있었고, 망인의 사후에 비로소 피고 C가 위 신탁재산을 취득하였으므로, 이 사건 신탁재산이 유류분 산정의 기초가 되는 재산액 중 적극적 상속재산에는 해당하지 않는다. 그러나 앞에서 든 증거들에 변론 전체의 취지를 더하여 인정할 수 있는 다음과 같은 사실 또는 사정들을 종합하면, 위 신탁재산이 상속재산은 아니라고 할지라도 피고 C의 특별수익에는 해당한다고 보아 유류분 산정의 기초가 되는 재산액에 포함함이 상당하다. 따라서 이 부분 피고들의 주장은 이유 없다[위 돈은 유류분 반환의 순서와 관련해서는 사인증여에 준하여 취급해야 하는데, 사인증여에는 유증에 관한 규정이 준용되므로(민법 제562조), 결국 반환 순서에 있어서는 유증과 같이 취급되어야 한다.

> **사례**
>
> **유언대용신탁을 수탁자에 대한 증여로 본 사례**
>
> ▷ 서울중앙지방법원 2022.12.6.선고 2022가합522692 소유권이전등기
>
> 이 사건 신탁재산은 망인의 사후에 비로소 피고의 소유로 귀속되었으므로 망인이 피고에게 이 사건 신탁재산을 생전증여하였다고 보기는 어렵고, 망인의 사망 당시 이 사건 신탁재산은 수탁자인 F에 이전되어 대내외적인 소유권이 수탁자인 F에게 있었으므로 이 사건 신탁재산이 망인의 적극적 상속재산에 포함된다고 보기도 어렵다. 그러나 유류분 산정의 기초재산에 산입되는 증여에 해당하는지 여부를 판단할 때에는 피상속인의 재산처분행위의 법적 성질을 형식적·추상적으로 파악하는 데 그쳐서는 안 되고, 재산처분행위가 실질적인 관점에서 피상속인의 재산을 감소시키는 무상처분에 해당하는지 여부에 따라 판단하여야 하는바(대법원 2021. 7. 15. 선고 2016다210498 판결 참조), 유언대용신탁의 경우 신탁재산의 수탁자 또는 수익자로의 이전은 수탁자 또는 수익자가 위탁자에게 신탁재산에 대한 대가를 지급한 바 없다는 점에서 성질상 무상이전에 해당하므로, 상속인을 수익자로 하는 경우에는 유류분 산정의 기초가 되는 증여재산에 포함되어야 한다.

(2) 판례가 유류분 사건에 미치는 영향

유언대용신탁을 유증이나 사인증여로 보는 수원지방법원과 마산지원의 사례로 보면, 유언대용신탁된 재산의 반환의무자는 수익자입니다. 그리고 기초재산의 산입 여부를 판단함에 있어서 신탁재산의 소유권이전이 피상속인의 사망과 동시에 이루어지므로 수익자가 상속인이 아닌 제3자라서 민법 제1114조의 규정을 적용한다고 하더라도 유류분 산정을 위한 기초재산에 산입됩니다. 또한 유증재산과 증여재산이 있는 경우에 유증재산으로부터 유류분을 반환해야 하므로 유류분반환청구가 있을 경우 수익자는 소유권을 취득한 신탁재산으로부터 먼저 유류분을 반환해야 합니다.

반면에 서울중앙지방법원의 판단에 의하면 수익자에 대한 증여로 보고 있으므로 수익자가 제3자인 경우에는 민법 제1114조의 규정을 적용해서 기초재산의 산입 여부를 판단하게 됩니다. 그런데 대법원의 보험에 대한 판례는 보험수익자에 대한 보험금의 증여시기를 보험금 수령이 아닌 수익자를 변경한 시점으로 보고 있습니다. 따라서 이러

한 판례에 의하면 유언대용신탁의 수익자가 제3자인 경우 증여시점을 수익자로 지정한 시점으로 볼 수 있으므로, 만일 수익자의 지정 시점이 신탁자가 사망하기 1년 이전이라면 민법 제1114조의 규정에 따라 원칙적으로 기초재산에서 배제됩니다. 또한 증여로 보기 때문에 유류분반환순서에서도 다른 유류분반환의무자의 증여와 비율에 따른 반환의무를 부담하게 됩니다.

따라서 유언대용신탁을 유증이나 사인증여로 볼 것인지 아니면 증여로 볼 것인지에 따라 기초재산의 산입 여부와 반환순서가 결정됩니다.

또한 증여로 보는 경우에도 서울중앙지방법원의 판결은 수익자를 특별수익자로 보는 반면에 성남지원의 판결은 수탁자를 수익자로 보고 있습니다. 따라서 수탁자가 수익자와 다른 경우, 수탁자가 제3자이고 수익자가 상속인인 경우에 서울중앙지방법원은 기간의 제한이 없이 신탁재산을 기초재산에 산입하는 반면에 성남지원의 판결에 의하면 민법 제1114조를 적용해서 기초재산의 산입 여부를 판단하게 되는 차이가 있습니다.

(3) 사견

유언대용신탁은 신탁자인 피상속인의 사망으로 신탁재산의 소유권이 수익자에게 이전된다는 점에서 피상속인의 사망으로 소유권이 유증자 또는 수증자에게 상속되는 유언과 사인증여와 유사합니다. 따라서 필자는 유언대용신탁을 유증으로 보는 수원지방법원 2020.10.29.선고 2020나72157 판결, 사인증여로 보는 창원지방법원 마산지원 2022.5.4. 선고 2020가합100994 판결의 의견에 동의합니다. 만일 그렇지 않고 유언대용신탁을 수탁자에 대한 증여로 본다면 신탁자가 상속인이 아닌 제3자에 대한 유언대용신탁을 통하여 사실상 유류분 제도를 형해화할 수 있다는 점을 고려한다면 더더욱 그러합니다.

16. 청구취지 변경

16. 청구취지 변경

유류분반환청구소송은 피상속인으로 부터 상속인 또는 제3자가 증여받거나 유증받은 재산으로 부터 유류분을 반환받는 절차입니다. 그런데 유류분반환청구소송은 민사소송입니다. 그리고 민사소송은 처분권주의가 적용됩니다. 처분권주의는 「소송에서 당사자가 주도권을 가지게 되나 피고인에 의한 처분은 인정하지 않는 주의」를 의미합니다. 그리고 법원은 처분권주의에 관하여 「배당이의소송의 청구취지는 그 소의 법률적 성질이나 당사자 처분권주의의 원칙에 비추어 볼 때 배당기일에 신청한 이의의 범위 내에서 배당표에 기재된 피고의 배당액 중 부인할 범위를 명확히 표시할 것이 요구된다고 할 것인데, 환송 후 원심 제1차 변론기일에서 한 원고의 위와 같은 진술만으로는 피고들 각각에 대한 배당액의 부인 범위가 특정되지 아니하여 그 청구가 특정되었다고 할 수 없으므로 이를 적법한 청구취지 변경으로 볼 수 없다. 그러므로 이 사건에서 법원의 심판범위는 결국 원고의 1998. 3. 30.자 청구취지 및 원인변경신청서에 의하여 특정된 청구의 범위 내에 한정된다고 보아야 할 것이다(대법원 2000. 6. 9. 선고 99다70983 판결).」라고 함으로써, 법원의 판결은 원고가 청구한 금액을 한도로 판단하도록 하고 있습니다.

따라서 처분권주의가 적용되는 유류분반환청구소송도 청구금액을 기준으로 판단하므로 만일 반환될 유류분이 3억원인데 청구금액이 2억원이라면 실제 반환될 유류분액이 3억원이라도 청구금액인 2억원을 넘어 3억원의 지급을 선고할 수 없으므로 법원은 2억원의 반환을 명하게 됩니다. 그러므로 청구금액을 산정함에 각별한 주의가 요구됩니다.

특히 소송을 제기한 후 유류분반환의 대상이 되는 생전증여 또는 유증재산을 확정하고 시가감정까지 마친 후 하게 되는 청구취지변경은 사실상 유류분권자의 최종적인 청구금액으로 판결의 한도를 정하는 절차라는 사실을 감안한다면 더욱 각별히 신경을 써야 합니다.

가. 특별수익의 확정

소송을 통해서 피고들에 대한 증여가 모두 파악되고 부동산의 경우 망자가 사망한 날을 기준으로 하는 시가에 대한 감정이 끝났다면, 그 가격을 피고들이 증여받은 것으로 확정합니다. 이것은 증여받은 상속인이 망자가 사망하기 이전에 부동산을 팔아서 현재 가지고 있지 않더라도 마치 가지고 있는 것처럼 보고 감정을 해서 나온 금액을 증여된 금액으로 본다는 점에서는 증여받은 당사자가 해당 부동산을 처분했든 그렇지 않고 소유하고 있든 차이가 없습니다.

또한 피고들이 받은 것이 돈이라면 증여 당시의 GDP디플레이터와 망자가 사망한 때의 GDP디플레이터를 반영해서 나온 금액을 피고가 증여받은 것으로 확정합니다.

나. 유류분 금액의 산정

증여재산과 유증재산 그리고 상속재산 등이 모두 망자가 사망한 날을 기준으로 하는 금액으로 산정해서 더하면 그 합계 금액에 법정상속분을 곱하고 원고가 망자의 배우자나 자녀들인 경우는 1/2을 곱하면 원고의 유류분이 결정됩니다. 만일 원고가 망자의 부모님 또는 형제자매라면 1/3을 곱하면 됩니다.

다. 반환될 유류분 부족분의 계산

그런데 유류분반환청구소송은 유류분 자체에 대한 반환을 구하는 절차가 아니라 유류분 부족분의 반환을 구하는 절차입니다. 따라서 유류분액이 산정되었다고 하더라도 그 자체를 청구금액으로 하는 것이 아니라 해당 유류분권리자가 생전에 피상속인으로부터 증여받은 금액이 있거나 상속을 원인으로 취득한 금액인 순상속분액이 있다면 그만큼을 공제하고 남은 금액을 청구하게 됩니다. 이를 유류분 부족분이라고 하는데 민법과 판례에 의해 산정된 산정방식은 "유류분 - 유류분권리자의 특별수익 - 순상속분액 = 유류분 부족분"이 됩니다.

이것을 위의 사례에 대비해서 보면 자녀B의 유류분 부족분액은 "유류분액 2억원 - 자녀B의 특별수익 1억원 - 순상속분액 (상속채무 -1억원 × 법정상속분액 2/7) = 유류분 부족분액"이므로 "2억원 - 1억원 - (-1억 × 2/7)"으로 계산되고 "1억원 - (-28,571,429원)"으로 계산된 1억 28,571,429원입니다.

여기서 "-(-28,571,429원)"이 되는 이유는 상속채무는 법정상속분을 기준으로 상속되므로 자녀B는 자신의 법정상속지분인 2/7에 해당하는 28,571,429원(= 1억원 × 2/7)을 상속받아 변제해야 합니다. 따라서 자녀B는 128,571,429원의 유류분을 반환받아 이 중 28,571,429원을 상속채무로 변제함으로써 자신의 유류분 2억원에 대해서 사전증여로 1억원을, 유류분반환으로 1억원을 취득하게 되는 것입니다.

라. 초과특별수익자별 반환할 유류분의 계산

유류분 부족분의 산식을 통하여 반환될 유류분액이 정해지게 됩니다. 그런데 이때 중여를 받은 상속인이 1명이라면 문제가 없지만 증여받은 상속인이 여러명인 경우에는 유류분 부족분을 누구에게 얼마큼을 받는지가 문제가 됩니다.

이때 위의 사례를 예로 들면 자녀B의 유류분 부족분이 1억원이고, 배우자의 특별수익이 4억원, 자녀A의 특별수익이 10억원이므로 증여금액의 비율에 따라 배우자가 '1억원 × 3억원/14억원'의 비율에 따라 28,571,429원을, 자녀A가 '1억원 × 10억원/14억원'의 비율에 따라 71,428,571원을 반환하는 것이 아니라, 각 상속인의 증여금액에서 고유의 유류분을 공제한 나머지 금액의 비율에 따라 반환하게 됩니다.

그런데 위의 사례에서 보면 유류분 산정을 위한 기초재산이 14억원이므로 배우자의 유류분은 '14억원 × 3/7 × 1/2 = 3억원'입니다. 따라서 배우자의 경우 자신의 유류분이 3억원인데 4억원을 증여받았으므로 유류분을 초과하는 특별수익은 1억원입니다. 그리고 자녀A의 경우 유류분이 2억원(= 14억원 × 1/7)이므로 초과특별수익은 8억원(= 10억원 − 2억원)이 됩니다.

따라서 배우자는 '1억/(1억원 + 8억원)'의 비율에 따라 자녀A는 '8억원/(1억원 + 8억원)'의 비율에 따라 자녀B의 유류분 부족분 128,571,429원을 반환해야 합니다.

결국 이와 같은 계산식에 의하면 배우자는 14,285,7147원(= 자녀B의 유류분 부족분 128,571,429원 × 1/9)을, 자녀A는 114,285,715원(= 자녀B의 유류분 부족분 128,571,429원 × 8/9)을 각 반환하게 됩니다.

그런데 만일 상속인이 아닌 제3자 예를들어 며느리가 증여를 받은 경우 며느리는 상속인이 아니므로 공제될 유류분이 없습니다. 이를 반영하여 다시 하나의 예를 들면 아래와 같습니다.

− 피고별 반환비율 및 반환금액 −

당사자	증여금액[8]	유류분 지분	유류분	유류분 부족분	초과 특별수익	반환비율	반환액
자녀1	700,000,000	1/6	255,000,000		445,000,000	44.95%	101,136,363
자녀1 배우자	300,000,000				300,000,000	30.30%	68,181,818
자녀2	500,000,000	1/6	255,000,000		245,000,000	24.75%	55,681,818
자녀3	30,000,000	1/6	255,000,000	225,000,000			
계	1,530,000,000				990,000,000	100.00%	224,999,999

> **대법원 1995. 6. 30. 선고 93다11715 판결**
> 유류분권리자가 유류분반환청구를 하는 경우에 증여 또는 유증을 받은 다른 공동상속인이 수인일 때에는, 민법이 정한 유류분 제도의 목적과 같은법 제1115조 제2항의 규정취지에 비추어 유류분권리자는 그 다른 공동상속인들 중 증여 또는 유증을 받은 재산의 가액이 자기 고유의 유류분액을 초과하는 상속인을 상대로 하여 그 유류분액을 초과한 금액의 비율에 따라 반환청구를 할 수 있다고 보아야 한다.
>
> **대법원 1996. 2. 9. 선고 95다17885 판결**
> 공동상속인과 공동상속인이 아닌 제3자가 있는 경우에는 그 제3자에게는 유류분이라는 것이 없으므로 공동상속인은 자기 고유의 유류분액을 초과한 금액을 기준으로 하여, 제3자는 그 수증가액을 기준으로 하여 각 그 금액의 비율에 따라 반환청구를 할 수 있다고 하여야 한다.

마. 증여받은 재산별 반환비율

유류분을 반환할 사람이 여러 개의 재산을 증여받은 경우에는 임의로 지정하는 어떤

---

[8] • 증여금액 : 당사자가 받은 모든 증여재산을 망자가 사망한 날을 기준으로 계산한 금액.
 • 유류분 = (증여금액 + 상속재산 + 유증) × 유류분 지분
 • 유류분 부족분 = 유류분 − 해당 상속인이 증여 또는 유증받은 금액
 • 초과특별수익 = 증여금액 − 유류분
 • 유류분반환비율 = 초과특별수익 ÷ 초과득별수익의 합계
 • 반환액 = 유류분 부족분 × 유류분반환비율

하나의 재산에서 유류분을 전부 반환하는 것이 아니라 증여받은 재산별로 유류분을 반환해야 합니다.

예를 들어 1억원의 부동산과 5,000만원의 현금을 증여받았고 반환할 유류분이 3,000만원이라면, 부동산에서 2/3{= 부동산 1억원 ÷ (부동산 1억원 + 현금 5,000만원)}에 해당하는 2,000만원, 현금에서 1/3{= 현금 5,000만원 ÷ (부동산 1억원 + 현금 5,000만원)}에 해당하는 1,000만원을 반환하게 되는 것입니다.

- 수증재산별 반환비율 및 반환금액 -

수증재산	반환할 유류분액	증여금액	반환비율 계산식	반환비율	반환액
부동산1		500,000,000	= 500,000,000 ÷ 1,000,000,000	50%	150,000,000
부동산2	300,000,000	300,000,000	= 300,000,000 ÷ 1,000,000,000	30%	90,000,000
현금		200,000,000	= 200,000,000 ÷ 1,000,000,000	20%	60,000,000
계	300,000,000	1,000,000,000			300,000,000

> **대법원 2013. 3. 14. 선고 2010다42624,42631 판결**
> 어느 공동상속인 1인이 수개의 재산을 유증받아 각 수유재산으로 유류분권리자에게 반환하여야 할 분담액을 반환하는 경우, 반환하여야 할 각 수유재산의 범위는 특별한 사정이 없는 한 민법 제1115조 제2항을 유추적용하여 각 수유재산의 가액에 비례하여 안분하는 방법으로 정함이 타당하다.

바. 재판종료일 기준으로 정해지는 가액반환

(1) 성상의 변경이 없는 가액반환

증여받은 사람이 반환할 유류분이 부동산으로부터 반환받게 되는데, 지분으로 반환을 받는 경우에는 원고의 유류분반환청구의 의사표시가 기재된 이 사건 소장부본의 송달일을 등기원인일로 기재하면 될 것입니다(대법원 2013. 3. 14. 선고 2010다42624,42631 판결).

그러나 반환될 부동산이 재판일 당시에 근저당권의 설정 등으로 지분반환이 어렵게 되어 돈으로 반환을 받아야 할 때에는 상속개시 당시를 기준으로 반환할 돈을 청구하는 것이 아니라 상속개시 당시에 반환할 지분을 현재 값으로 환산한 돈으로 반환을 받습니다.

예를 들어 상속개시 당시에 1억원으로 감정평가된 부동산으로부터 반환을 받아야 할 유류분이 1,000만원이기 때문에 1억원의 1,000만원에 해당하는 1/10지분에 대한 소유권이전등기를 하는 방법으로 유류분으로 반환받아야 하는데 피고가 해당 부동산을 증여받은 후에 근저당권을 설정해서 돈으로 청구하게 된다면 1,000만원을 반환받는 것이 아니라 현재가격인 2억원의 1/10지분에 해당하는 2,000만원을 반환받게 됩니다.

따라서 위와 같은 경우에는 "반환받을 돈 2,000만원 = 1,000만원 × (현재시가 2억원 / 상속개시시 시가 1억원)"으로 계산되는 것입니다.

(2) 성상이 변경된 가액반환

서식) 청구취지 및 청구원인 변경신청서

청구취지 및 청구원인 변경신청서

사 건	2018가합0000 유류분반환청구
원 고	자녀 2
피 고	자녀 1 외 1명

위 사건에 관하여 원고는 2018. 2. 19. 제출된 감정평가서를 반영하여 다음과 같이 청구취지 및 청구원인 변경을 신청합니다.

변경된 청구취지

1. 원고에게 자녀1은 별지 목록 기재 부동산 중 125,000,000/700,000,000지분에 관하여 2022. 2. 1. 유류분반환을 원인으로 한 소유권이전등기절차를 이행하라.
2. 원고에게 자녀2는 90,000,000원 및 이 사건 청구취지 및 청구원인변경신청서 부본이 송달된 날로부터 선고일까지는 연 5%, 그 다음 날로부터 다 갚는 날까지는 연 15%의 각 비율에 의한 돈을 지급하라.
3. 위 2.항은 가집행할 수 있다.
4. 소송비용은 피고들의 부담으로 한다.

변경된 청구원인

1. 당사자의 관계

피상속인은 망 남편(2011.11.1.사망)과 혼인하여 그 슬하에 자녀, 자녀2, 자녀3을 두었습니다. 그리고 피상속인은 2017. 2. 1. 사망했습니다. 따라서 피상속인의 상속인은 자녀인 자녀1, 자녀2, 자녀3이 있으며, 법정상속분은 각 1/3지분이고 유류분은 각 1/6지분(= 1/3 × 1/2)입니다.

2. 원고의 유류분부족분

우리 민법 및 판례상(서울고법 2012.10.24. 선고 2012나3168,3175 판결 등 다

수) 인정되는 유류분 부족액 산정의 기본식은 아래의 계산 방법과 같습니다.

유류분 부족액 = 유류분산정의 기초가 되는 재산액(A) × 당해 유류분권자의 유류분의 비율(B) - 당해 유류분권자의 특별 수익액(C) - 당해 유류분권자의 순상속분액(D)

A = 적극적 상속재산 + 증여액 - 상속채무액
B = 피상속인의 직계비속, 배우자는 각 그 법정상속분의 1/2, 피상속인의 직계존속과 형제자매는 각 그 법정상속분의 1/3(민법 제111조, 1118조)
C = 당해 유류분권자의 수증액 + 수유액
D = 당해 유류분권자의 상속에 의하여 얻은 재산액 - 상속 채무 분담액

따라서 이와 같은 유류분 부족액의 산정방식에 따라 원고에게 반환될 유류분이 산정되어야 할 것입니다.

가. 유류분산정의 기초가 되는 재산액(A) : 1,200,000,000원
(1) 적극적 상속재산은 없으므로 '0원'입니다.
(2) 증여액 : 1,200,000,000원
(가) 피상속인은 생전에 자녀1에게 서울 종로구 궁정동 000 대 10㎡ 및 지상건물(이하 '궁정동 부동산'이라고만 합니다)를 자녀2에게 서울 XX구 서초동 00 대 10.3㎡ 및 지상건물(이하 '서초동 부동산'이라고만 합니다)를 각 증여해 주었습니다.

(나) 당심에 제출된 감정인의 감정서에 의하면 상속개시 당시를 기준으로 하는 궁정동 부동산의 가액은 700,000,000원이고, 서초동 부동산의 가액은 500,000,000원입니다.

따라서 유류분산정을 위한 기초재산에 산입된 증여는 1,200,000,000원(= 700,000,000원 + 500,000,000원)입니다.

(3) 상속채무는 없으므로 '0원'입니다.

나. 당해 유류분권자의 유류분의 비율(B)
원고의 유류분 비율은 1/6지분입니다.

다. 원고의 특별 수익액(C)
원고는 피상속인으로부터 아무런 사전증여를 받은 사실이 없으므로, 유류분 부족분으로부터 공제될 특별수익액은 0원입니다.

라. 원고의 순상속분액 (D)
피상속인의 적극재산과 상속채무가 없으므로 원고의 순상속분액은 0원입니다.

마. 원고의 유류분부족분
위와 같이 피상속인은 궁정동 부동산과 서초동 부동산을 피고들에게 전부 사전증여하였습니다. 그리하여 원고가 상속받을 재산은 전혀 없게 되었습니다.
그렇다면 법원에서 인정하고 있는 유류분 산정방식에 의할 때 원고의 침해된 유류분 부족액은 200,000,000원[= 1,200,000,000원(A) × 1/6(B) − 0원(C) − 0원(D)]입니다.

3. 각 특별수익자들의 유류분반환비율
유류분 권리자가 유류분반환청구를 함에 있어 증여 또는 유증을 받은 다른 공동상속인이 수인일 때에는 민법이 정한 유류분 제도의 목적과 민법 제1115조 제2

항의 취지에 비추어 다른 공동상속인들 중 각자 증여받은 재산 등의 가액이 자기 고유의 유류분액을 초과하는 상속인만을 상대로 하여 그 유류분액을 초과한 금액의 비율에 따라서 반환청구를 할 수 있다고 하여야 하고, 공동상속인과 공동상속인이 아닌 제3자가 있는 경우에는 그 제3자에게는 유류분이라는 것이 없으므로 공동상속인은 자기 고유의 유류분액을 초과한 금액을 기준으로 하여, 제3자는 그 수증가액을 기준으로 하여 각 그 금액의 비율에 따라 반환청구를 할 수 있습니다(대법원 1996. 2. 9. 선고 95다17885 판결).

그렇다면 자녀1은 특별수익이 700,000,000원이고 유류분이 200,000,000원이므로 유류분을 초과하는 특별수익은 500,000,000원(=700,000,000원 - 200,000,000원)입니다. 그리고 자녀2의 특별수익이 500,000,000원이고 유류분이 200,000,000원이므로 유류분을 초과하는 특별수익은 300,000,000원(= 500,000,000원 - 200,000,000원)입니다.
따라서 유류분을 초과하는 특별수익의 합계는 800,000,000원(= 자녀1 500,000,000원 + 자녀2 300,000,000원)입니다.

그러므로 자녀1의 유류분반환비율은 500,000,000/800,000,000이고, 자녀2의 유류분반환비율은 300,000,000/800,000,000입니다

4. 각 특별수익자들의 유류분반환액
원고의 유류분부족분이 200,000,000원이므로 자녀1은 125,000,000원(= 200,000,000원 × 500,000,000/800,000,000)을, 자녀2는 75,000,000원(= 200,000,000원 × 300,000,000/800,000,000)을 각 반환하면 될 것입니다.

5. 유류분반환방법

피상속인으로부터 자녀1은 궁정동 부동산, 자녀2는 서초동 부동산을 각 증여받았습니다. 그런데 자녀2는 이후에 위 부동산을 매각했습니다.

그리고 우리 법원은 "증여나 유증 후 그 목적물에 관하여 제3자가 저당권이나 지상권 등의 권리를 취득한 경우에는 원물반환이 불가능하거나 현저히 곤란하여 반환의무자가 목적물을 저당권 등의 제한이 없는 상태로 회복하여 이전하여 줄 수 있다는 등의 예외적인 사정이 없는 한 유류분권리자는 반환의무자를 상대로 원물반환 대신 그 가액 상당의 반환을 구할 수도 있을 것이다(대법원 2014. 2. 13. 선고 2013다65963 판결)."라고 판결하고 있습니다.

그렇다면 증여받은 궁정동 부동산을 그대로 소유하고 있는 자녀1은 원물반환의 방법으로, 서초동 부동산을 처분해서 원물반환이 불가능한 자녀2는 가액반환의 방법으로 원고의 유류분을 반환해야 할 것입니다.

6. 각 피고들의 유류분반환의무
가. 자녀1의 소유권이전등기의무
자녀1은 125,000,000원을 반환할 의무가 있으므로 궁정동 부동산에 관하여 125,000,000/700,000,000지분에 관한 소유권이전등기를 하면 될 것입니다.

나. 자녀2의 사실심 종결시를 기준으로 하는 반환액
자녀2는 서초동 부동산에 관하여 75,000,000/500,000,000지분을 반환하면 될 것입니다. 그런데 앞서 본 바와 같이 서초동 부동산은 매각되어서 지분으로 반환하는 것이 불가능합니다.
그런데 우리 법원은 "원물반환이 불가능하여 가액반환을 명하는 경우에는 그 가액은 사실심 변론종결시를 기준으로 산정하여야 한다(대법원 2005. 6. 23. 선고

판결)."라고 판결하고 있습니다.

그리고 사실심종결시를 기준으로 하는 서초동 부동산의 시가는 600,000,000원입니다.

그렇다면 자녀2는 사실심 변론종결시를 기준으로 하는 시가 600,000,000원 중 75,000,000/500,000,000지분에 해당하는 90,000,000원(= 600,000,000원 × 75,000,000/500,000,000)을 지급하면 될 것입니다.

7. 결론
위와 같다면 원고에게 자녀1은 궁정동 부동산에 관하여 125,000,000/700,000,000지분에 관한 소유권이전등기절차를 이행할 의무가 있으며, 자녀2는 90,000,000원 및 이 사건 청구취지 및 청구원인변경신청서 부본이 송달된 날로부터 선고일까지는 연 5%, 그 다음 날로부터 다 갚는 날까지는 연 15%의 각 비율에 의한 돈을 지급할 의무가 있습니다.

2018. 3.   .

위 원고 자녀3   ㉠

서울서부지방법원   귀중

17. 변론 종결

원고가 청구할 금액을 최종적으로 정하는 청구취지 및 청구원인변경신청서가 제출되면 재판부는 피고에게 반박할 기회를 주기 위해서 1번 더 재판기일을 지정하거나 그렇지 않으면 재판을 종결하고 선고기일을 지정합니다.

18. 판 결

18. 판 결

지정된 선고기일에 당사자의 출석여부와 상관없이 재판장은 법정에서 판결의 내용을 직접 말하게 되는데, 왜 그러한 판결이 내려지는지는 말하지 않습니다.

19. 항소

19. 항소

선고가 있은 후에 법원에서는 판결문을 원고와 피고에게 보내 줍니다. 만일 그 판결에 불복하려고 한다면, 판결문을 받은 날로부터 14일 안에 항소장을 해당 법원에 제출하면 됩니다.

이때 항소장은 구체적인 이유를 적지 않고 항소를 한다는 의사만 기재해서 1심 판결을 한 법원에 제출하면 되는데, 항소장에는 항소할 금액을 기준으로 하는 인지대와 우편비용인 송달료의 납부확인서를 첨부해야 합니다. 만일 납부확인서를 첨부하지 않으면 해당 법원에서 인지대와 송달료를 납부하라는 보정명령을 하게 됩니다.

서식) 항소장

항 소 장

사 건   2018가단000   유류분반환

원 고   자녀2

피 고   자녀1

위 당사자간 2018가단0000 유류분반환 사건에 대하여 동 법원에서 2018. 2. 8. 판결 선고하였는바, 원고는 위 판결에 대하여 원고패소 부분에 대하여 불복하므로 이에 항소를 제기합니다.
(위 판결정본을 2018. 2. 20. 송달받았습니다)

원판결의 표시

1. 피고는 원고에게 별지 목록 기재 각 부동산 중 700,000,000분의 100,000,000 지분에 관하여 유류분반환을 원인으로 하는 소유권이전등기절차를 이행하라.
2. 원고의 나머지 청구를 각 기각한다.
3. 소송비용은 이를 5분하여 그 4는 원고가, 나머지는 피고가 각 부담한다.

항 소 취 지

1. 원 판결의 원고 패소부분 중 별지 목록 기재 각 부동산 중 700,000,000분의 25,000,000지분에 관한 부분을 취소한다.
2. 소송비용은 1, 2심 원고가 부담한다.
라는 판결을 구합니다.

항 소 이 유

구체적인 항소이유에 관하여는 별도의 준비서면을 통하여 제출하도록 하습니다.

2018. 3.   .

위 원고 자녀3   ㊞

서울서부지방법원   귀중

20. 소송의 확정 후

20. 소송의 확정 후

가. 상속세 정산을 위한 구상권 행사와 상속세 경정

일부 상속인이 포괄유증을 받게 되면 피상속인이 사망한 후 자신의 부담으로 상속세를 납부하는 것이 일반적입니다. 그런데 이후 유류분반환청구소송이 신청되어 일부 유증 받은 재산을 반환하게 되면, 포괄수유자는 포괄유증을 기준으로 납부한 상속세에 대하여 반환한 유류분에 해당하는 상속세의 반환을 유류분권자에게 청구할 수 있습니다. 그리고 실제 일부 상속인들은 다른 상속인을 상대로 상속세 납부를 원인으로 하는 구상금청구를 합니다.

그러나 구상권은 채무를 대신 변제해 준 사람이 채권자를 대신하여 채무당사자에게 반환을 청구할 수 있는 권리이므로, 일부 상속인이 상속세 전부를 납부했다고 하더라도 해당 상속세납부채무가 다른 상속인의 채무가 아니라면 구상권청구를 할 수 없습니다. 따라서 구상권청구는 상대방의 채무를 전제로 하는 것입니다. 상대방 상속인의 채무가 없으니 대신 갚아 줄 채무도 없는 것입니다.

이에 대해서 대법원 1991. 9. 10. 선고 91다16952 판결에서도 「상속세법 제18조 제1

항 소정의 연대납세의무자의 상호연대관계는 이미 확정된 조세채무의 이행에 관한 것이지 조세채무의 성립과 확정에 관한 것은 아니므로 연대납세의무자라고 할지라도 각자의 구체적 납세의무는 개별적으로 확정함을 요하는 것이어서 연대납세의무자 각자에게 개별적으로 구체적 납세의무확정의 효력발생요건인 부과결정 또는 경정의 고지가 있어야 하는 것이다.」라고 함으로써, 연대납부채무는 개별적으로 성립되는 것이고 연대납부는 이와 같이 개별적으로 성립한 상속세납부의무의 이행에 관한 것일 뿐이라고 판단하고 있습니다.

이때 각 상속인들이 부담하는 상속세인 내부분담비율은 과세당국의 '상속인 또는 수유자별 납부할 상속세액 및 연대납세의무자 통지'라는 형식으로 발송되는데, 해당 통지에 상속지분, 납부할 상속세를 구분하여 기재하게 됩니다.

그리하여 서울고등법원 2015. 4. 16. 선고 2014나47773(본소), 2014나47780(반소) 사건에서는 「공동상속인 중 1인이 상속세를 납부하거나 자신의 출재로 연대납세의무를 소멸시킴으로써 공동면책이 된 때에는 다른 연대납세의무자의 부담 부분에 대하여 구상권을 행사할 수 있는데, 이때 상속세의 내부적인 분담비율은 구 상속세 및 증여세법 제3조 제1, 2항에 따라 정해진 상속인별 상속세 납세의무 비율에 따라 정하여야 할 것이다.」라고 함으로써 상속인의 연대납부의무에 따른 상속세 납부의 구상권행사 범위는 취득한 상속재산이나 '유류분반환액의 가액이 아니라' '상속인별 상속세 납세의무 비율'이라고 판단하고 있습니다.

그런데 이후 유류분반환청구의 확정으로 일부 유증재산을 유류분권자에게 반환하게 되면 상속세를 납부한 상속인은 유류분을 반환받은 상속인을 상대로 자신이 납부한 상속세의 일부에 대한 반환을 청구하게 됩니다.

그런데 위에서 본 바와 같이 상속세납부의무는 상속인별 상속세 납부의무 비율에 따라 결정되는 것이므로 포괄수유자를 100%로 한 납부의무비율을 수정할 필요가 있습니다. 상속인의 상속세 납부의무는 상속인과 과세당국 사이의 문제이므로 이 둘 사이의 납부의무를 정리하지 않으면 납부의무가 성립되지 않으므로 구상금 채권도 성립하지 않게 됩니다.

이에 조세심판원 조심2012서2586 사건에서도 '유류분 반환금액을 반영하여 각자가 납부할 상속세액을 재계산하여 경정함이 타당하다.'고 하고 있습니다.

그런데 상속세 및 증여세법 제79조와 시행령에서는 아래와 같이 규정하고 있습니다.

상속세 및 증여세법 제79조(경정 등의 청구 특례)
① 제67조에 따라 상속세 과세표준 및 세액을 신고한 자 또는 제76조에 따라 상속세 과세표준 및 세액의 결정 또는 경정을 받은 자에게 다음 각 호의 어느 하나에 해당하는 사유가 발생한 경우에는 그 사유가 발생한 날부터 6개월 이내에 대통령령으로 정하는 바에 따라 결정이나 경정을 청구할 수 있다.
  1. 상속재산에 대한 상속회복청구소송 등 대통령령으로 정하는 사유로 상속개시일 현재 상속인 간에 상속재산가액이 변동된 경우

상속세 및 증여세법 시행령
제81조(경정청구등의 인정사유 등)
② 법 제79조제1항제1호에서 "상속회복청구소송 등 대통령령으로 정하는 사유"란 피상속인 또는 상속인과 그 외의 제3자와의 분쟁으로 인한 상속회복청구소송 또는 유류분반환청구소송의 확정판결이 있는 경우를 말한다.

따라서 상속인은 상속재산분할비율이 확정되는 상속재산분할심판청구 또는 상속회복 등의 소, 유류분반환청구소송의 판결이 확정됨으로써 상속 및 증여재산의 취득에 변경이 확정된 날로부터 6개월 안에 과세관청에 경정청구를 신청함으로써 각자 상속인들이 분담할 상속세에 대한 경정을 신청할 수 있습니다.

그럼에도 불구하고 단지 자신의 상속세를 납부하였으나 유류분을 반환했다는 이유만으로 경정신청을 하지 않고 구상금청구를 신청한 서울고등법원 2021. 10. 21. 선고 2021나2000686 사건에서는 「'상속세 및 증여세법' 제79조 제1항 제1호 및 같은 법 시행령 제81조 제2항은 유류분반환청구소송의 확정판결이 있은 날부터 6월 이내에 상속세 경정을 청구할 수 있는 것으로 규정하고 있으므로 피고는 이 사건 소송의 확정판결에 의하여 유류분 반환으로 일부 수유재산을 원고에게 반환하게 될 경우 세무관서에 상속세 경정을 청구하여 유류분 반환 대상 재산에 대한 상속세를 반환받을 수 있다. 그렇다면 피고가 기존에 상속세를 납부함으로써 유류분 반환 대상 재산에 대하여 원고가 납부할 상속세를 납부한 것으로 볼 수는 없으므로, 피고는 위와 같이 경정 절차를 거쳐 세무관서로부터 상속세를 반환받을 수 있을 뿐 원고에 대하여 상속세 납부에 따른 구상권을 가질 수는 없다. 나아가 제출된 증거만으로는 유류분반환으로 인하여 원고가 부담하게 될 상속세액을 특정할 수도 없다. 따라서 피고의 위 주장은 받아들이지 않는다.」라고 함으로써, 상속세 납부를 이유로 하는 구상금청구를 배척하였습니다(같은 취지 서울고등법원 2019. 7. 11. 선고 2018나2025036 사건, 서울고등법원 2020. 1. 15. 선고 2018나2059930, 2018나2059947(병합) 사건 등).

그러므로 유류분반환청구소송의 확정되면 유류분을 반환한 당사자는 확정일로부터 6개월 안에 상속세 경정 신청을 해야 합니다. 반면에 유류분을 반환받은 상속인은 확정일로부터 6개월이 지난 후에 상속세의 내부분담 비율을 근거로 기각을 주장하면 될 것입니다.

나. 월차임 또는 월세

유류분 반환의 대상이 부동산인 경우에 반환방법은 원물반환과 가액반환방법이 있습니다. 이 중 원물반환방법에 의하면 반환대상인 부동산의 1/n지분을 이전받는 방법이 되는데, 이러한 반환의 효과는 상속개시 당시로 소급합니다.

그러다보니 월차임의 문제가 발생합니다. 예를 들어 100만원의 월차임이 지급되는 상가에 대해서 1/10지분을 유류분으로 반환받게 되면, 그 반환의 효과는 상속개시 당시로 소급하므로 유류분반환의무자는 상속개시 당시부터 유류분반환 확정일까지 취득한 월차임 중 1/10지분에 해당하는 차임은 유류분권자에게 반환해야 합니다. 그러나 유류분반환의무자라고 하더라도 유류분소장을 받기 전에는 해당 상가의 1/10지분을 반환해야 한다는 사실을 알지 못한 상태에서 월차임을 취득한 것이므로 이를 반환할 필요는 없습니다. 다만 소장부본을 받은 다음 날부터 발생한 월차임은 유류분권자에게 반환해 줘야 합니다.

만일 유류분반환의무자가 사용하고 있었다면 임대차보증금이 없이 전액 월세로 사용하는 것을 전제로 해당 월세의 1/10에 해당하는 금액을 지급해야 할 것입니다.

따라서 부동산에 대해서 원물반환방법으로 유류분을 반환받은 상속인은 유류분 사건이 확정된 후 내용증명 또는 부당이득반환청구의 소를 통해서 유류분 사건의 소장을 상대방이 받은 다음 날부터 계산한 월차임을 지급받으면 될 것이고, 반대로 유류분을 반환한 소유자는 재산세나 공과금 등을 상계하고 남은 금액을 반환하면 될 것입니다.

21. 쟁점별 판례 해설과 사례

1. 유류분을 청구할 수 있는 기간 1년

대법원 2006. 11. 10. 선고 2006다46346 판결

민법 제1117조가 규정하는 유류분반환청구권의 단기소멸시효기간의 기산점인 '유류분권리자가 상속의 개시와 반환하여야 할 증여 또는 유증을 한 사실을 안 때'는 유류분권리자가 상속이 개시되었다는 사실과 증여 또는 유증이 있었다는 사실 및 그것이 반환하여야 할 것임을 안 때를 뜻한다.

> **설명**

유류분반환청구는 피상속인이 생전에 증여한 사실을 알고 있었다면, 사망한 날로부터 1년 안에, 피상속인이 사망한 후에 증여사실을 알았다면 그 사실을 안 날로부터 1년 안에 신청할 수 있다.

> **사례**

피상속인이 2000년 부동산을 증여했고 유류분권자가 그 사실을 알고 있었는데 피상속인이 2019년 1월 10일에 사망했다면, 유류분권자는 2020년 1월 10일까지 유류분반환청구소송을 할 수 있다.

다만 해외에 거주하는 등의 사정으로 증여사실을 모르다가 피상속인이 2019년 1월 10일 사망한 후에 2019년 6월 5일에 증여사실을 알게 됐다면, 유류분권자는 2019년 6월 5일로부터 1년이 되는 2020년 6월 5일까지 유류분반환청구소송을 할 수 있다.

2. 유류분을 청구할 수 있는 기간 10년

대법원 2023. 6. 1. 선고 2022다294367 판결

민법 제1117조의 유류분반환청구권은 상속재산의 증여에 따른 소유권이전등기가 이루어지지 아니한 경우에도 상속이 개시한 때부터 10년이 지나면 시효에 의하여 소멸한다. 그러나 소멸시효를 이유로 한 항변권의 행사도 민법의 대원칙인 신의성실의 원칙과 권리남용금지의 원칙의 지배를 받는 것이어서, 채무자가 시효완성 전에 채권자의 권리행사나 시효중단을 불가능 또는 현저히 곤란하게 하였거나, 그러한 조치가 불필요하다고 믿게 하는 행동을 하였거나, 객관적으로 채권자가 권리를 행사할 수 없는 장애사유가 있었거나, 또는 일단 시효완성 후에 채무자가 시효를 원용하지 아니할 것 같은 태도를 보여 권리자로 하여금 그와 같이 신뢰하게 하였거나, 채권자보호의 필요성이 크고 같은 조건의 다른 채권자가 채무의 변제를 수령하는 등의 사정이 있어 채무이행의 거절을 인정함이 현저히 부당하거나 불공평하게 되는 등의 특별한 사정이 있는 경우에는 채무자가 소멸시효의 완성을 주장하는 것이 신의성실의 원칙에 반하여 권리남용으로서 허용될 수 없다

설명

피상속인이 사망한 날로부터 10년이 지나면 유류분반환청구를 할 수 없으나, 유증을 받은 상속인이 그 사실을 숨긴 채 마치 유증된 부동산이 상속재산인 것처럼 다른 상속인에게 오인하게 함으로써 다른 상속인들이 유류분청구를 할 수 없도록 했다면, 피상속인이 사망한 날로부터 10년이 지났어도 유류분반환청구를 할 수 있다.

3. 유류분 청구금액을 계산하는 방법

서울고등법원 2010. 4. 30. 선고 2009나16058(본소), 2010나28569(반소) 판결

유류분 부족액의 산정방식

원고가 청구하는 금액은 유류분이 아니라 원고의 유류분을 계산한 후에 원고가 증여받거나 상속을 받아 금액을 뺀 유류분 부족액을 청구하게 됩니다. 이때 원고가 청구할 수 있는 유류분 부족분의 계산식은 아래와 같습니다.

유류분 부족액 = {유류분 산정의 기초가 되는 재산(A) × 당해 유류분권자의 유류분 비율(B)} − 당해 유류분권자의 특별수익액(C) − 당해 유류분권자의 순상속분액(D)

A = 적극적 상속재산 + 증여액 − 상속채무액
B = 피상속인의 직계비속과 배우자는 그 법정상속분의 1/2
C = 당해 유류분권자의 수증액 + 수유액
D = 당해 유류분권자가 상속에 의하여 얻는 재산액 − 상속채무 분담액

설명

피상속인이 증여한 재산과 남은 상속재산의 합계에서 채무를 뺀 금액에 법정상속분의 1/2을 곱하면 유류분이 나옵니다.

이러한 유류분에 유류분반환청구소송을 하는 원고가 받은 증여재산과 상속으로 받는 재산을 빼면 반환을 받을 유류분 부족분이 나옵니다.

사례

배우자와 자녀 2명을 둔 피상속인이 배우자에게 500,000,000원을, 자녀1에게 200,000,000원을 증여하고 상속재산으로는 100,000,000원이 남은 경우

A = 적극적 상속재산 100,000,000원 + 증여액 700,000,000원 − 상속채무액 0원
⇒ 800,000,000원

B = 피상속인의 직계비속과 배우자는 그 법정상속분의 1/2 ⇒ 상속분 2/7의 1/2인 1/7

C = 당해 유류분권자의 수증액 + 수유액 ⇒ 0원

D = 당해 유류분권자가 상속에 의하여 얻는 재산액 28,571,429원(= 100,000,000원 × 2/7) − 상속채무 분담액 0원 ⇒ 28,571,429원

유류분 부족액 = (A) 800,000,000원 × (B) 1/7 − (C) 0원 − (D) 28,571,429원 ⇒ 85,714,286원

주) 유류분권자가 상속으로 받는 재산은 법정지분인 100,000,000원의 2/7지분에 해당하는 28,571,429원이 아니라 구체적 상속분에 해당하는 100,000,000원 전부를 취득합니다. 그러나 이 부분은 상속재산분할의 구체적 상속분의 개념과 초과특별수익자의 안분에 관한 법리가 적용되므로 유류분 계산식의 이해를 돕기 위해서 생략하기로 합니다.

4. 피상속인에게 채무가 있는 경우

대법원 1997. 6. 24. 선고 97다8809 판결

금전채무와 같이 급부의 내용이 가분인 채무가 공동상속된 경우, 이는 상속 개시와 동시에 당연히 법정상속분에 따라 공동상속인에게 분할되어 귀속되는 것이므로, 상속재산 분할의 대상이 될 여지가 없다.

설명

피상속인에게 채무가 있는 경우에는 상속인들의 협의와 무관하게 법정상속분대로 각 상속인들이 채무를 상속받는다.

> **사례**

피상속인이 자녀1에게 5억원, 자녀2에게 10억원을 증여하고 자녀3에게는 아무런 재산도 증여하지 않았는데, 상속채무가 3억원인 경우

자녀3의 유류분 부족분은
= {(자녀1 5억원 + 자녀2 10억원) × 1/6} − 자녀3 0원 − 자녀3 순상속분액 (−3억원 × 1/3)
= {(5억원 + 10억원) × 1/6} − 0원 − (−3억원 × 1/3)
= (15억원 × 1/6) − 0원 + 1억원
= 2억 5,000만원 − 0원 + 1억원
= 3억 5,000만원

5. 유류분반환청구소송에서 기여분을 주장할 수 있는지

대법원 2015. 10. 29. 선고 2013다60753 판결

기여분은 상속재산분할의 전제 문제로서의 성격을 가지는 것으로서, 상속인들의 상속분을 일정 부분 보장하기 위하여 피상속인의 재산처분의 자유를 제한하는 유류분과는 서로 관계가 없다. 따라서 공동상속인 중에 상당한 기간 동거·간호 그 밖의 방법으로 피상속인을 특별히 부양하거나 피상속인의 재산의 유지 또는 증가에 특별히 기여한 사람이 있을지라도 공동상속인의 협의 또는 가정법원의 심판으로 기여분이 결정되지 않은 이상 유류분반환청구소송에서 기여분을 주장할 수 없음은 물론이거니와, 설령 공동상속인의 협의 또는 가정법원의 심판으로 기여분이 결정되었다고 하더라도 유류분을 산정함에 있어 기여분을 공제할 수 없고, 기여분으로 유류분에 부족이 생겼다고 하여 기여분에 대하여 반환을 청구할 수도 없다.

> 설명

유류분반환청구소송에서는 기여분을 주장할 수 없다.

6. 증여금액의 기준일과 기준금액

대법원 1996. 2. 9. 선고 95다17885 판결

원심이 유류분 산정의 기초가 되는 이 사건 증여 부동산의 가액 산정 시기를 피상속인이 사망한 상속개시 당시의 가격으로 판시한 것은 정당하다.

> 설명

증여금액의 기준은 피상속인이 사망한 날의 시가이다.

> 사례

피상속인이 2010년 2월 5일에 시가 2억원의 부동산을 상속인에게 증여했는데, 상속인이 부동산을 2012년 5월 6일에 2억 5,000만원에 팔고 피상속인이 2019년 2월 10일에 사망한 경우, 상속인의 증여금액은 2019년 2월 10일 당시의 해당 부동산의 (공시지가가 아닌) 시가이다.

7. 10년 전에 증여한 재산도 유류분반환의 대상이 되는지

대법원 1996. 2. 9. 선고 95다17885 판결

공동상속인 중에 피상속인으로부터 재산의 생전 증여에 의하여 특별수익을 한 자가 있는 경우에는 민법 제1114조의 규정은 그 적용이 배제되고, 따라서 그 증여는 상속개시 1년 이전의 것인지 여부, 당사자 쌍방이 손해를 가할 것을 알고서 하였는지 여부에 관계없이 유류분 산정을 위한 기초재산에 산입된다.

> 설명

증여를 받은 사람이 상속인이면 10년 전에 받은 증여재산도 유류분반환의 대상이 된다.

8. 상속인이 1979년 이전에 받은 증여재산

대법원 2012. 12. 13. 선고 2010다78722 판결

유류분 제도가 생기기 전에 피상속인이 상속인이나 제3자에게 재산을 증여하고 이행을 완료하여 소유권이 수증자에게 이전된 때에는 피상속인이 1977. 12. 31. 법률 제3051호로 개정된 민법(이하 '개정 민법'이라 한다) 시행 이후에 사망하여 상속이 개시되더라도 소급하여 증여재산이 유류분 제도에 의한 반환청구의 대상이 되지는 않는다. 개정 민법의 유류분 규정을 개정 민법 시행 전에 이루어지고 이행이 완료된 증여에까지 적용한다면 수증자의 기득권을 소급입법에 의하여 제한 또는 침해하는 것이 되어 개정 민법 부칙 제2항의 취지에 반하기 때문이다.

다른 한편 개정 민법 부칙 제5항은 '이 법 시행일 전에 개시된 상속에 관하여는 이 법 시행일 후에도 종전의 규정을 적용한다'고 규정하고 있다. 따라서 개정 민법 시행일 이후 개시된 상속에 관하여는 개정 민법이 적용되어야 하므로, 개정 민법 시행 이전에 증여계약이 체결되었더라도 이행이 완료되지 않은 상태에서 개정 민법이 시행되고 그 이후에 상속이 개시된 경우에는 상속 당시 시행되는 개정 민법에 따라 증여계약의 목적이 된 재산도 유류분 반환의 대상에 포함된다. 비록 개정 민법 부칙 제2항이 개정 민법은 종전의 법률에 의하여 생긴 효력에 영향을 미치지 아니한다고 하여 개정 민법의 일반적인 적용대상을 규정하고 있지만, 부칙 제5항이 개정 민법 시행 이후 개시된 상속에 관하여는 개정 민법을 적용한다고 정하고 있는데 유류분 제도 역시 상속에 의한 재산승계의 일환이기 때문이다.

또한 유류분 산정의 기초가 되는 재산의 범위에 관하여 민법 제1113조 제1항에서 대상재산에 포함되는 것으로 규정한 '증여재산'은 상속개시 전에 이미 증여계약이 이행되어 소유권이 수증자에게 이전된 재산을 가리키는 것이고, 아직 증여계약이 이행되지 아니하여 소유권이 피상속인에게 남아 있는 상태로 상속이 개시된 재산은 상속재산, 즉 '피상속인의 상속개시 시 가진 재산'에 포함된다고 보아야 하는 점 등에 비추어 보더라도, 증여계약이 개정 민법 시행 전에 체결되었지만 이행이 개정 민법 시행 이후에 되었다면 그 재산은 유류분 산정의 대상인 재산에 포함시키는 것이 옳고, 이는 증여계약의 이행이 개정 민법 시행 이후에 된 것이면 그것이 상속 개시 전에 되었든 후에 되었든 같다.

설명

1979년 1월 1일 이전에 소유권이전등기까지 마쳐진 부동산은 유류분반환의 대상이 아니다.

사례

상속인이 자녀1.과 자녀2.이고 자녀1.이 1978년 2월 10일에 1억원의 토지를 증여받고 2000년 3월 19일에 4억원의 토지를 증여받았는데 다른 재산이 없다면, 자녀2.의 유류분은 4억원의 1/4인 1억원(= 4억원 × 1/4)이다.

9. 유류분권자가 1979년 1월 1일 이전에 받은 증여재산

대법원 2018. 7. 12. 선고 2017다278422 판결

개정 민법 시행 전에 이행이 완료된 증여 재산이 유류분 산정을 위한 기초재산에서 제외된다고 하더라도, 위 재산은 당해 유류분 반환청구자의 유류분 부족액 산정 시 특별수익으로 공제되어야 한다.

> 설명

유류분반환의무가 1979년 1월 1일 이전에 받은 증여재산은 유류분반환의 대상이 아니나, 유류분권자가 받은 재산은 유류분에서 공제한다.

> 사례

상속인이 자녀1.과 자녀2.이고 자녀1.이 1978년 2월 10일에 1억원의 토지를 증여받고 2000년 3월 19일에 4억원의 토지를 증여받았는데, 자녀2도 1978년 2월 10일에 1억원의 토지를 증여받았고, 다른 재산이 없다면, 자녀2.의 유류분은 4억원의 1/4인 1억원(= 4억원 × 1/4)이다. 이때 자녀2.는 유류분 1억원에 해당하는 재산을 이미 1978년 2월 10일에 증여받았기 때문에 유류분을 청구할 수 없다.

10. 상속인(배우자, 자녀 등)이 아닌 자에 대한 증여

대법원 2012. 5. 24. 선고 2010다50809 판결

공동상속인이 아닌 제3자에 대한 증여는 원칙적으로 상속개시 전의 1년간에 행한 것에 한하여 유류분반환청구를 할 수 있고, 다만 당사자 쌍방이 증여 당시에 유류분권리자에 손해를 가할 것을 알고 증여를 한 때에는 상속개시 1년 전에 한 것에 대하여도 유류분반환청구가 허용된다. 증여 당시 법정상속분의 2분의 1을 유류분으로 갖는 직계비속들이 공동상속인으로서 유류분권리자가 되리라고 예상할 수 있는 경우에, 제3자에 대한 증여가 유류분권리자에게 손해를 가할 것을 알고 행해진 것이라고 보기 위해서는, 당사자 쌍방이 증여 당시 증여재산의 가액이 증여하고 남은 재산의 가액을 초과한다는 점을 알았던 사정뿐만 아니라, 장래 상속개시일에 이르기까지 피상속인의 재산이 증가하지 않으리라는 점까지 예견하고 증여를 행한 사정이 인정되어야 하고, 이러한 당사자 쌍방의 가해의 인식은 증여 당시를 기준으로 판단하여야 한다.

> 설명

피상속인이 사망하기 1년 이내에 상속인이 아닌 자에게 증여한 것은 모두 유류분반환의 대상이 된다.

또한 1년 이전이라고 하더라도 더 이상 재산이 증가할 것으로 예상되지 않은 피상속인이 자신의 재산 중 1/2이상을 증여하면 유류분반환의 대상이 된다.

> 사례 1

피상속인이 2018년 6월 5일에 10억원의 재산 중 1억원을 며느리에게 증여하고 2019년 1월 20일에 사망했다면, 며느리는 유류분을 반환해야 한다.

> 사례 2

피상속인이 2015년 6월 5일에 10억원의 재산 중 4억원을 며느리에게 증여하고 2019년 1월 20일에 사망했다면, 원칙적으로 며느리는 유류분을 반환하지 않아도 된다.

> 사례 3

피상속인이 2015년 6월 5일에 10억원의 재산 중 6억원을 며느리에게 증여하고 2019년 1월 20일에 사망했다면, 원칙적으로 며느리는 유류분을 반환해야 한다.

11. 며느리(또는 사위)와 손자 등에 대한 증여

대법원 2007. 8. 28. 자 2006스3,4 결정

민법 제1008조는 '공동상속인 중에 피상속인으로부터 재산의 증여 또는 유증을 받은 자가 있는 경우에 그 수증재산이 자기의 상속분에 달하지 못한 때에는 그 부족한 부분의 한도에서 상속분이 있다.'고 규정하고 있는바, 이와 같이 상속분의 산정에서 증여 또는 유증을 참작하게 되는 것은 원칙적으로 상속인이 유증 또는 증여를 받은 경우에만 발생하고, 그 상속인의 직계비속, 배우자, 직계존속이 유증 또는 증여를 받은 경우에는 그 상속인이 반환의무를 지지 않는다고 할 것이나, 증여 또는 유증의 경위, 증여나 유증된 물건의 가치, 성질, 수증자와 관계된 상속인이 실제 받은 이익 등을 고려하여 실질적으로 피상속인으로부터 상속인에게 직접 증여된 것과 다르지 않다고 인정되는 경우에는 상속인의 직계비속, 배우자, 직계존속 등에게 이루어진 증여나 유증도 특별수익으로서 이를 고려할 수 있다고 함이 상당하다.

설명

피상속인이 며느리(또는 사위)나 손자에게 증여한 것이 실제 상속인에게 증여한 것과 다르지 않다고 보이면 상속인이 유류분을 반환해야 한다.

사례

피상속인이 2010년 6월 5일 아들과 며느리의 공동명의로 아파트를 증여해 주고 2019년 1월 10일에 사망했다면, 아들이 며느리의 몫까지 유류분을 반환할 가능성이 있다.

12. 배우자에 대한 증여

대법원 2011. 12. 8. 선고 2010다66644 판결

민법 제1008조는 "공동상속인 중에 피상속인으로부터 재산의 증여 또는 유증을 받은 자가 있는 경우에 그 수증재산이 자기의 상속분에 달하지 못한 때에는 그 부족한 부분의 한도에서 상속분이 있다."라고 규정하고 있는데, 이는 공동상속인 중에 피상속인에게서 재산의 증여 또는 유증을 받은 특별수익자가 있는 경우에 공동상속인들 사이의 공평을 기하기 위하여 수증재산을 상속분의 선급으로 다루어 구체적인 상속분을 산정할 때 이를 참작하도록 하려는 데 그 취지가 있다. 여기서 어떠한 생전 증여가 특별수익에 해당하는지는 피상속인의 생전의 자산, 수입, 생활수준, 가정상황 등을 참작하고 공동상속인들 사이의 형평을 고려하여 당해 생전 증여가 장차 상속인으로 될 자에게 돌아갈 상속재산 중 그의 몫의 일부를 미리 주는 것이라고 볼 수 있는지에 의하여 결정하여야 하는데, 생전 증여를 받은 상속인이 배우자로서 일생 동안 피상속인의 반려가 되어 그와 함께 가정공동체를 형성하고 이를 토대로 서로 헌신하며 가족의 경제적 기반인 재산을 획득·유지하고 자녀들에게 양육과 지원을 계속해 온 경우, 생전 증여에는 위와 같은 배우자의 기여나 노력에 대한 보상 내지 평가, 실질적 공동재산의 청산, 배우자 여생에 대한 부양의무 이행 등의 의미도 함께 담겨 있다고 봄이 타당하므로 그러한 한도 내에서는 생전 증여를 특별수익에서 제외하더라도 자녀인 공동상속인들과의 관계에서 공평을 해친다고 말할 수 없다.

설명

배우자에 증여한 재산이 단지 배우자의 고생에 대한 보답, 노후의 생활안정 등을 위해서 한 것으로 보인다면 그 재산으로 부터는 유류분을 반환해 주지 않아도 된다.

사례

10억원의 재산을 소유한 피상속인이 약 40년간 혼인생활을 하면서 모든 재산을 남편인 피상속인 명의로 해 두었는데, 피상속인으로부터 당시 거주하던 2억원의 빌라를 증여받은 경우에는 해당 빌라는 유류분반환의 대상에서 배제될 가능성이 있습니다.

13. 임차인이 있는 부동산의 증여금액

대법원 2009. 5. 28. 선고 2009다15794 판결

증여로 인하여 이 사건 부동산의 소유권이 피고에게 양도됨으로써 피고는 임대인의 지위를 승계하였다 할 것이고, 이 경우 임대차보증금반환채무도 부동산의 소유권과 결합하여 일체로서 이전하게 되어 망인의 임대인으로서의 지위나 임대차보증금반환채무는 소멸하였다고 할 것이므로, 사망 당시 망인이 위와 같은 임대차보증금반환채무를 여전히 부담하고 있었다고 볼 수 없고, 따라서 원고 등의 유류분 부족액을 산정함에 있어 위와 같은 망인의 임대차보증금반환채무를 상속채무에 포함시켜서는 안 될 것이다.

설명

증여받은 부동산에 임차인이 있으면 증여금액에서 임대보증금을 뺀다.

사례

임대보증금이 3억원인 임차인이 있는 10억원의 부동산을 증여받았다면, 증여금액은 7억원(= 10억원 − 3억원)이다.

14. 논으로 증여받은 후에 대지로 변경한 경우의 증여금액

대법원 2015. 11. 12. 선고 2010다104768 판결

증여 이후 수증자나 수증자에게서 증여재산을 양수한 사람이 자기 비용으로 증여재산의 성상(性狀) 등을 변경하여 상속개시 당시 가액이 증가되어 있는 경우, 변경된 성상 등을 기준으로 상속개시 당시의 가액을 산정하면 유류분권리자에게 부당한 이익을 주게 되므로, 이러한 경우에는 그와 같은 변경을 고려하지 않고 증여 당시의 성상 등을 기준으로 상속개시 당시의 가액을 산정하여야 한다.

설명

토지를 증여받은 후에 지목변경을 한 경우에는 증여받기 전의 지목을 기준으로 피상속인의 사망 당시의 시가를 증여금액으로 본다.

사례

상속인이 2010년 6월 5일에 피상속인으로부터 밭을 증여받고 2015년 7월 10일에 대지로 변경한 후 피상속인이 2019년 6월 10일에 사망했다면, 2019년 6월 10일의 밭의 가치를 증여금액으로 본다.

15. 현금을 증여받은 경우 증여금액의 산정방법

서울고등법원 2014. 6. 2. 자 2013브127 결정

증여받은 재산이 금전일 경우에는 그 증여받은 금액을 상속개시 당시의 화폐가치로 환산하여 이를 특별수익한 가액으로 봄이 상당하고, 그러한 화폐가치의 환산은 특별수익 당시부터 상속개시 당시까지 사이의 물가변동률을 반영하는 방법으로 산정하는 것이 합리적이라고 할 것인데, 물가변동률로는 경제 전체의 물가수준 변동을 잘 반영하는 것으로 보이는 별지3 기재 한국은행의 GDP 디플레이터를 사용하는 것이 타당하다.

결국 특별수익한 현금의 상속개시 당시의 화폐가치는 "특별수익액 × 사망 당시의 GDP 디플레이터 수치 ÷ 특별수익 당시의 GDP 디플레이터 수치"의 공식에 따라 산정한다.

설명

증여받은 재산이 현금일 때는 증여받을 당시의 GDP 디플레이터에 상속개시 당시의 GDP 디플레이터를 반영해서 특별수익을 산정한다.

사례

2000년에 1억원을 증여받고 피상속인이 2010년에 사망하였는데, 2000년의 GDP 디플레이터가 77.38이고 2010년의 GDP 디플레이터가 100이라면, 특별수익은 129,232,359원(= 100,000,000원 × 100/77.38)이다.

이때 GDP 디플레이터는 한국은행 경제통계시스템에서 제공하는 100대 통계지표의 GDP 디플레이터(http://ecos.bok.or.kr/jsp/vis/keystat/#/key) 수치를 적용한다.

16. 증여받은 부동산을 매각하거나 수용된 경우 증여금액의 산정방법

대법원 2023.5.18.선고 2019다222867 유류분반환청구

민법 문언의 해석과 유류분 제도의 입법취지 등을 종합할 때 피상속인이 상속개시 전에 재산을 증여하여 그 재산이 유류분반환청구의 대상이 된 경우, 수증자가 증여받은 재산을 상속개시 전에 처분하였거나 수용되었다면 민법 제1113조 제1항에 따라 유류분을 산정함에 있어서 그 증여재산의 가액은 증여재산의 현실 가치인 처분 당시의 가액을 기준으로 상속개시까지 사이의 물가변동률을 반영하는 방법으로 산정하여야 한다.

설명

2010년 당시 매매금액 3억원의 아파트를 증여받은 후에 2015년 7억원에 매각했는데 피상속인이 2023년 사망하고 그 당시 매각한 아파트의 가격이 12억원인 경우, 특별수익은 매각금액인 7억원을 증여받은 것으로 봐서 '특별수익 = 매각금액 7억원 × 상속개시 당시인 2023년 GDP디플레이터 / 매각 당사인 2015년 GDP디플레이터'가 됩니다.

17. 증여받은 사람이 여러 명일 경우의 유류분반환비율

대법원 1996. 2. 9. 선고 95다17885 판결

유류분 권리자가 유류분반환청구를 함에 있어 증여 또는 유증을 받은 다른 공동상속인이 수인일 때에는 민법이 정한 유류분 제도의 목적과 민법 제1115조 제2항의 취지에 비추어 다른 공동상속인들 중 각자 증여받은 재산 등의 가액이 자기 고유의 유류분액을 초과하는 상속인만을 상대로 하여 그 유류분액을 초과한 금액의 비율에 따라서 반환청구를 할 수 있다고 하여야 하고, 공동상속인과 공동상속인이 아닌 제3자가 있는 경우에는 그 제3자에게는 유류분이라는 것이 없으므로 공동상속인은 자기 고유의 유류분액을 초과한 금액을 기준으로 하여, 제3자는 그 수증가액을 기준으로 하여 각 그 금액의 비율에 따라 반환청구를 할 수 있다고 하여야 한다.

> **설명**

증여를 받은 사람이 상속인이면 해당 상속인도 유류분이 있으므로 그 유류분을 뺀 나머지 금액의 비율에 따라 반환하지만, 제3자는 증여금액을 기준으로 반환비율을 계산해서 유류분을 반환한다.

> **사례**

유류분이 1억원인데, 자녀1.이 5억원을, 자녀2.가 3억원을, 제3자가 2억원을 증여받고, 남은 상속재산이 없는 경우에, 유류분을 초과하는 금액은 자녀1.이 2억원(= 증여금액 3억원 – 자녀1.의 유류분 1억원), 자녀2.가 1억원(= 증여금액 2억원 – 자녀2.의 유류분 1억원), 제3자는 1억원(= 증여금액 1억원 – 제3자의 유류분 0원)이므로, 유류분을 초과하는 증여금액은 모두 4억원(= 자녀1. 2억원 + 자녀2. 1억원 + 제3자 1억원)입니다.

따라서 자녀1.은 5,000만원(= 유류분 1억원 × 2억원 / 4억원), 자녀2.는 2,500만원(= 유류분 1억원 × 1억원 / 4억원), 제3자는 2,500만원(= 유류분 1억원 × 1억원 / 4억원)씩 반환하면 됩니다. 이것을 표로 정리하면 아래와 같습니다.

– 개인별 반환비율 계산방식[9] –

반환할 유류분	수증자	증여금액	유류분초과액	반환비율	반환금액
100,000,000	자녀1	300,000,000	200,000,000	50.00%	50,000,000
	자녀2	200,000,000	100,000,000	25.00%	25,000,000
	3자	100,000,000	100,000,000	25.00%	25,000,000
100,000,000	계	600,000,000	400,000,000	100.00%	100,000,000

---

[9] 유류분 초과금 = 증여금액 – 증여받은 당사자의 유류분 (예 300,000,000원 – 100,000,000원)
반환비율 = 해당 반환의무자의 유류분 초과액 ÷ 유류분 초과액의 합계 (예 200,000,000원 ÷ 400,000,000원)
반환금액 = 유류분권리자가 청구하는 유류분 × 반환비율 (예 100,000,000원 × 50.00%)

18. 상속인이 여러 개의 재산을 증여받은 경우 각 증여재산의 반환비율

대법원 2013. 3. 14. 선고 2010다42624,42631 판결

어느 공동상속인 1인이 수개의 재산을 유증받아 각 수유재산으로 유류분권리자에게 반환하여야 할 분담액을 반환하는 경우, 반환하여야 할 각 수유재산의 범위는 특별한 사정이 없는 한 민법 제1115조 제2항을 유추적용하여 각 수유재산의 가액에 비례하여 안분하는 방법으로 정함이 타당하다.

설명

여러 개의 재산을 증여받은 상속인이 반환할 때에는 증여받은 재산의 비율에 따라 반환해야 한다.

사례

반환할 유류분이 1억원이고, 3억원의 제1 부동산, 2억원의 제2 부동산, 1억원을 현금으로 증여받아 총 6억원을 증여받았다면, 제1 부동산에서 5,000만원(= 반환할 유류분 1억원 × 제1 부동산 금액 3억원 / 증여금액의 합계 6억원), 제2 부동산에서 33,333,333원(= 반환할 유류분 1억원 × 제2 부동산 금액 2억원 / 증여금액의 합계 6억원), 현금에서 16,666,667원(= 반환할 유류분 1억원 × 현금 증여금액 1억원 / 증여금액의 합계 6억원)을 반환한다. 이것을 표10)로 정리하면 아래와 같습니다.

- 증여재산별 반환비율 -

반환할 유류분	증여재산	증여가액	반환비율	반환금액
100,000,000	부동산1	300,000,000	50.00%	50,000,000
	부동산2	200,000,000	33.33%	33,333,333
	현금	100,000,000	16.67%	16,666,667
100,000,000		600,000,000	100.00%	100,000,000

10) 반환비율 = 해당 증여재산의 시가 ÷ 증여재산의 합계 (예) 300,000,000원 ÷ 600,000,000원)
반환금액 = 유류분권리자가 청구하는 유류분 × 반환비율 (예) 100,000,000원 × 50.00%)

19. 유증재산과 증여재산이 있는 경우의 유류분 반환순서

대법원 2013. 3. 14. 선고 2010다42624,42631 판결

증여 또는 유증을 받은 재산 등의 가액이 자기 고유의 유류분액을 초과하는 수인의 공동상속인이 유류분권리자에게 반환하여야 할 재산과 범위를 정할 때에, 수인의 공동상속인이 유증받은 재산의 총 가액이 유류분권리자의 유류분 부족액을 초과하는 경우에는 유류분 부족액의 범위 내에서 각자의 수유재산(수유재산)을 반환하면 되는 것이지 이를 놓아두고 수증재산(수증재산)을 반환할 것은 아니다. 이 경우 수인의 공동상속인이 유류분권리자의 유류분 부족액을 각자의 수유재산으로 반환할 때 분담하여야 할 액은 각자 증여 또는 유증을 받은 재산 등의 가액이 자기 고유의 유류분액을 초과하는 가액의 비율에 따라 안분하여 정하되, 그중 어느 공동상속인의 수유재산의 가액이 그의 분담액에 미치지 못하여 분담액 부족분이 발생하더라도 이를 그의 수증재산으로 반환할 것이 아니라, 자신의 수유재산의 가액이 자신의 분담액을 초과하는 다른 공동상속인들이 위 분담액 부족분을 위 비율에 따라 다시 안분하여 그들의 수유재산으로 반환하여야 한다.

설명

증여와 유증된 재산이 있을 때에는 유증재산에서 먼저 유류분을 반환해야 한다.

사례

자녀1.이 증여로 1억원, 유증으로 2억원으로 총 3억원을 받고, 자녀2.가 증여로 4억 5,000만원을 받고, 유류분권리자가 아무런 재산도 받지 못했는데, 유류분지분이 1/6지분이라면 전체 재산이 7억 7,500만원(자녀1. 3억원 + 자녀2. 4억 5,000만원)이므로 유류분권리자가 받을 유류분액은 1억 2,500만원(= 7억 7,500만원 × 1/6지분입니다.

그렇다면 원칙적으로 자녀1.과 자녀2.도 자신들의 유류분이 있으므로 자신의 유류분을 공제하면 유류분반환의 대상이 되는 금액인 유류분 초과금은 자녀1.이 1억 7,500만원(= 3억원 - 1억 2,500만원), 자녀2.가 3억 2,500만원(= 4억 5,000만원 - 1억 2,500만원)입니다. 따라서 유류분반환비율은 자녀1.이 35%{= 1억 7,5000만원/(1억 7,5000만원 + 3억 2,500만원)}이고 자녀2.가 65%{= 3억 2,5000만원/(1억 7,5000만원 + 3억 2,500만원)}이 됩니다.

따라서 자녀1.과 자녀2가 모두 증여를 받았다면 자녀1.은 35%에 해당하는 43,750,000원(= 유류분 125,000,000원 × 35%)을, 자녀2.는 65%에 해당하는 81,250,000원(= 유류분 125,000,000원 × 65%)을 반환해야 합니다.

그러나 증여와 유증이 있을 때에는 유증재산으로부터 먼저 반환해야 하므로 유증을 받은 자녀1.이 유증받은 재산 200,000,000원에서 유류분 125,000,000원을 전부 반환해야 하고, 자녀2.는 반환할 필요가 없습니다. 이러한 계산을 표[11])로 보면 아래와 같습니다.

— 유류분 반환비율의 공식 —

상속인	증여	유증	계	유류분	유류분 초과금	유류분 반환비율	당초 반환금액	유증에 의한 반환금액
자녀1	100,000,000	200,000,000	300,000,000	125,000,000	175,000,000	35.00%	43,750,000	125,000,000
자녀2	450,000,000	0	450,000,000	125,000,000	325,000,000	65.00%	81,250,000	0
유류분권자	0	0	0	125,000,000				
	550,000,000	200,000,000	750,000,000		500,000,000	100.00%	125,000,000	125,000,000

---

11) 유류분 초과금 = (증여 + 유증) - 유류분
유류분 반환비율 = 유류분 초과금 / 유류분 초과금의 합계 (예 35.00% = 175,000,000원/500,000,000원)
당초 반환금액 = 유류분권자가 반환청구하는 유류분 × 유류분 반환비율 (예 125,000,000원 ×35.00%)

20. 유류분을 반환하는 방법 (지분 또는 금전)

대법원 2013. 3. 14. 선고 2010다42624,42631 판결

반환의무자는 통상적으로 증여 또는 유증 대상 재산 자체를 반환하면 될 것이나 원물반환이 불가능한 경우에는 가액 상당액을 반환할 수밖에 없다. 원물반환이 가능하더라도 유류분권리자와 반환의무자 사이에 가액으로 이를 반환하기로 협의가 이루어지거나 유류분권리자의 가액반환청구에 대하여 반환의무자가 이를 다투지 않은 경우에는 법원은 가액반환을 명할 수 있지만, 유류분권리자의 가액반환청구에 대하여 반환의무자가 원물반환을 주장하며 가액반환에 반대하는 의사를 표시한 경우에는 반환의무자의 의사에 반하여 원물반환이 가능한 재산에 대하여 가액반환을 명할 수 없다.

해설

부동산을 증여받았다면 지분을 이전해 주는 방법으로 유류분을 반환해야 하지만, 증여받은 후에 팔았다거나, 지상에 건물을 지었다거나, 전답을 증여받은 후에 대지로 용도변경을 했다거나, 근저당권을 설정한 경우에는 지분에 해당하는 돈으로 반환을 해줘야 한다.

그러나 증여받은 부동산을 그대로 갖고 있는데, 유류분권리자가 돈으로 달라고 하고 반환해 주는 쪽도 이의를 제기하지 않으면 돈으로 줄 수 있다.

대법원 2014. 2. 13. 선고 2013다65963 판결

증여나 유증 후 그 목적물에 관하여 제3자가 저당권이나 지상권 등의 권리를 취득한 경우에는 원물반환이 불가능하거나 현저히 곤란하여 반환의무자가 목적물을 저당권 등의 제한이 없는 상태로 회복하여 이전하여 줄 수 있다는 등의 예외적인 사정이 없는 한 유류분권리자는 반환의무자를 상대로 원물반환 대신 그 가액 상당의 반환을 구할 수도 있을 것이나, 그렇다고 하여 유류분권리자가 스스로 위험이나 불이익을 감수하면서 원물반환을 구하는 것까지 허용되지 아니한다고 볼 것은 아니므로, 그 경우에도 법원은 유류분권리자가 청구하는 방법에 따라 원물반환을 명하여야 한다.

해설

부동산을 증여받은 후에 지상에 건물을 신축하거나 근저당권이 설정되어 돈으로 받을 수 있음에도 유류분권자가 지분을 원할 경우에는 지분으로 반환받을 수 있다.

사례

증여상태 유지 : 원칙적으로 지분이전이나 합의하면 돈으로 반환가능
증여상태 변동 : 원칙적으로 돈으로 반환하나 유류분권자가 지분을 원하면 지분으로 반환

따라서 유류분권자가 지분으로 요구할 경우 의무자는 지분으로 반환해야 하고, 유류분의무자는 증여당시와 변경이 없을 때에만 지분으로 반환할 것을 주장할 수 있다

21. 반환되는 유류분 지분이 작은 경우

대법원 2014. 2. 13. 선고 2013다65963 판결

유류분반환의 목적물에 부동산과 금원이 혼재되어 있다거나 유류분권리자에게 반환되어야 할 부동산의 지분이 많지 않다는 사정은 원물반환을 명함에 아무런 지장이 되지 아니함이 원칙이다.

해설

유류분으로 받는 지분의 규모와 상관없이 지분으로 반환을 받을 수 있다.

정리

위와 같은 판례를 표로 정리하면 아래와 같습니다.

− 반환방법 정리 표 −

		증여 상태대로 소유		증여 후에 변경	
		피고		피고	
		지분 반환 주장	금전 반환 주장	지분 반환 주장	금전 반환 주장
원고	지분 반환 주장	지분	지분	지분	지분
	금전 반환 주장	지분	금전	금전	금전

따라서 유류분반환청구권자가 요구하는 반환방법에 반대하여 유류분반환의무자의 반환방법이 인정되는 경우는 증여된 부동산의 증여 당시의 상태를 유지하고 있음에도 불구하고 유류분반환청구권자가 가액반환방법을 요구하는 경우 유류분반환의무자는 이에 반하여 원물반환을 주장할 수 있습니다. 이외에는 모두 유류분반환청구권자의 주장이 그대로 받아 들여 집니다.

22. 유류분을 지분이 아닌 금전으로 반환하는 경우의 계산

대법원 2005. 6. 23. 선고 2004다51887 판결

유류분반환범위는 상속개시 당시 피상속인의 순재산과 문제된 증여재산을 합한 재산을 평가하여 그 재산액에 유류분청구권자의 유류분비율을 곱하여 얻은 유류분액을 기준으로 하는 것인바, 이와 같이 유류분액을 산정함에 있어 반환의무자가 증여받은 재산의 시가는 상속개시 당시를 기준으로 산정하여야 하고, 당해 반환의무자에 대하여 반환하여야 할 재산의 범위를 확정한 다음 그 원물반환이 불가능하여 가액반환을 명하는 경우에는 그 가액은 사실심 변론종결시를 기준으로 산정하여야 한다.

설명

유류분은 피상속인이 사망한 날을 기준으로 계산하지만, 반환할 부동산을 지분이 아닌 지분에 해당하는 금전으로 받는 경우에는 반환될 지분의 현재 시가를 계산해서 금전으로 받는다.

> **사례**
>
> 유류분으로 반환될 부동산이 상속개시 당시의 시가가 10억원이고, 유류분으로 반환될 금액이 1억원이고, 재판이 끝나는 시기의 시가가 12억원이라면, 피고는 1억원이 아닌 1억 2,000만원(= 1억원 × 12억원/10억원)을 반환해야 한다.

23. 유류분을 반환한 후의 유류지분에 해당하는 임대료의 지급의무

대법원 2013. 3. 14. 선고 2010다42624,42631 판결

유류분권리자가 반환의무자를 상대로 유류분반환청구권을 행사하는 경우 그의 유류분을 침해하는 증여 또는 유증은 소급적으로 효력을 상실하므로, 반환의무자는 유류분권리자의 유류분을 침해하는 범위 내에서 그와 같이 실효된 증여 또는 유증의 목적물을 사용·수익할 권리를 상실하게 되고, 유류분권리자의 목적물에 대한 사용·수익권은 상속개시의 시점에 소급하여 반환의무자에 의하여 침해당한 것이 된다. 그러나 민법 제201조 제1항은 "선의의 점유자는 점유물의 과실을 취득한다."고 규정하고 있고, 점유자는 민법 제197조에 의하여 선의로 점유한 것으로 추정되므로, 반환의무자가 악의의 점유자라는 사정이 증명되지 않는 한 반환의무자는 목적물에 대하여 과실수취권이 있다고 할 것이어서 유류분권리자에게 목적물의 사용이익 중 유류분권리자에게 귀속되었어야 할 부분을 부당이득으로 반환할 의무가 없다. 다만 민법 제197조 제2항은 "선의의 점유자라도 본권에 관한 소에 패소한 때에는 그 소가 제기된 때로부터 악의의 점유자로 본다."고 규정하고 있고, 민법 제201조 제2항은 "악의의 점유자는 수취한 과실을 반환하여야 하며 소비하였거나 과실로 인하여 훼손 또는 수취하지 못한 경우에는 그 과실의 대가를 보상하여야 한다."고 규정하고 있으므로, 반환의무자가 악의의 점유자라는 점이 증명된 경우에는 악의의 점유자로 인정된 시점부터, 그렇지 않다고 하더라도 본권에 관한 소에서 종국판결에 의하여 패소로 확정된 경우에는 소가 제기된 때로부터 악의의 점유자로 의제되어 각 그때부터 유류분권리자에게 목적물의 사용이익 중 유류분권리자에게 귀속되었어야 할 부분을 부당이득으로 반환할 의무가 있다.

> **설명**

부동산의 지분을 이전하라는 판결을 받은 경우에 지분을 이전한 피고는 유류분반환청구소장을 받은 후부터 반환한 지분만큼의 임대료를 유류분권자에게 지급할 의무가 있다.

> **사례 1**

월임대료가 300만원인 부동산 중 1/10지분을 유류분 판결에 따라 소유권을 이전해 주면 원래의 소유자는 유류분 소장을 받은 날로부터 해당 지분인 1/10지분에 해당하는 30만원을 유류분권자에게 지급해 줘야 한다.

> **사례 2**

토지를 증여받아 건물을 신축한 상속인이 유류분반환청구소송의 결과 토지의 지분 중 1/10지분을 유류분권자에게 이전해 주었다면, 해당 상속인은 소장을 받은 날로부터 계산해서 유류분권리자에게 토지의 1/10지분에 해당하는 임차료를 지급할 의무가 있다.

24. 아버지가 사망하고 1년 안에 어머니가 사망한 경우

대법원 2010. 5. 27. 선고 2009다93992 판결

유류분반환청구권은 그 행사 여부가 유류분권리자의 인격적 이익을 위하여 그의 자유로운 의사결정에 전적으로 맡겨진 권리로서 행사상의 일신전속성을 가진다고 보아야 하므로, 유류분권리자에게 그 권리행사의 확정적 의사가 있다고 인정되는 경우가 아니라면 채권자대위권의 목적이 될 수 없다.

> **설명**

유류분반환청구권도 상속된다. 따라서 아버지가 사망하고 어머니가 어떠한 의사도 표시하지 않은 상태에서 1년 안에 사망하면 어머니의 상속인들은 유류분반환청구권을 행사할 수 있다. 그러나 어머니가 유류분반환청구권을 포기한다면 그것은 상속되지 않는다.

> 사례

2010년 5월 5일 아버지 사망, 2010년 12월 5일 어머니 사망, 자녀 3명

- 사례 계산 표 -

상속인	아버지 사망	어머니 사망		어머니 유류분 포기
	유류분	유류분 상속	초종 유류분	
어머니	3/18 (=3/9×1/2)			
자녀1	2/18 (=2/9×1/2)	1/18 (=3/18×1/3)	3/18 (=2/18+1/18)	2/18 (=2/18+0/18)
자녀2	2/18 (=2/9×1/2)	1/18 (=3/18×1/3)	3/18 (=2/18+1/18)	2/18 (=2/18+0/18)
자녀3	2/18 (=2/9×1/2)	1/18 (=3/18×1/3)	3/18 (=2/18+1/18)	2/18 (=2/18+0/18)

25. 피상속인이 사망하기 전에 결혼한 상속인이 사망한 경우

대법원 2015. 10. 29. 선고 2013다60753 판결

유류분과 관련하여, 민법 제1112조는 상속인의 유류분은 피상속인의 직계비속이나 배우자의 경우는 그 법정상속분의 2분의 1, 피상속인의 직계존속이나 형제자매의 경우는 그 법정상속분의 3분의 1이라고 규정하고 있고, 민법 제1113조 제1항은 "유류분은 피상속인의 상속개시시에 있어서 가진 재산의 가액에 증여재산의 가액을 가산하고 채무의 전액을 공제하여 이를 산정한다."라고 규정하고 있으며, 민법 제1118조는 "제1001조(대습상속), 제1008조(특별수익자의 상속분), 제1010조(대습상속분)의 규정은 유류분에 이를 준용한다."라고 규정하고 있다.

> 설명

사망한 상속인의 배우자와 자녀들이 사망한 상속인의 상속분을 한도로 대신해서 상속을 받는다. 다만 배우자는 피상속인이 사망하기 전에 재혼하면 상속인으로부터 배제된다.

> **사례**

피상속인이 1남 2녀를 두고 1남이 배우자와 손자 2명을 둔 상태에서 먼저 사망한 경우

- 대습상속인의 상속분 계산 표 -

피상속인		아들		최종상속분	유류분
상속인	상속분	대습상속인	대습상속분		
1남	1/3	며느리	3/7	3/21 (=1/3×3/7)	3/42 (=3/21×1/2)
		손자1	2/7	2/21 (=1/3×2/7)	1/21 (=2/21×1/2)
		손자2	2/7	2/21 (=1/3×2/7)	1/21 (=2/21×1/2)
1녀	1/3			7/21 (=1/3×7/7)	1/6 (=1/3×1/2)
2녀	1/3			7/21 (=1/3×7/7)	1/6 (=1/3×1/2)

26. 피상속인을 아버지로 하는 상속에서 어머니의 상속분을 양도받은 경우

대법원 2021. 8. 19. 선고 2017다230338 판결

공동상속인이 다른 공동상속인에게 무상으로 자신의 상속분을 양도하는 것은 특별한 사정이 없는 한 유류분에 관한 민법 제1008조의 증여에 해당하므로, 그 상속분은 양도인의 사망으로 인한 상속에서 유류분 산정을 위한 기초재산에 포함된다.

> **설명**

아버지가 사망한 후 상속재산분할협의를 통해서 어머니의 상속분을 0으로 하는 대신 상속인 중 일부가 아버지의 상속재산을 단독으로 취득하였다면, 이후 어머니의 사망으로 인한 유류분반환청구에서 어머니에게 양도받은 상속분도 유류분 산정을 위한 기초재산에 포함하게 됩니다.

> **사례**

아버지가 사망하고 상속재산분할협의를 마친 후 어머니가 4억원을 자녀2에게 증여하

고 사망한 경우 어머니의 자녀2에 대한 증여로 인해서 유류분이 침해된 자녀1은 자녀2를 상대로 침해된 유류분 1억원에 대한 유류분반환청구를 할 수 있습니다. 그 표는 아래와 같이 계산됩니다.

- 어머니 상속만을 기준으로 계산 -

상속인	법정상속분	특별수익	상속재산	간주상속재산	법정상속분액	유류분	유류분부족분
자녀1	1/2				200,000,000	100,000,000	100,000,000
자녀2	1/2	400,000,000					
계	1	400,000,000		400,000,000	200,000,000		

그런데 아버지가 사망할 당시 협의분할이 없이 특별수익을 반영한 상속분을 계산하면, 아버지의 재산 7억원 중 자녀1에게 사전증여한 1억원, 자녀2에게 사전증여한 5,000만원을 뺀 나머지 5억 5,000만원은 아래와 같이 어머니 3억원, 자녀1 1억원, 자녀2 1억 5,000만원으로 분할됩니다. 그런데 당시 어머니의 권유에 따라 아버지의 재산은 모두 자녀1에게 상속하였고, 후에 어머니가 사망하게 되면 어머니의 재산은 자녀2가 상속을 받기로 하였습니다.

- 아버지 상속의 구체적 상속분과 협의분할 결과 -

상속인	법정상속분	협의분할	특별수익	상속재산	간주상속재산	법정상속분액	구체적상속분
어머니	3/7	-				300,000,000	300,000,000
자녀1	2/7	550,000,000	100,000,000			200,000,000	100,000,000
자녀2	2/7	-	50,000,000			200,000,000	150,000,000
계	1	550,000,000	150,000,000	550,000,000	700,000,000	700,000,000	550,000,000

그런데 어머니가 생전에 자녀2에게 모든 재산을 증여 또는 유증하고 사망하자 자녀1이 자녀2를 상대로 유류분반환청구소송을 하게 됩니다. 이에 대해서 최근의 판례는 자

녀1이 어머니의 양도받은 3억원도 기초재산에 산입하도록 하고 있습니다. 이를 전제로 아버지의 상속에서 양도된 상속분을 반영해 어머니 상속을 정리하면 아래와 같이 자녀1은 유류분반환청구를 할 수 없게 됩니다.

– 아버지 상속을 반영한 어머니의 기초재산 –

상속인	아버지 상속 중 어머니의 상속분 양도			어머니 상속 기준		
	구체적상속분	협의분할	특별수익	특별수익	상속재산	기초재산
어머니	300,000,000					
자녀1	100,000,000	550,000,000	300,000,000			300,000,000
자녀2	150,000,000			400,000,000		400,000,000
계	250,000,000		300,000,000	400,000,000	0	700,000,000

따라서 이와 같이 아버지 상속에서 어머니가 자녀1에게 양도한 상속분 3억원을 기초재산에 산입하면 유류분 산정을 위한 전체 기초재산은 7억원이 됩니다.

이것을 전제로 어머니를 피상속인으로 하는 상속절차에서 자녀1의 유류분청구 가능 여부를 판단하면 아래와 같이 자녀1의 유류분은 1억 7,500만원인데 어머니의 상속분 3억원을 양도받았으므로 자녀1은 1억 2,500만원(= 양도받은 상속분 3억원 – 어머니 상속의 유류분 1억 7,500만원)의 초과특별수익자입니다. 따라서 아버지의 상속 당시 어머니로부터 양도받은 상속분을 반영하면 자녀1은 유류분반환청구를 할 수 없게 됩니다.

– 아버지 상속을 반영한 어머니 상속의 유류분계산 –

상속인	기초재산	법정상속분	법정상속분액	유류분	유류분부족분
자녀1	300,000,000	1/2	350,000,000	175,000,000	−125,000,000
자녀2	400,000,000	1/2			
계	700,000,000	1			

27. 초과특별수익자의 상속포기한 경우

대법원 2022. 3. 17. 선고 2020다267620 판결

피상속인으로부터 특별수익인 생전 증여를 받은 공동상속인이 상속을 포기한 경우에는 민법 제1114조가 적용되므로, 그 증여가 상속개시 전 1년간에 행한 것이거나 당사자 쌍방이 유류분권리자에 손해를 가할 것을 알고 한 경우에만 유류분 산정을 위한 기초재산에 산입된다고 보아야 한다.

설명

원칙적으로 상속인의 경우에는 민법 제1114조의 적용이 배제되므로 상속개시 1년 이전의 증여든 유류분권리자에게 손해를 가할 것을 알고 한 증여든 그렇지 않은 일단 상속분의 선급으로 인정되면 유류분반환의 대상이 되나, 상속인이 민법 제1019조의 규정에 따라 피상속인의 사망일로부터 3개월 안에 상속포기를 하게 되면 원칙적으로 피상속인의 사망 1년 이전에 한 증여는 유류분권리자에게 손해를 가할 것을 알고 한 증여 이외에는 유류분반환대상에서 배제됩니다.

사례

50억원을 소유하고 자녀A, 자녀B, 자녀C를 둔 피상속인이 상속개시 10년 전에 20억원을 자녀A에게 증여하고 5년 전에 자녀 B에게 30억원을 증여함으로써 피상속인의 사망 당시에 남은 재산이 없게 되었는데, 만일 자녀A가 민법 제1019조의 규정에 의한 상속포기를 신청해서 심판문을 받았다면 자녀A는 유류분을 반환하지 않게 되고 기초재산은 자녀B가 받은 30억원이 되므로 자녀C는 자녀B에게 법정상속분 1/2의 절반인 1/4에 해당하는 7억 5,000만원을 유류분으로 반환받을 수 있습니다.

저자소개

이재우 상속전문위원

(전) 서울보증보험(주) 근무
　　　한불화장품(주) 법무팀장
　　　법무법인 세종 상속팀장
　　　법무법인 천명 가사상속팀장
(현) 법무법인 로하나 상속전문위원

저서

한정승인과 상속포기의 정석
상속재산분할의 정석

네이버 블로그 https://blog.naver.com/oklaw64
유튜브 https://www.youtube.com/@oklaw64(상속이야기)

저자 연락 및 문의처 : oklaw64@naver.com
　　　　　　　　　02-6958-8544, 010-7348-7738

[개정2판]

유류분 반환청구소송 실무의 완성판
유류분의 정석

2025년 9월 20일 개정2판 1쇄 인쇄
2025년 9월 30일 개정2판 1쇄 발행

저　자	이재우
발 행 인	김용성
발 행 처	법률출판사
	서울시 동대문구 휘경로2길 3, 4층
	☎ 02) 962-9154　　팩스 02) 962-9156
등 록 번 호	제1- 1982호
ISBN	978-89-5821-472-4　　13360
e-mail :	lawnbook@hanmail.net

Copyright ⓒ 2025
본서의 무단전재·복제를 금합니다.
정 가 28,000원